DIDEROT
OU LE DÉFI ESTHÉTIQUE

ESSAIS D'ART ET DE PHILOSOPHIE

DIDEROT
OU LE DÉFI ESTHÉTIQUE

LES ÉCRITS DE JEUNESSE
1746-1751

par

Anne Elisabeth SEJTEN

Ouvrage publié avec le concours du Conseil de Recherche des Lettres et Sciences Humaines du Danemark

PARIS
LIBRAIRIE PHILOSOPHIQUE J. VRIN
6, Place de la Sorbonne, Ve
—
1999

Cet ouvrage est le résultat d'une recherche qui a reçu les commentaires encourageants de Madame le Recteur Else Marie Bukdahl et des Professeurs Morten Nøjgaard et John Pedersen. Qu'ils veuillent bien agréer, ainsi que les Professeurs Michel Olsen et Georges Benrekassa, l'expression de ma profonde gratitude. Qu'on me permette également de témoigner mon immense dette au regretté Jean-François Lyotard, à qui ce travail rend hommage.

Je saisis l'occasion pour exprimer ma vive reconnaissance à Jean-François Courtine qui m'accueille aujourd'hui dans sa collection, à Anne-Marie Arnaud, Directrice des Éditions Vrin, à Anne Cauquelin, et à Pierre Loubier qui m'a donné de précieux conseils pour la présentation du texte. Je tiens, de même, à remercier le Conseil de Recherche des Lettres et Sciences Humaines du Danemark d'avoir bien voulu subventionner la publication de l'ouvrage. J'aimerais enfin dire ce que ce livre doit à mes parents, Inge et Johan Sejten, à Rasmus, et à Henrik Reeh qui m'a inlassablement soutenue par sa présence à la fois intellectuelle et affective.

Imprimé en France
ISSN 0249-7913
ISBN 2-7116-1365-8

INTRODUCTION

Tout retour sur le passé de la philosophie est un acte de prise de conscience et d'autocritique philosophique [...] Ayons le courage de nous mesurer à cette pensée, de nous expliquer intérieurement avec elle !

Ernst Cassirer[1]

La dimension esthétique a largement marqué les débats philosophiques des deux dernières décennies. Les philosophes français, surtout, semblent solliciter l'art afin de poser des problèmes de nature proprement philosophique : Maurice Merleau-Ponty, Jacques Derrida, Jean-François Lyotard et Louis Marin sont les plus connus, dont les traces croisent et recroisent le chemin de la réflexion esthétique. La spécificité radicale de l'œuvre d'art, son caractère singulier et sa capacité de se soustraire à la signification, mettent les philosophes en mouvement vers « l'autre », « la chair », « le figural », « le désir », ou tout autre terme employé pour saisir ce moment de l'indéterminé que l'art contient dans ses productions[2]. Saluée par les uns comme une délivrance de l'emprise politique, voire marxisante qui avait régné sur elle[3], cette orientation nouvelle vers

1. *La philosophie des Lumières* (1932), Fayard, 1966, p. 36-37. Désormais, nous renvoyons à cette œuvre de référence majeure sous l'abréviation *La philosophie...*

2. Tandis que le terme de « l'autre » s'appliquerait à une grande partie de la pensée française d'après-guerre (voir Vincent Descombes, *Le même et l'autre – quarante-cinq ans de philosophie française (1933-1978)*, Minuit, 1979), celui de la « chair » est proposé par Maurice Merleau-Ponty dans *L'Œil et l'Esprit* (Gallimard, 1960), celui du « figural » par Jean-François Lyotard dans *Discours, figure* (Klincksieck, 1971).

3. Il faudrait certainement ajouter que ce retour à une pensée esthétique fut précédé, voire préparé par une attitude philosophique délibérément provocatrice. Sous le signe de la protestation, la philosophie « libidinale » fut en quelque sorte la rencontre insolite avec l'esthétique. Chez Gilles Deleuze et Félix Guattari, les machines désirantes envahissaient la philosohie dans un règlement de comptes avec la psychanalyse et le marxisme (*L'anti-Œdipe* et *Mille Plateaux*, Minuit, 1972 et 1980), de même que le colloque de Cerisy en 1972

l'esthétique a donné matière, aux yeux des autres, à l'inquiétude, voire à l'indignation. Il faut avouer que les termes de postmodernisme et de déconstruction, surtout dans leurs versions et leurs relectures outre-Atlantique, ont prêté davantage à la confusion qu'à la clarification, mais il est vrai aussi que la mobilisation de l'esthétique, face à l'économie politique, a constitué une tentative de la part de la philosophie pour dépasser un *Zeitgeist* de plus en plus aplati par la société techno-opérationnelle.

Consacrée aux formes de l'art, la pensée « esthétique » insiste en effet, face au désir de changer le monde, sur le manque d'unité ; et le seul point de départ qu'elle puisse se donner, c'est la certitude de l'incertitude, le respect de l'hétérogénéité, le consensus du dissensus, bref l'écoute des différences. Contrairement à ceux qui ne voient dans « l'esthétisation » que conservatisme et régression, la prise en compte de l'esthétique par la philosophie traduirait donc plutôt des points de résistance, dans lesquels la pensée, tout en se dressant contre elle-même, contre ses explications totalisantes et universalisantes, prendrait mesure des déchirures d'une histoire inhumaine et de la complexité d'une « réalité » de plus en plus médiatisée, voire informatisée. L'intérêt actuel pour l'esthétique se greffe exactement sur l'écroulement de la philosophie de l'histoire, sur le thème délibérément postmoderne du « déclin des grands récits », sans que pour autant soit exaltée la fausse alternative des « nouvelles technologies » qui, en elles-mêmes, n'assurent nullement à l'homme une vie meilleure ou plus heureuse[1]. Autant dire que c'est dans un moment difficile, moment dans lequel la pensée philosophique se met en cause en résistant aussi bien à la philosophie de l'histoire qu'aux nouveaux modèles performatifs de la technologie, qu'elle est poussée, comme par une affinité profonde, à regagner l'esthétique, non pas pour trouver dans l'univers des plaisirs et des beautés une échappatoire aux douleurs, mais pour élaborer dans le champ esthétique les problèmes philosophiques qui restent sans réponse

portait sur l'actualité de Nietzsche par rapport à la question des intensités et des passions (*Nietzsche aujourd'hui I et II*, Union générale d'édition, coll. 10/18, 1973), tandis que des flux libidinaux assuraient, dans l'*Économie libidinale* de Jean-François Lyotard (Minuit, 1974), l'univers chaotique des intensités. Mais ces excès philosophiques, considérés de façon rétrospective, traduisaient autant une volonté de se défaire des nouveaux dogmes qui s'étaient introduits dans la pensée occidentale, radicale et révolutionnaire, de l'après-guerre. En se délivrant ainsi des institutions philosophiques qu'étaient devenus le marxisme, la psychanalyse et la sémiologie, la philosophie libidinale avait du moins le mérite de créer une sorte de *tabula rasa* idéologique.

1. C'est là, particulièrement, la position qu'occupe Jean-François Lyotard, dans *La condition postmoderne* (Minuit, 1979) et *Le postmoderne expliqué aux enfants* (Galilée, 1986).

crédible dans les philosophies téléologiques, que celles-ci soient anciennes ou récentes.

Ce n'est donc pas en se fuyant, mais en se tournant contre elle-même, comme si elle s'attaquait de l'intérieur, que la philosophie semble s'adresser à l'esthétique et à l'expérience artistique. L'esthétique kantienne, par exemple, soumet la raison conceptuelle à un interminable procès, dans la mesure où Kant se refuse à une détermination conceptuelle des objets dits esthétiques, plaçant au contraire l'esthétique sous l'égide d'une faculté « réflexive » qui n'en est pas vraiment une, à savoir celle du sentiment du plaisir et de la peine, puisque le beau est ce qui est universellement valable, mais sans concept : « Schön ist das, was ohne Begriff allgemein gefällt[1]. » Retrait de l'entendement que l'esthétique du sublime ne fait d'ailleurs qu'aggraver, en portant à son comble le conflit entre l'entendement et l'imagination[2]. Dans cette perspective d'une esthétique « critique », la relation entre philosophie et art se révèle du coup essentielle, car au fond gouvernée, aussi bien du côté des philosophes que des artistes, par la même recherche de ce qui résiste aux concepts. Mais leur tâche commune ne va nullement de soi. Loin d'être un acquis une fois pour toutes, la pensée, par son penchant pour l'abstrait et le système, doit sans cesse confronter ses fabrications de concepts (qui demeurent, qu'on le veuille ou non, son travail spécifique) à des innommables résiduels qu'excluent ces mêmes concepts. Le dialogue avec l'art est probablement l'une des manières pour la pensée d'élaborer cette confrontation[3].

En regardant rétrospectivement l'époque des Lumières, on pourrait cependant se demander si le même recours à l'esthétique ne s'y faisait pas jour de façon inaugurale. Que la philosophie de l'histoire qui régnait alors, à savoir le christianisme, se trouvât menacée de tous côtés ne fait aucun doute, même si les philosophes des Lumières se montraient plus optimistes quant aux effets salutaires des sciences et de la technique que nous ne pouvons nous permettre de l'être aujourd'hui. Et pourtant, à regarder les

1. Kant, *Kritik der Urteilskraft* (1790), § 9, Werkausgabe Band X, Francfort, Suhrkamp, 1968, p. 134.

2. Sur cette lecture de l'esthétique de Kant en général et du concept du sublime en particulier, voir Jean-François Lyotard, *Le différend*, Minuit, 1984, et *Leçons sur l'Analytique du sublime*, Galilée, 1991.

3. L'appel à l'art n'est pas un phénomène uniquement français ; on trouverait chez l'un des penseurs critiques allemands de l'après-guerrre, Theodor W. Adorno, la même symbiose entre la critique de la culture et la formation des idées esthétiques. L'œuvre entière d'Adorno est d'une certaine manière vouée au non-identique *(das Nicht-Identische)*, au nom duquel sont dénoncées les opérations identificatrices qui épuisent le singulier dans et par le concept.

grands textes des Lumières au plus près, les choses se compliquent[1]. Que tout savoir positif confine aux zones obscures ou refoulées, voilà ce qu'affirme sans fausse modestie d'Alembert dans son *Essai sur les Eléments de Philosophie,* lorsqu'il compare les acquis des savoirs de son époque au « flux et reflux de l'Océan », dont l'effet est « d'apporter sur le rivage quelques matières, et d'en éloigner les autres »[2]. Aussi bien « une nouvelle lumière » qu'« une nouvelle obscurité » sont donc, selon d'Alembert, « le fruit [...] de cette effervescence des esprits »[3], qui résulte des nombreuses révolutions scientifiques.

Ce ne serait cependant qu'avec Diderot que cette modestie de la philosophie s'exprimerait par le biais de l'esthétique. Diderot, bien sûr, avait une foi inébranlable dans le projet des Lumières, qu'il incarnait en sa personne de directeur de l'*Encyclopédie.* Mais parallèlement à ses propres expériences d'écrivain, de romancier et de dramaturge, Diderot portait en même temps un vif intérêt à l'art, à sa nature et à ses problèmes. Les neuf *Salons* livrés à la revue de son ami Grimm, la confidentielle et élitiste *Correspondance littéraire,* forment une œuvre en soi monumentale qui, rédigée durant vingt ans, ne témoigne pas seulement du vif intérêt d'un amateur pour l'art, mais de la réflexion esthétique infatigable du philosophe. Il n'est donc pas à exclure, du moins à titre d'hypothèse, que l'esthétique, chez Diderot aussi, ait fourni un terrain de pensée dynamique qui aurait empêché ses idées de se muer aussi bien en idéalisme qu'en pur empirisme. Peut-être même l'œuvre de Diderot se dresse-t-elle, sinon comme l'événement constitutif, du moins comme une étape décisive de ce dialogue que nous voyons aujourd'hui renoué entre la philosophie, l'art et l'esthétique.

Si les *Salons* sont pourtant absents du corpus que s'est donné cette recherche pour que la parole soit donnée exclusivement aux écrits philosophiques avec lesquels le tout jeune Diderot participe, à sa façon originale, à la lutte contre l'Église avant que le travail de l'*Encyclopédie,* non moins ennemie de la religion, demande toutes ses forces, c'est que l'œuvre de jeunesse nous semble annoncer l'esthétique *avant même* qu'il ne soit question de l'art. Les écrits de jeunesse ne traitent pas explicitement de sujets esthétiques, ils ne sont pas des traités esthétiques, mais, comme par

1. La lecture profonde que Ernst Cassirer nous propose du XVIIIe siècle a ouvert de nouvelles voies pour une conception fondamentalement pluraliste du siècle. Les Lumières, selon Cassirer, ce sont donc surtout la formation d'une conscience historique, le relativisme des valeurs qui lui est associé, et, ce qui bien sûr attire notre attention, le grand siècle de l'esthétique.

2. D'Alembert, *Essai sur les Eléments de Philosophie* (1758), Fayard, 1986, p. 12.

3. *Ibid.*

une nécessité interne, ils vont faire appel à l'esthétique en fonction des problèmes proprement philosophiques qu'ils abordent. En ce sens, l'affinité avec l'émergence actuelle d'une pensée à vocation esthétique est d'autant plus profonde que l'interminable enquête sur l'existence de Dieu, qui préoccupe, démesurément dirait-on, le jeune Diderot, se confond avec la prise de conscience de l'écroulement du grand récit christique sur le salut des âmes, comparable au déclin des grandes explications modernes, marxistes ou autres. Espérons ainsi que l'esprit critique des Lumières, du fait de la distance même qui le sépare de nous, encouragera une saisie globale de l'apport que l'esthétique offre à la philosophie en général, lorsque celle-ci se trouve en crise. C'est en ce sens que le jeune Diderot lancerait un *défi esthétique* aux problèmes philosophiques qui nous préoccupent encore aujourd'hui, en même temps que la rencontre avec ses écrits nous rendrait plus sensibles à l'origine de ces mêmes problèmes.

Sans doute rattache-t-on intuitivement l'importance de Diderot au rôle décisif qu'il joua dans la publication, longue et pénible, de l'*Encyclopédie,* mais les exploits de Diderot en d'autres domaines, littéraires comme philosophiques, ne furent pas moins retentissants. Il s'archarnait à renouveler le théâtre traditionnel par sa version du *drame bourgeois,* de même que ses deux grands romans, dont la publication est posthume, touchent aux conditions mêmes du genre romanesque. Les *Salons,* déjà mentionnés, font, à leur tour, de Diderot le fondateur de la critique d'art moderne. Et les écrits de jeunesse, qui sont au cœur de notre recherche, ne sont en effet que le commencement d'une réflexion philosophique qui tout au long de l'œuvre ne cesse de s'inspirer des acquis des sciences naturelles. Qu'il prenne part aux débats les plus ardents de son temps, ou qu'il écrive pour la postérité, conscient de l'inopportunité du moment, Diderot est assurément un philosophe aux visages multiples.

Mais on sait aussi que, si son intellect est nourri par une saine curiosité dans tous ces domaines de l'esprit, il lui arrive, même assez souvent, de se prononcer sur des sujets dont, en réalité, il ne possède qu'une connaissance limitée. Il paraphrase, de surcroît, d'autres philosophes et des hommes de science, si bien qu'il est difficile de distinguer ses idées personnelles de ses nombreuses sources d'inspiration. Cependant, et c'est ce qui fait *œuvre,* jamais Diderot n'est identique au paon auquel il emprunte les plumes : un nouvel angle, une idée inattendue, une association frivole émergent tout à coup, et la pensée prend une tournure imprévue. En même temps, les multiples emprunts dont fourmillent les textes témoignent d'une incertitude fondamentale qui, malgré le style allègre et insouciant, pénètre de toutes parts ses textes, si bien que l'abondance des ouvrages et des sujets abordés en est le signe plutôt que le masque [1]. Certes, avide de s'instruire et de débattre, se consacre-t-il aux problèmes philosophiques les plus variés, mais l'illusion de trouver des systèmes censés expliquer et ordonner ces problèmes constitue le fondement invisible de sa recherche. C'est pourquoi l'incertitude de Diderot est aussi la mesure de son actualité philosophique. C'est elle, et non pas l'esprit d'école, qui lui permet de dépasser et de radicaliser la pensée de ceux dont il s'inspire ; elle est le garant d'une sérénité qui fait de sa pensée multiforme autre chose, et davantage, qu'un miroir kaléidoscopique des Lumières.

Ce n'est pourtant que la plus récente recherche diderotiste qui semble accorder à Diderot le droit d'accéder au rang des vrais philosophes. Ainsi, à l'occasion du colloque du bicentenaire de la mort de Diderot, lorsque Jean Ehrard qualifie le vrai philosophe d'« éternel questionneur », il ne fait que citer Diderot lui-même : « Je ne prononce pas, j'interroge ». Il ne s'agit plus d'excuser le « style » frivole de Diderot, ni de lui imposer quelque matérialisme insoucieux, car c'est l'approche même de son *philosopher* qui ferait de lui un philosophe moderne : « Si la philosophie consiste à enfermer en un système souverain le monde et – pourquoi pas ? – le moi et Dieu [...] Denis Diderot est assurément un philosophe inconsistant. Mais si la philosophie est réflexion sur la science, sur les mœurs, sur la vie, où la plus haute exigence d'intelligibilité se combine au sentiment aigu du caractère relatif et précaire de tout savoir ; si le sens de la liaison des choses (“sans l'idée du Tout, il n'y a plus de philosophie”), s'y complète du refus de toute globalisation réductrice, si l'attitude philosophique consiste à analyser le visible tout en acceptant l'existence de l'invisible, Diderot, “le frère de Platon” ne mérite-t-il pas, au premier chef, le beau nom de Philosophe ? » [2]

Cette image d'un Diderot pour qui l'évolution, vertigineuse, des sciences naturelles donnait lieu et matière à la réflexion philosophique, c'est bien elle qui nous surprend dans les écrits de jeunesse. Là aussi, Diderot mettrait en pratique en quelque sorte la « nouvelle méthode de philosopher » [3] que d'Alembert revendiquera dix ans plus tard. Car selon l'auteur de l'*Essai sur les éléments de philosophie*, la philosophie doit s'épanouir comme une « espèce d'enthousiasme qui accompagne les

1. Jean Starobinski met en avant l'hypothèse selon laquelle l'œuvre entière de Diderot s'exposerait au problème récurrent de sa légitimité. D'où le besoin quasi maladif qu'éprouvait Diderot de se couvrir de l'autorité des autres. Voir « La parole des autres », préface au volume XIII des *Œuvres complètes* (éd. Roger Lewinter), le Club Français du Livre, 1971.

2. Allocution de Jean Ehrard au *Colloque international Diderot* (Actes réunis et préparés par Anne-Marie Chouillet), Aux Amateurs de Livres, 1985, p. 26-27. Ce fut d'ailleurs Voltaire qui le premier nomma Diderot « le frère de Platon ».

3. D'Alembert, *op. cit.*, p. 11.

découvertes »[1]. C'est que, tout en soulignant l'importance immense des changements de la physique (« [a]vec elle presque toutes les autres sciences ont pris une nouvelle forme […] »[2]), d'Alembert était parmi les premiers à prendre conscience de la différence fondamentale qui sépare la philosophie des sciences naturelles. La physique et la philosophie n'ont ni le même temps, ni les mêmes sentiments : « l'étude de la nature semble être par elle-même froide et tranquille, parce que la satisfaction qu'elle procure est un sentiment uniforme, continu et sans secousses, et que les plaisirs, pour être vifs, doivent être séparés par des intervalles et marqués par des accès »[3]. Or, ce sont précisément ces plaisirs, ces secousses et ces intervalles, propres à la philosophie, dont est capable Diderot. Chez lui, jamais la philosophie n'est étrangère aux découvertes de la physique, mais, justement, elle s'acharne à les *accompagner*. Bien davantage qu'à d'Alembert lui-même il revient probablement à Diderot d'accomplir l'ambition d'une pensée *accompagnante*, parce que, se laissant sans cesse ravir et secouer là où la science doit demeurer neutre et sans commentaire, Diderot s'efforcera, tant bien que mal, de tirer les conséquences philosophiques des résultats scientifiques.

Ce sont exactement les promesses et les partis pris d'une telle pensée, se construisant sur les digues ravagées par les sciences naturelles, qui font, nous semble-t-il, l'unité des premiers opuscules anti-chrétiens de Diderot. Il ne fait aucun doute que les écrits du jeune Diderot, des *Pensées philosophiques*, premier texte « autonome » de 1746, jusqu'à la *Lettre sur les aveugles* de 1749, s'alignent, au nom des sciences, sur la critique de la religion, allant d'une attaque à l'autre contre la métaphysique chrétienne. C'est là une évidence qui fournit au travail présent son point de départ, mais aussi un *doute*. On peut en effet poser la question de savoir si la critique de la religion ne prend pas, dès l'aube de l'entreprise de Diderot, la forme d'une déconstruction de la nature déiste, sans que Diderot pour autant aboutisse ni à l'empirisme pur, ni à l'athéisme. Certes Diderot, dans sa traduction enthousiaste de l'*Essai sur le mérite et la vertu* (1745), avait-il été séduit par le déisme de Shaftesbury, ce sentiment profond de la nature dans lequel naît l'esprit moral sans aide des dogmes religieux, et certes, ce déisme fut-il, à son tour, incompatible avec les sciences naturelles que prendront à témoin les *Pensées philosophiques*, mais ce qui prête à l'attention dans ce texte, c'est que les nouveaux acquis venus des sciences naturelles ne rendent nullement superflue ou vaine la réflexion métaphysique. Bien au contraire, nous allons tenter de montrer que les écrits de

1. *Ibid.*
2. *Ibid.*
3. *Ibid.*

jeunesse de Diderot se donnent à lire comme l'élaboration d'une métaphysique nouvelle, qui ne se laisse pas contredire par les résultats scientifiques qui, de Kepler à Newton, n'ont cessé d'ébranler l'ancienne image du monde et de son au-delà, tout en ne retombant pas, non plus, dans la morale de la nature.

Si Shaftesbury fut effectivement le premier à placer la morale en dehors de la religion [1], Diderot semble à la fois suivre son exemple et le dépasser. Bien sûr, lui aussi, était attentif à « l'exigence d'une morale laïque capable de remplacer des valeurs religieuses périmées » [2], exigence nettement formulée, et justifiée, par la lettre dédicatoire que Diderot avait écrite à son frère et qui figure en préface à sa traduction de l'essai de Shaftesbury sur le mérite et la vertu [3], mais déjà la polémique religieuse dans laquelle il se lance à partir des *Pensées* laisse pressentir que Diderot s'intéresse moins à la morale qu'à la métaphysique. Et, tournant décisif, celle-ci ne coïncide pas forcément avec le discours du bon. Il nous semble en revanche que Diderot élargit la distinction que Shaftesbury avait opérée entre la religion et la vertu morale en introduisant une troisième perspective, celle de la métaphysique, qui à son tour réclame une « autonomie relative » distincte de la religion. Or c'est justement dans la difficile tentative de faire converger la physique et la métaphysique, de passer de l'une à l'autre de façon « accompagnante », sachant bien sûr que les sciences en elles-mêmes ne permettraient pas de faire le saut, que des réflexions de nature esthétique semblent jouer, chez Diderot, un rôle médiateur. Bien que les écrits philosophiques de jeunesse soient avant tout des pamphlets anti-religieux (exception faite de la *Lettre sur les sourds et muets* qui met l'esthétique au premier plan), ils fourmillent de sujets et de discussions esthétiques. Dans les *Pensées philosophiques,* c'est le thème des passions qui ouvre une perspective esthétique édifiante par rapport à l'ensemble du texte et à ceux qui vont suivre, alors que la *Lettre sur les aveugles* et celle, deux ans plus

1. Charles Dedeyan a rétabli les arguments qui justifient le fait de découvrir chez Shaftesbury la première distinction entre religion et morale. Voir *Diderot et la pensée anglaise,* Biblioteca dell'« Archivum Romanicum », série 1 (Storia, Letteratura, Paleografia), vol. 206, Florence, Leo S. Olschki Editore, 1986, p. 291.

2. Paolo Casini et John S. Spink, « Introduction [à l'*Essai sur le mérite et la vertu*], *DPV I,* p. 273 (voir, ci-dessous, n. 1, p. 17-18). Les commentateurs soulignent de même que « le problème d'une éthique distincte de la foi religieuse lui [Diderot] tient à cœur ». *Ibid.*

3. Dans la lettre dédicatoire « A mon frère », Diderot formule ainsi la tâche du philosophe en fonction des distinctions fondamentales à opérer entre des phénomèmes de nature différente : « Quelque difficile qu'il soit de discerner les limites qui séparent l'empire de la foi, de celui de la raison, le philosophe n'en confond pas les objets […] ». Aussi rappelle-t-il la difficulté de cette tâche, lorsqu'il est question de religion : « La religion et la morale ont des liaisons trop étroites pour qu'on puisse faire contraster leurs principes fondamentaux. » *DPV I,* p. 289 et 290 (voir, ci-dessous, n. 1, p. 17-18).

tard, sur les sourds-muets, ébauchent, selon l'expression de Diderot lui-même, une *anatomie métaphysique*, projet qui en réalité le conduira à envisager aussi bien le corps que le langage sous un angle esthétique. Bref, tout se passe comme si l'esthétique émergeait dans les articulations de l'argumentation de Diderot, si bien qu'il finit par se dessiner comme l'endroit d'une reformulation de la question métaphysique elle-même. Force nous sera en conséquence de rendre visibles ces irruptions esthétiques, souvent fort originales, et de souligner leur effet stimulant pour la réflexion de Diderot, dans la mesure où elles l'encouragent à sauvegarder la dimension métaphysique dans sa pensée, par ailleurs si proche des Lumières.

Avec cette réhabilitation des écrits de jeunesse, nous espérons jeter une lumière nouvelle, non seulement sur ce que cette « première » pensée esthétique aurait apporté à la critique d'art ultérieure – et d'envergure réelle –, mais donc aussi sur une dimension métaphysique, secrète et refoulée, qui dans l'œuvre de Diderot en tant que telle résiste à l'image de matérialiste que trop souvent on a voulu lui conférer. Que la critique diderotiste ait prêté relativement peu attention aux engagements pris par l'œuvre de jeunesse, ne veut cependant pas dire qu'elle ne lui ait pas consacré de solides études. Dès 1939, Franco Venturi donne avec *La jeunesse de Diderot*[1] une présentation et une interprétation originales du chemin qu'aurait suivi Diderot, depuis les premières tentatives timides pour se délivrer des systèmes philosophiques du XVIIe siècle jusqu'à l'émergence et à l'affirmation d'une philosophie moderne de la nature. Le mérite de Venturi est avant tout de restituer la place de Diderot dans les débats de son temps en démontrant la signification *politique* et *pratique* de ses écrits[2]. Jean Pommier consacre de même, la même année, un livre aux premiers écrits de Diderot jusqu'à la *Lettre sur les aveugles*[3], et bien que Pommier ne l'approfondisse pas davantage, il entrevoit à l'œuvre dans ces ouvrages une certaine « imagination métaphysique »[4]. Mais il revient incontestablement à Jacques Chouillet, plus près de nous, d'avoir substitué à la lecture « pratique » de Venturi une perspective proprement

1. Slatkine, 1939, republié en 1967. Désormais, nous renvoyons à cet ouvrage sous l'abréviation *La jeunesse*...

2. Au moyen de sa lecture « politique », Venturi met déjà en cause la thèse courante selon laquelle Diderot passerait du déisme à l'athéisme au cours des premières années de sa carrière philosophique. Voir *La jeunesse*..., p. 12.

3. *Diderot avant Vincennes*, Boivin, 1939.

4. *Op. cit.*, p. 101.

esthétique appuyée sur des lectures philologiques d'une érudition admirable[1].

L'impression générale qui ressort de ces travaux d'experts de premier plan, et d'ailleurs aussi des multiples articles qu'on trouve dans les revues spécialisées dans l'étude du dix-huitième siècle[2], c'est pourtant le *désarroi philosophique* qui caractériserait l'œuvre de jeunesse. Certes, on voit dans les positions différentes, sinon contradictoires, qu'occupe Diderot au cours de ces années, une certaine évolution, le plus souvent celle qui va du déisme idéaliste à l'athéisme matérialiste, mais la période ne donnerait pas vraiment lieu à la formulation des problèmes philosophiques qui lui seraient propres. Bien au contraire, la consistance de ces quelques textes ne semble établie que du point de vue de l'œuvre ultérieure et de la maturité, par exemple des grands textes que sont les *Pensées sur l'interprétation de la Nature* (1753) et le *Rêve de d'Alembert* (1769, publié en 1830).

Il faut, en effet, se montrer vigilant et quelque peu perspicace à l'égard des nombreuses lignes d'évolution, ou d'involution, qui se dessineraient (et parfois dans les sens les plus surprenants) dans l'œuvre de Diderot, mais avant de se risquer sur ces lignes multiples, il est possible, nous semble-t-il, d'envisager les écrits de jeunesse comme un espace de réflexion qui forme un tout, avec sa propre dynamique de pensée, non pas dans le sens d'une philosophie qui se déclare comme telle, mais comme le terrain propice à la formulation de cette « intrigue » entre critique de la religion, métaphysique et esthétique que nous venons d'esquisser. Et, en ce sens, c'est bien plutôt l'orientation de l'œuvre ultérieure qui serait commandée par l'œuvre de jeunesse. Ainsi, la vaste entreprise des *Salons* serait-elle établie sur des prémisses esthétiques plus redevables qu'on ne le croit à cette première pensée esthétique, comme défi et promesse. C'est là, également, une autre raison du choix de notre corpus. Car si celui-ci se détache de *l'Encyclopédie,* dont les deux premiers volumes, pourrait-on nous objecter, paraissent pendant les années 1749-51, c'est que le Diderot « privé » nous semble bien plus fascinant, en dialogue avec lui-même, que le Diderot « public » de *l'Encyclopédie.* Dans ses premiers textes de polémique religieuse, nous sommes en présence de la naissance et de la vie

1. *La formation des idées esthétiques de Diderot 1745-1763,* Armand Colin, 1973. Désormais, nous renvoyons à cet ouvrage majeur sous l'abréviation *La formation...* Mentionnons aussi, dans le domaine de l'esthétique diderotiste, l'ouvrage de Hans Mølbjerg, *Aspects de l'esthétique de Diderot* (Copenhague, J. H. Schultz Forlag, 1964).

2. Deux revues, notamment, sont importantes pour la réception diderotiste : *Diderot Studies*, revue qui depuis 1949 a publié vingt-six volumes, et *Dix-huitième Siècle*, revue de la Société française d'études du XVIIIe siècle. Des études sur Diderot se présentent cependant dans les contextes les plus variés, parfois les plus surprenants aussi, vu l'extrême richesse de l'œuvre.

d'une pensée qui préfère aborder son sujet par la contradiction, non par la méthode « éclairante » du projet encyclopédique. Il faudra donc regarder au plus près ces textes de critique religieuse pour que l'impression du désarroi cède la place à la découverte d'une pensée esthétique qui se cherche par le biais de la critique religieuse. Il faudra peut-être même reconstruire les constellations philosophiques qui, souvent sous forme de contradiction ou de paradoxe, travaillent en sous-œuvre, voire vont à l'encontre des stratégies de savoir « officielles ».

Il est cependant vrai aussi que l'interprétation de la pensée du jeune Diderot, comme celle de Diderot en général, est rendue délicate par les nombreux emprunts aux auteurs dont il s'inspire et qu'il paraphrase, parfois jusqu'au plagiat. Nous l'avons déjà dit : la façon dont paraphrase et création forment un tout organique est la marque caractéristique de la réflexion de Diderot. On comprendra donc aisément que cette relation particulière entre la contrefaçon et l'originalité impose au lecteur d'être attentif aux réécritures obsédantes qui font partie intégrante de son propre texte, gros, par conséquent, non seulement des textes des autres (comme pour Shaftesbury dans les *Pensées philosophiques,* ou pour Condillac dans les *Lettres*), mais aussi d'autres textes de Diderot lui-même (tels que ceux qu'il rédige pour l'*Encyclopédie),* gros encore des grandes polémiques de l'époque (par exemple le débat sur les inversions dans la *Lettre sur les sourds et muets* et la question du problème de Molyneux dans la *Lettre sur les aveugles*). Le style de l'époque, parfois empreint de lourdeur et de naïveté, envahit de toutes parts l'œuvre pour l'imprégner des contradictions de Diderot lui-même et du siècle en général.

Autant dire qu'une attention philologique sera nécessaire à une lecture des textes conformes à leur contexte historique global et profond. En ce qui concerne ces éclaircissements, voire ces « explications » philologiques, nous sommes en grande partie redevable aux ouvrages que la critique diderotiste a mis à notre disposition jusqu'à ce jour. La réception de l'œuvre de Diderot a certainement connu des moments d'approfondissement variables, mais les dernières décennies notamment témoignent d'un intérêt accru et d'une interrogation croissante sur pratiquement tous les aspects de l'œuvre de Diderot, si bien qu'on peut parler d'une réhabilitation générale. De plus grande importance, bien sûr, ont été les initiatives décisives qui ont abouti à la nouvelle édition des *Œuvres complètes* de Diderot sous la direction de Herbert Dieckmann, Jacques Proust et Jean Varloot[1], avec la participation des spécialistes les plus

1. Cette publication des *Œuvres complètes* fut entamée en 1975 aux Éditions Hermann. Par opposition aux éditions antérieures (celle de J. Assézat et M. Tourneux, et celle de R. Lewinter), l'édition nouvelle obéit à une structure aussi bien chronologique que

éminents du monde entier. Rappelons que nous sommes aussi, surtout en ce qui concerne la perspective esthétique, en dette envers Jacques Chouillet, dont l'ouvrage de référence déjà cité nous a facilité l'accès aux maints débats qui entourent les textes de jeunesse. L'ampleur et l'érudition de tels travaux ne font que nous assister dans le délicat travail qui consiste à faire passer au premier plan ce qui est, pour tous et pour nous, le texte de Diderot lui-même.

Car on sait fort bien que l'analyse philologique à elle seule ne suffirait pas à épuiser – et nous voilà de retour à notre première intuition – le texte de Diderot. Celui-ci n'appelle pas seulement des éclaircissements « extérieurs », mais il contient aussi, comme de son intérieur, son propre mode d'écriture dans l'agencement et l'enchaînement d'une pensée toujours en recherche d'elle-même. Diderot était d'ailleurs lui-même conscient de l'aspect dynamique de ses « techniques » d'écriture assez surprenantes pour un philosophe : « Je pense chez moi, le jour, la nuit, en société, dans les rues, à la promenade ; ma besogne me poursuit. J'ai sur mon bureau un grand papier, sur lequel je jette un mot de réclame [de rappel] de mes pensées, sans ordre, en tumulte, comme elles viennent. Lorsque ma tête est épuisée, je me repose ; je donne le temps aux idées de repousser […] Cela fait, je reprends ces réclames d'idées tumultueuses et décousues et je les ordonne, quelquefois en les chiffrant […] *S'il se présente quelque idée nouvelle dont la place soit éloignée, je la mets sur un papier séparé* […] [Si mes lectures] m'inspirent quelque nouvelle idée, je l'ajoute en marge, car, paresseux de copier, je réserve toujours de grandes marges […] »[1]. Ces remarques témoignent, certes, du caractère spontané de sa réflexion philosophique, mais aussi de l'ouverture de Diderot. A deux reprises, il emploie le mot tumulte (une fois sous forme d'adjectif), comme s'il voulait souligner l'absence d'une maîtrise professionnelle et d'un recours assuré d'avance aux théories pour mettre au contraire en valeur la recherche elle-même comme seule méthode possible. Des idées nouvelles surgissent en marge de ses manuscrits, annonçant des glissements continuels et des rapprochements inédits qui, eux, poussent la réflexion vers d'autres chemins que celui retenu sur le moment par la plume de Diderot.

Or, ce sont précisément la recherche et l'étude des traces de tels processus de réflexion qui forment l'ambition – modeste – de nos lectures. Si la pensée de Diderot est inséparable des déplacements, voire des contradictions qui la créent, l'analyse doit s'engager à ce niveau dynamique, donc

thématique. Nous renvoyons ici à la dite *Édition Dieckmann-Varloot* sous le sigle *DPV* (Dieckmann, Proust et Varloot), dont les volumes sont indiqués en chiffres romains.

1. Cité par Jean Pommier, qui a lui-même trouvé le fragment dans le livre de M. Tourneux sur Diderot en Russie, *op. cit.*, p. 97.

au plus près du texte, dans ses failles et ses sauts pour saisir la vraie dimension de sa pensée. Au delà de l'explication philologique, qui reste toujours elle-même à interroger et à vérifier, nous désirons ainsi faire resurgir des écrits de jeunesse la force de réflexion et les points d'articulation plus ou moins obscurs sur lesquels se greffe une pensée entièrement nouvelle dans son intention de replacer la métaphysique du côté de l'esthétique ; intention qui, répétons-le, résiste aux étiquettes du déisme et de l'athéisme avec lesquelles on a eu tendance à vouloir classer une fois pour toutes les écrits philosophiques du jeune Diderot.

Ce parti pris explique – et excuse – le caractère méticuleux que l'on pourrait nous reprocher, mais s'il s'agit de redonner au texte de Diderot son aspect dialogique et vivant, il faudra respecter le texte à la fois dans son ensemble et selon les divers niveaux de réflexion qui élaborent cet ensemble peu stable. Non pas imposer au texte des interprétations modernes, voire postmodernes, mais faire surgir du sein même de ses propres enchaînements (et des rapports qu'il entretient avec les textes qui l'entourent) sa modernité véritable, voilà la méthode que nous nous sommes prescrite afin de saisir l'originalité d'une pensée esthétique qui ne saurait pas ne pas modifier l'idée que l'on peut se faire, alors et aujourd'hui, aussi bien de la philosophie elle-même que des sciences. D'où, également, la composition fort simple du présent travail qui suit la stricte chronologie des textes commentés. Le *Chapitre premier* est donc consacré aux *Pensées philosophiques* de 1746, que nous proposons de considérer comme un véritable programme philosophique pour l'œuvre ultérieure de Diderot, car c'est en elles que nous nous efforcerons de dégager l'annonce d'une pensée esthétique. Le *Chapitre II* traite de divers écrits de Diderot entre 1747 et 1749, textes qui représentent un terrain d'expérimentation plutôt tâtonnant et intermédiaire, alors que les *Chapitres III* et *IV* trouveront un Diderot bien plus déterminé dans son projet d'anatomie métaphysique, qui s'adresse aux aveugles et aux sourds-muets. Force nous sera ainsi d'être sensible au défi esthétique qui émane de ces quelques textes de jeunesse ; et tandis que l'appel de Diderot a souvent dû résonner comme un appel à la postérité, les textes qui composent notre corpus furent tous publiés au moment le plus contemporain de Diderot, jusqu'à ce que leur caractère inadmissible les fît bannir par les autorités. C'est cette double vitalité – contemporaine du siècle des Lumières et actuelle pour nous, ses héritiers – que nous voudrions retrouver au sein même du verbe de Diderot.

CHAPITRE PREMIER

GERMES D'UNE MÉTAPHYSIQUE NOUVELLE

C'est avec un acharnement impressionnant, à la manière de Voltaire, que Diderot se rallie à la lutte menée contre l'Église par les hommes des Lumières. Ses *Pensées philosophiques* de 1746 en effet ne sont que le premier exemple fulgurant de cet engagement. Avec leurs attaques à peine masquées, visant une Église décadente, fanatique et hypocrite, elles se présentent comme un document vivant du courant anti-catholique qui depuis le milieu du dix-septième siècle avait été renvoyé à l'activité souterraine de pamphlets illégaux[1]. Assurément Diderot, alors âgé de trente-trois ans, appartient à cette génération de jeunes hommes qui ne parviennent plus à se satisfaire d'un avenir ecclésiastique, qu'il soit proche ou lointain. Comme pour beaucoup de ses amis, sa carrière ne s'arrête pas au choix de devenir un homme d'Église ou bien d'apprendre le métier paternel[2]. Par contre Diderot annonce, jusqu'à l'incarner, ce nouveau type d'intellectuel qu'est le libre penseur ou le pamphlétaire, animateur de ce mouvement anti-religieux qui compte parmi les activités les plus bruyantes, bien que pas nécessairement les plus profondes, des Lumières.

Et de la fureur, il y en a ! Le ton des *Pensées* adopte toutes les couleurs de la caricature du « beau projet que celui d'un dévot qui se tourmente comme forcené pour ne rien désirer, ne rien aimer, ne rien sentir, et qui finirait par devenir un vrai monstre, s'il réussissait ! » (V)[3] Diderot donc ne fait que dire tout haut ce que les autres pensent tout bas, stratégie pourtant décisive, parce qu'en décrivant ainsi, presque naïvement, combien la vie religieuse est devenue contraire au bon sens, il finit par dévoiler les

1. Voir l'introduction de Robert Niklaus et d'Yvon Belaval, *DPV II*, p. 3.

2. Voir, sur cette explication d'ordre socio-psychologique, F. Venturi, *La jeunesse...*, p. 28.

3. Sans autre indication, les chiffres romains entre parenthèses dans ce chapitre renvoient aux *Pensées philosophiques* (1746), *DPV II* (texte établi et annoté par R. Niklaus).

pratiques religieuses telles qu'elles sont : absurdes, humiliantes, dérisoires ou, tout simplement, ridicules. Dans cette croisade contre la religion au nom du sens commun n'est épargné aucun des piliers de l'Église, pas même la Bible : « Où en serions-nous, s'il fallait reconnaître le doigt de Dieu dans la forme de notre Bible ? Combien la version latine n'est-elle pas misérable ? Les originaux mêmes ne sont pas des chefs-d'œuvre de composition. » (XLV)

Il convient cependant de ne pas se méprendre sur les nombreux propos blasphématoires. Toutes ces provocations anti-chrétiennes traduiraient moins un comportement irréligieux de la part de Diderot, qu'une critique *idéologique* de l'Église, dans la mesure où celle-ci a établi son pouvoir sur l'ignorance et la sottise de ses prosélytes. Diderot se refuse à une religion, la catholique, qui s'appuie sur les dogmes, sur la peur et sur une série d'événements plus que bizarres qu'on se pique de qualifier de « miracles » ou de « prodiges ». Tout comme dans le déisme anglais, la question de la foi doit résolument être posée hors les religions fondées sur la *révélation,* raison pour laquelle Diderot s'adressera à trois compagnons de route, non seulement au *déiste,* mais aussi à l'*athée* et au *sceptique,* afin de formuler, avec eux, les conditions d'une foi soumise à l'épreuve des sciences naturelles. Car malgré leurs discussions fougueuses et leurs positions inconciliables, ces trois protagonistes se réfèrent aux acquis scientifiques pour ainsi faire bloc commun contre le *superstitieux.* Ce qui les en distingue, c'est justement qu'ils font un usage argumenté de *la raison,* cette raison invoquée solennellement par Diderot, puisque, alors que « les prodiges et l'autorité » ne peuvent faire que « des dupes ou des hypocrites », la « raison seule fait des croyants » (LVI).

En vertu de cette alliance surprenante de la raison et de la foi, les *Pensées* nous montrent clairement que la philosophie des Lumières ne se réduit nullement à l'athéisme. Bien sûr, le mouvement encyclopédique ne pouvait pas ne pas voir dans le clergé l'ennemi le plus infâme, parfois insurmontable, qui s'opposait aux progrès intellectuels dont il s'estimait le porteur privilégié. Mais, comme nous venons de le signaler, l'Église est attaquée aussi, sinon exclusivement, sur son propre terrain. Parce qu'elle n'a pas été capable de demeurer fidèle à l'idéal d'une vraie morale chrétienne, elle a complètement manqué sa mission sociale. Avidité et abus de pouvoir ont remplacé les gestes originels de générosité et d'humanité du christianisme. En prenant acte de cette véritable crise de la religion, il ne s'agit donc pas pour Diderot de renoncer à la foi, mais, impérativement, de trouver un *nouvel idéal de foi,* une religion qui tire la leçon de l'incrédulité et du mensonge qui ont fait tomber la métaphysique chrétienne en déchéance. Formuler la question de la foi sur un fondement philosophique « éclairé », telle est la tâche que se prescrit Diderot[1].

Ainsi le conflit entre croyance et Lumières parcourt-il, comme le fil d'Ariane, les *Pensées philosophiques* d'un bout à l'autre. Le titre même, loin d'être un jeu de mots innocent, semble se situer dans une zone incertaine entre les *Pensées* de Pascal et les *Lettres philosophiques* de Voltaire, voire entre l'apologie chrétienne de celui-là et la riposte « hédoniste » de celui-ci[2]. Alors que chez Pascal la double nature de l'homme, déchiré entre les deux extrêmes[3], aboutit au mysticisme religieux, les philosophes des Lumières, qui depuis longtemps avaient réfuté le dogme du péché originel, se doivent d'assigner à l'homme des perspectives nouvelles. Voltaire avait substitué au pessimisme et à l'humilité de Pascal leurs contraires[4]. Diderot nous donne sa réponse à la question de la religion dans les *Pensées philosophiques*.

Cette réponse n'a rien de simple. Bien au contraire, elle s'abandonne à la confusion, au paradoxe, et nous apparaît donc d'une interprétation délicate. On s'étonne cependant du peu d'intérêt que cet écrit de jeunesse a pu susciter malgré son statut de première œuvre. Le plus souvent, les

1. Voir, sur les rapports modifiés au XVIIIe siècle entre religion et savoir, E. Cassirer, *La philosophie...*, p. 154-155.

2. E. Cassirer cite le *Mondain* (1736) pour y trouver l'expression la plus parlante de l'hédonisme de Voltaire : « [...] la véritable sagesse / Est de savoir fuir la tristesse / Dans les bras de la volupté. » *La philosophie...*, p. 164. Il est vrai que plus tard Voltaire dénonce la luxure sous l'influence du tremblement de terre de Lisbonne (1756), mais selon Cassirer il gardait à jamais espoir dans le progrès de la civilisation humaine. Cependant, déjà dans ses *Lettres philosophiques* de 1743 Voltaire dresserait plutôt de lui-même, contre Pascal, le portrait de l'« homme sage » du juste milieu : « Regarder l'univers comme un cachot, et tous les hommes comme des criminels qu'on va exécuter, est l'idée d'un fanatique. Croire que le monde est un lieu de délices où l'on ne doit avoir que du plaisir, c'est la rêverie d'un Sybarite. Penser que la terre, les hommes et les animaux sont ce qu'ils doivent être dans l'ordre de la Providence, est, je crois, d'un homme sage. » *Lettres philosophiques* (1734), édition de Raymond Naves, Garnier, 1964, p. 149 (voir aussi notre note 4 ci-dessous). Les idées du poète ne sont donc pas forcément partagées par le philosophe.

3. Rappelons la définition pascalienne de « l'homme dans la nature » comme le fini suspendu entre d'un côté l'infini du tout, cette grandeur qu'il peut contempler comme ce qui continue à l'horizon de son regard, et de l'autre côté l'infini du rien, l'extrême du néant qui s'abîme en lui : « rien ne peut fixer le fini entre ces deux infinis qui l'enferment et le fuient », *Pensées* (éd. Jacques Chevalier), Gallimard, coll. livre de poche, 1962, p. 54.

4. L'objectif de la vingt-cinquième des *Lettres philosophiques* fut justement de percer l'image pascalienne de l'homme misérable : « Il me paraît qu'en général l'esprit dans lequel M Pascal écrivit ses *Pensées* était de montrer l'homme dans un jour odieux. [...] J'ose prendre le parti de l'humanité contre ce misanthrope sublime ; j'ose assurer que nous ne sommes ni si méchants ni si malheureux qu'il le dit. » Au défaitisme de Pascal, Voltaire substitue « cette *espérance* qui adoucit nos chagrins » comme « le trésor le plus précieux de l'homme », *op. cit.*, p. 141 et p. 157.

commentateurs n'attachent pas une grande importance, ni une valeur philosophique propre à cet écrit, considéré, dès lors, comme le règlement de comptes quelque peu naïf du jeune philosophe avec les croyances de l'enfance. Mais n'est-ce pas un tort de réduire les *Pensées* à une simple polémique religieuse qui, en quelque sorte, ne serait que trop contemporaine ? L'activité militante du jeune Diderot ne cache-t-elle pas, comme un « souvenir écran », une autre activité déjà plus proprement philosophique ?

Avec les *Pensées,* Diderot nous présente en effet une œuvre dont, pour la première fois, il peut se réclamer l'auteur. Il est vrai que Shaftesbury, qu'il avait traduit l'année précédente, y est partout présent, surtout dans la critique de la superstition et dans ses innombrables illustrations du fanatisme religieux. De même l'apologie des passions, une partie du déisme, le refus de toute croyance qui se fonde sur l'autorité de l'Église n'en sont que les thèmes les plus évidents qui lui viennent en droite ligne de Shaftesbury. Mais tout en reformulant les thèses de son Maître anglais, Diderot les fait entrer dans un nouvel horizon de pensée. Ses soixante-deux fragments de pensée composent un cadre de réflexion qui apporte un sens nouveau aux emprunts à Shaftesbury – de même qu'à ceux faits à bien d'autres encore.

C'est précisément parce que la composition des *Pensées* s'ouvre à des enchaînements philosophiques inédits qu'il est possible d'y envisager, au-delà de l'écrit anti-religieux de circonstance, le fondement d'une pensée à venir. Cet ouvrage de jeunesse fourmille de développements futurs. Non seulement Diderot tente d'y démystifier la foi en séparant le sentiment religieux de tout fanatisme, donc, au fond, de réhabiliter une religiosité sans adhésion formelle au dogme enseigné par les autorités ecclésiastiques, mais il va plus loin encore, en confrontant la métaphysique chrétienne avec les sciences naturelles de son époque, plus florissantes que jamais. Avec quelle éloquence ne s'efforce-t-il pas de faire s'écrouler l'ancienne métaphysique aux pieds de la nouvelle physique ? Mais son ambition philosophique ne s'arrête pas à ces gestes dévastateurs. Aussi ne manque-t-on pas d'être sensible à une autre pensée qui émerge là même où la métaphysique chrétienne se heurte à la physique, pensée qui, elle, se veut à la recherche d'une métaphysique nouvelle. Derrière tant de causticité contre la religion se cacherait un mobile plus profond de Diderot, celui d'une réinterprétation de la métaphysique. Avant d'approfondir davantage cet enjeu des *Pensées,* dégageons cependant d'abord leurs structures discursives et narratives. Car si l'originalité des *Pensées* provient surtout de leurs articulations internes et des agencements du texte, il faudra tenter, en premier lieu, de préciser le caractère particulier du type de discours employé par Diderot.

Riche en phrases interrogatives et exclamatives, la syntaxe allègre et habile des *Pensées* répond en vérité à tous les critères qui définissent le *dialogue*[1]. L'échafaudage du texte n'est certes pas encore explicitement celui du drame, forme privilégiée de mainte œuvre ultérieure, qu'il soit question de l'essai philosophique (*Le Rêve de d'Alembert*) ou, de façon révolutionnaire, du roman (*Jacques le Fataliste)*. Reste qu'ici déjà, les situations dialogiques surgissent partout : entre Diderot et son lecteur[2], entre le déiste et les partisans de l'athéisme et du scepticisme[3], entre les personnages des anecdotes. Ainsi dialoguées, les *Pensées* nous offrent un texte à plusieurs voix, généreux en vertu de son écoute des « adversaires », s'exprimant tantôt directement, tantôt sous la forme du style indirect libre. La polysémie qui en résulte n'a cessé de provoquer l'interrogation des lecteurs de l'ouvrage quant à la « vérité » de la position de Diderot lui-même. Se fondant dans les paroles de ses interlocuteurs principaux, l'auteur se dérobe constamment au lecteur.

Ces dialogues multiples, sorte de miroir du tempérament désordonné de Diderot, ne se limitent pas aux figures de style. Au-delà des « mélanges » de style, le dialogue aussi fait preuve de *méthode.* Au lieu d'exposer des conclusions avec clarté et rigueur, il est, tour à tour, digression, association libre, invitation au lecteur à participer, bref, une *interrogation philosophique en cours.* Ce dispositif réflexif du dialogue est renforcé, en outre, par la forme fragmentaire des *Pensées.* Les pensées numérotées n'ont à vrai dire pas grand chose à faire avec les axiomes et les maximes du traité scolastique, mais elles ne sont pas pour autant jetées au hasard sur le papier. Elles sont précisément des fragments en ceci que le *passage* d'une pensée à l'autre prête à confusion, à questionnement. Certaines sont anecdotiques, d'autres philosophiques, d'autres encore plutôt rhétoriques. En varie aussi la longueur, même si la plupart des pensées ne dépassent pas la page. Sans être de vrais aphorismes, les fragments de pensée bénéficient d'une autonomie relative qui menace et rend précaire l'ensemble.

Diderot semble donc, dès cet écrit de jeunesse, conscient des mouvements d'un texte. Il faut bien l'avouer : les *Pensées* sont mouvantes. Elles flottent au rythme des ruptures entre les divers fragments de pensée. Chaque chiffre romain annonce une pensée nouvelle, mais aussi le moment de passage et d'incertitude dans lequel Diderot se montre à la recherche de

1. Dès 1928, Paul V. Rubow note les métamorphoses de style par lesquelles les *Pensées* donnent naissance aux premiers dialogues de Diderot. Voir *Litterære studier* (le chapitre sur « Diderots dialoger »), Copenhague, Levin et Munksgaards Forlag, 1928, p. 214.

2. Voir, par exemple, les Pensées III, XXX, XLVI et LX.

3. Voir, par exemple, les Pensées XV, XX et XXIV.

sa propre pensée. Il pense à travers et dans les intervalles des fragments de pensée, procédé qui n'est ni dogmatique, ni scolastique, mais profondément propre à une *réflexion.* Ainsi, tout en rendant visibles les interruptions problématiques du texte, Diderot nous en propose l'enchaînement, certes un parmi d'autres, mais celui qui a fait *sienne* la série des pensées [1].

Plusieurs séries de pensées peuvent ainsi être repérées sans qu'on perde l'impression générale d'une hétérogénéité déconcertante, résultant des fronts multiples sur lesquels Diderot engage sa réflexion. L'écrit ouvre sur les fameuses pensées des passions, *Pensées I-V,* thème qui donne l'occasion de soumettre à un examen critique, dans les *Pensées V-XII,* les passions malades et outrées du *superstitieux.* Viennent ensuite, dans les *Pensées XII-XVI,* d'abord *l'athée,* salué comme un moindre mal que le chrétien, puis *le déiste.* Les personnages principaux sont en place, et Diderot peut mettre en avant son hypothèse fondamentale selon laquelle le déiste, sorte de pivot privilégié de la réflexion, « seul peut faire tête à l'athée » (XIII), tout en menant à bien les attaques contre la religion. A l'aide du déiste et de sa critique qui vise doublement la religion et l'athéisme, sont abordées en outre, dans les *Pensées XVII-XXI,* les sciences naturelles, car celles-ci aussi contredisent la religion tout en réfutant l'athéisme. Abandonnant l'athée au profit d'un nouveau personnage philosophique, celui du *sceptique,* Diderot approfondit, dans les *Pensées XXII-XXXIII,* les acquis méthodologiques qu'ont entraînés les sciences naturelles. L'essentiel, ce n'est plus de posséder la vérité mais d'être en permanence à sa recherche. Comme le dit Diderot lui-même à titre programmatique : « on doit exiger de moi que je cherche la vérité, mais non que je la trouve » (XXIX). Grâce au sceptique et aux principes scientifiques qu'il respecte, Diderot peut maintenant, dans la plus longue partie des *Pensées (XXXIV-LIV),* donner libre cours à ses attaques contre les dogmes de la religion, contre les miracles et la Sainte Ecriture, activité critique dont découle l'esquisse d'un nouveau concept de la raison. Rien de surprenant donc si l'écrit se clôt sur l'apologie de la raison ainsi que sur un certain « naturalisme » (*Pensées LV-LXII).* Pour conclure, la thèse de « la suffisance de la religion naturelle » met ainsi les motifs de la croyance sur le compte d'une raison commune à tous les hommes, bien au-delà des

1. René Etiemble rappelle que malgré l'explication ultérieure quelque peu jalouse de la fille de Diderot, Mme de Vandeul, qui mettait la naissance des *Pensées philosophiques* au compte des exigences pécuniaires de Mme de Puisieux, la maîtresse de Diderot à l'époque, ce dernier assume la responsabilité entière de son ouvrage : « Observez plutôt que Diderot publie et signe les *Pensées :* il en fait un livre. » Voir « Diderotesques », *Le Disque Vert,* mai-juin 1954, p. 16.

querelles religieuses. Au départ, les passions semblent désigner une *nature* dans l'homme, alors qu'à la fin Diderot prône le *naturalisme.* Effet de cohérence ou de coïncidence, ces deux extrémités « naturalisantes » encadrent un ensemble où rien ne semble trop sûr.

Il est vrai que le survol thématique des *Pensées* laisse entrevoir les signes d'un déisme selon lequel Dieu, sans avoir besoin ni des dogmes, ni de la révélation, se montrerait directement au spectateur de la nature comme l'horloger de celle-ci. Le prétendu « naturalisme », lui aussi, abonderait dans le sens du déisme. Mais à examiner le déisme de Diderot de plus près, il va falloir prendre acte, d'une part de plusieurs déplacements par lesquels cette position se détache du déisme « mécaniste », d'autre part de la présence « contaminante » des conceptions, entièrement nouvelles, que Diderot propose des passions et de la raison. Partout le déisme entre dans des constellations insolites qui le font basculer dans la voie d'une tâche philosophique plus aiguë : celle de renouer avec la métaphysique sur des prémisses qui déjà ne sont plus tout-à-fait déistes.

Cette position précaire du déisme a fait l'unanimité des commentaires, d'ailleurs peu nombreux des *Pensées,* mais le plus souvent au profit de l'athéisme. A consulter les études diderotistes dans ce domaine, on peut ainsi constater l'existence d'un schéma interprétatif assez stable qui voit dans les rapports de force entre déiste et athée l'axe central de l'ouvrage. Même si le déisme est encore bénéficiaire d'un espace d'argumentation dans les *Pensées*, le conflit entre la religion et les idées toutes nouvelles de notre jeune philosophe ne saurait ne pas menacer ce déisme qui, tôt ou tard, céderait la place à l'athéisme [1]. Que le déisme soit voué à l'échec à cause du poids des arguments mis en avant par l'athée ne serait donc que le premier pas vers ce matérialisme dont deux ans plus tard, dans la *Lettre sur les aveugles,* Diderot se réclame ouvertement [2]. Au fond, le Diderot des

1. L'une des études qui a fait école dans l'interprétation de l'évolution du jeune Diderot est celle d'Aram Vartanian, « From Deist to Atheist. Diderot's Philosophical Orientation 1746-49 », *Diderot Studies,* t. I, 1949. Tout en insistant sur l'évolution d'un jeune Diderot confusément déiste qui peu à peu prend les engagements de l'athée, A. Vartanian se montre néanmoins prudent à l'égard de la prétendue rupture de Diderot avec le déisme. Ainsi souligne-t-il que le passage du déisme à l'athéisme est lié à l'importance accordée par Diderot, dès les *Pensées,* à la biologie au détriment de la cosmologie mécaniste (une observation que nous allons commenter plus loin). Il remarque aussi que les termes tels qu'« athéisme », « naturalisme » et « matérialisme » dans une certaine mesure se complétaient pour le philosophe des Lumières. Vartanian n'approfondit cependant pas davantage les perspectives philosophiques ouvertes par ces nouveaux concepts à la mode.

2. Voir, par exemple, F. Venturi qui voyait dans les *Pensées* « une première ébauche de sa théorie matérialiste », *La jeunesse...*, p. 89.

Pensées ne serait qu'un athée latent[1]. S'il n'ose le dire lui-même, ce serait pour des raisons soit de censure, soit de scrupules personnels[2]. Telles sont les conclusions qui toutes récusent le déisme, mais qui du même coup affirment l'athéisme comme le serment philosophique secrètement prêté par les *Pensées.*

Démenties par le matérialisme à venir, les *Pensées* laisseraient donc en attente, à cause de leurs rapports étrangement ambivalents au déisme, l'expression plus parfaite de l'œuvre de maturité. Même les commentateurs les plus prudents qui se méfient cependant de cette conclusion substitutive (remplaçant le déisme par l'athéisme), semblent lire, eux aussi, l'écrit inaugural de Diderot sur la base des œuvres postérieures au lieu de le considérer comme un programme philosophique décisif quant aux multiples directions que prendra la pensée de Diderot. Déjà dans les années trente, Franco Venturi se contente de relier la valeur des *Pensées* à « leur force persuasive », évoquant surtout leur succès retentissant dans les débats religieux de l'époque, alors que d'un point de vue strictement philosophique, l'ouvrage ne serait « qu'une première tentative encore très fragmentaire et très incomplète pour mettre en théorie ce qu'il sentait »[3]. De même, quarante ans plus tard, Jacques Chouillet voit dans les *Pensées,* moins la naissance d'un problème philosophique, qu'une attitude purement expérimentale, « un drame d'idées, où l'auteur n'intervient que pour laisser agir les personnages sans préjuger du dénouement »[4].

Souligner ainsi le caractère provisoire, confus et inabouti des *Pensées* revient pourtant à les considérer comme une pensée qui serait en quelque sorte trop peu consciente de ses propres enjeux. Or, on pourrait se demander si la manière de philosopher ici n'est pas déjà proche de ce que Diderot cherche effectivement à penser. Ne se méfie-t-il pas du danger purement rhétorique, voire sophistique, desdites positions philosophiques ? De toute manière, comme un autre Platon, il dénonce « les opinions », puisqu'« en bonne logique [...] il n'y a pas à opter » (LII).

1. Pour René Etiemble, par exemple, Diderot était un athée à peine déguisé : « Athée par raison, et par raisons déduites, voilà sans conteste le signalement du Philosophe, en ce saint jour de Pâques 1746 », *op. cit.*, p. 45. De même, pour Charles Dedeyan : « En fin de compte le déisme a été une étape de l'incrédulité de Diderot. » Voir *op. cit.*, p. 327.

2. Rappelons que A. Vartanian ne succombe pas à cette tentation de voir dans l'hésitation de Diderot un faux sentiment religieux : « There is no need to suspect, as many critics have done, that Diderot's deism in 1746 was either a mask for something else, or was an « unholy » alliance with radically different ideas. » *Op. cit.*, p. 51.

3. F. Venturi, *La jeunesse...*, p. 88-89.

4. J. Chouillet, *La formation...*, p. 62. Voir aussi sa conclusion : « Diderot s'installe dans le provisoire et en accepte le risque » (p. 68) ; de même, citant J. Roger : « aucun problème n'est vraiment posé à l'époque des *Pensées* » (p. 67).

L'important, ce n'est pas de se laisser glisser d'une doctrine à l'autre, s'identifiant tantôt au déiste, tantôt à l'athée, mais de *construire* une pensée au moyen de points de vue contradictoires [1]. Si identification il y a, ce ne serait assurément pas avec le sophiste, mais, justement, avec Platon. A l'image des dialogues du grand Socrate, qui était toujours prêt à démasquer les opinions « intéressées » et, par conséquent, nuisibles à la vérité, Diderot lui aussi se montre à la recherche de vérités qui dépassent les intérêts purement empiriques. Les *Pensées philosophiques* nous offrent non seulement une critique de l'idéalisme chrétien, mais aussi, comme nous allons le démontrer, une critique prodigieuse du vain empirisme des opinions.

A suivre cette mise en scène socratique, on verra combien les opinions du déiste, de l'athée et du sceptique, loin d'être incompatibles, s'avéreront solidaires d'une seule et même tentative pour formuler une métaphysique qui ne serait plus au service de la religion, mais qui, bien au contraire, serait le fruit du conflit entre religion et sciences. Au programme des *Pensées* se manifeste le désir non seulement de séparer les sciences de la religion, mais aussi d'arracher à celle-ci son monopole sur la métaphysique. Ce serait là, justement, la première tentative de la part de Diderot pour reconquérir la métaphysique conformément aux conditions du savoir entièrement modifiées de la philosophie des Lumières. Mais parce qu'on a tant insisté sur le passage du déisme à l'athéisme, de l'idéalisme au matérialisme, on est amené à négliger cette hypothèse d'une dimension métaphysique, plus secrète et plus profonde, qui ne se laisserait ramener à aucune de ces deux positions. Avec la désignation de l'athée comme horizon philosophique, visible ou invisible, la revendication, pourtant violente de Diderot, d'un remplacement de l'ancienne métaphysique par une nouvelle – une métaphysique qui de surcroît soit à la hauteur de la physique du moment – s'affaiblit.

Force nous sera donc de justifier l'impression d'un Diderot s'acquittant des systèmes métaphysiques, non tant pour verser dans l'athéisme ou dans le scepticisme – qui au fond ne présenteraient que les traits de nouveaux systèmes métaphysiques : ceux du Hasard et du Doute – que pour *faire de la métaphysique d'une manière nouvelle, plus concrète.* Car c'est sur ce point précis d'un basculement métaphysique qu'il faudra être attentif à un premier appel à *l'esthétique.*

1. Cette « méthode » est soulignée par J. Chouillet : « Si bien qu'un véritable dialogue se noue entre les représentants de différentes doctrines [...] La pensée de Diderot ? Elle semble passer de l'un à l'autre, ne se livrant qu'à un lecteur attentif, et par des signes discrets, que contredit la teneur officielle du discours. » *Ibid.*

Pourtant, là aussi, les études diderotistes en général ont attaché peu d'importance aux implications esthétiques des *Pensées* – et cela malgré les cinq premières pensées consacrées au thème des passions. Une explication possible en serait que l'esthétique des *Pensées* est trop souvent assimilée au théisme de Shaftesbury. L'essentiel de cette pensée anglaise réside justement dans son ressort esthétique. La vérité, la beauté et le suprasensible étaient aux yeux de Shaftesbury des termes solidaires, dans la mesure où la nature fait « don » de sa propre beauté, preuve immédiate de la puissance créatrice de Dieu[1]. De là « l'enthousiasme » qu'éprouve en face de la nature ce philosophe sensible[2]. Mettre ainsi les passions au compte du déisme, force plutôt régressive par rapport au matérialisme à venir, signifie cependant qu'on les prive de toute fonction esthétique novatrice – à condition bien entendu que l'on souscrive à ce schéma de l'évolution philosophique chez Diderot et, peut-être aussi, à une image quelque peu réductrice de Shaftesbury lui-même. Mais si l'esthétique des *Pensées* s'inspirait d'autres motifs philosophiques ? Si elle s'inscrivait dans une optique autre que celle du déisme « orthodoxe », ne serait-elle pas du même coup libérée de l'entrave déiste ?

1. Voir René Legros, « Diderot et Shaftesbury », *Modern Language Review,* 1924, p. 188-194.

2. Il est étonnant qu'on ait tant insisté sur un prétendu « enthousiasme », vu les connotations entièrement négatives qu'a ce mot chez Diderot. Ainsi la « Table des matières » ne renvoie-t-elle qu'une seule fois à l'« enthousiaste » (*DPV II,* p. 54), à savoir à la Pensée XXXIX, la plus brève de toutes, dont le portrait suivant ne laisse aucun doute quant au mépris de Diderot : « Le vrai martyr attend la mort. L'enthousiaste y court. » Par ailleurs, on ne pourrait même pas conclure, de ce regard sévère sur l'enthousiasme, à une différence entre Diderot et Shaftesbury. Car le passage cité ne provient de personne d'autre que de Shaftesbury, lui-même farouche critique de l'« enthousiasme » religieux. Le mérite de Shaftesbury fut justement d'opérer une distinction au sein de la notion d'enthousiasme, à savoir la distinction entre l'enthousiasme fanatique des bigots et l'enthousiasme sain des esprits éclairés (voir le commentaire de Paolo Casini et de John S. Spink, *DVP I,* p. 276). Ch. Dedeyan, également, qualifie le théisme de Shaftesbury d'« exemple de religion sincère et éclairée, d'un "zèle éclairé" » (voir *op. cit.*, p. 31). Ecoutons enfin Shaftesbury lui-même dans *A Letter Concerning Enthousiasm* : « it would be well for us if, before we ascended into the higher regions of divinity, we would vouchsafe to descend a little into ourselves, and bestow some poor thoughts upon plain honest morals. » *Characteristics of Men, Manners, Opinions, Times etc.*, Gloucester, Mass., Peter Smith, 1963 (1re édition 1900), p. 29. L'enthousiasme doit surgir de l'homme raisonnant, non pas de rapports d'extériorité avec un objet de culte. Notons au passage que Voltaire, lui aussi avait parlé « des passions qu'il faut satisfaire sans en être maîtrisé ». Voir *Correspondances I* (lettre du 25 avril 1737), édition Theodore Besterman, Bibliothèque de la Pléiade, Gallimard, 1977, p. 959. Ajoutons qu'au sens étymologique, l'enthousiaste est précisément celui qui est *dans* Dieu, extase dénoncée par les déistes, et c'est avant tout dans cette acception, la plus courante au XVIIIe siècle, que nous le rencontrons chez Diderot. On pourrait dire que Diderot ne court aucun risque d'ambiguïté quant à la religion.

Or il nous semble que les *Pensées* contiennent des germes, certes discrets, mais symptomatiques, d'une esthétique qui prendra une part active dans la reconstruction de la métaphysique. En guise de conclusion, les *Pensées* s'adresseraient, comme de loin, à l'esthétique pour répondre à la crise de la métaphysique chrétienne. Non seulement les passions esquissent une pensée esthétique qui par son attachement aux critères formels ne saura être ramenée au déisme, mais les résultats scientifiques auxquels fait référence Diderot incitent, en outre, la réflexion métaphysique à abandonner la philosophie mécaniste pour s'installer au plus près d'un vitalisme qui présente lui aussi une parenté esthétique.

Bien sûr, il faudra veiller à ne pas surestimer la portée philosophique des *Pensées,* tout comme la tradition diderotiste à certains égards semble l'avoir sous-estimée. En ce sens, l'histoire de leur réception, qui en souligne sans cesse le caractère confus et polyvalent, nous a donné une précieuse leçon. Mais l'ouvrage n'est pas uniquement l'accumulation d'opinions inarticulées, que ce soit sous forme d'une série d'idées où Diderot se débat entre le déiste et l'athée, ou d'un simple manifeste athée dans lequel Diderot pour des raisons de prudence aurait dissimulé son vrai message. Ce qui constitue au contraire tout l'intérêt des *Pensées,* c'est que Diderot y *pose* un problème philosophique, celui d'une nécessaire réorientation métaphysique qui, au moins à titre programmatique, fait appel à l'esthétique. Trois grandes portes lui servent d'accès à cette élaboration d'une métaphysique nouvelle : celle des passions, celle de la science et celle de la raison.

Passions à destination esthétique

Les cinq premières *Pensées* sont donc consacrées au thème des passions, la première traitant des « passions en général »[1], tandis que les suivantes décrivent chacune des passions particulières telles que « les passions sobres » (II), « les passions amorties » (III), « les passions fortes » (IV) et, finalement, « les passions indélébiles » (V). Dès le départ, le domaine des passions a éclaté. Ni constantes, ni unitaires, elles peuvent prendre des formes *multiples.* Cette dispersion ne conduit cependant pas au relativisme. Plutôt que de se perdre dans une taxinomie exhaustive des passions, Diderot les situe sur un plan esthétique, celui de leur *harmonie.*

1. Telle est l'indication donnée par Diderot lui-même dans sa « Table des Matières », *DPV II,* p. 55.

Tout se passe comme s'il voyait à travers les passions pour en saisir une forme creuse, l'harmonie invisible, comme leur principe esthétique idéal.

C'est décidément par ce *souci esthétique* que Diderot se distingue de ses sources d'inspiration dont l'empreinte reste pourtant visible. Nous l'avons déjà vu, les passions s'enracinent pleinement dans le théisme de Shaftesbury, l'inspirateur omniprésent des *Pensées,* pour qui il existe une relation interne entre les passions fortes et le réveil moral. Diderot, bien sûr, sait ce qu'il doit à Shaftesbury et à sa conception spiritualiste des passions, mais, au-delà de ces très récentes sources d'inspiration, c'est aussi Descartes qui se mêle au débat. Par son traité sur les *Passions de l'âme,* Descartes, en effet, avait été le premier à avoir lancé l'idée d'une réhabilitation scientifique des passions jugées alors si dangereuses par les esprits de l'époque [1]. Ainsi la passion était-elle double pour lui, de nature psychophysiologique, indiquant le point d'articulation entre les deux instances par ailleurs si autonomes et incompatibles que furent chez lui le corps et l'âme. La passion désignait précisément le *passage* de l'état d'âme à son expression corporelle. Donc, Descartes s'efforçait déjà de dégager les passions de leurs apparences trop expressives et sentimentales, en les ramenant à un réseau de nerfs, de muscles et à d'autres curiosités physiologiques, comme, par exemple, « des cordons de tirage » [2]. Le jeune Diderot n'est pas étranger à une telle anatomie des passions, mais par sa vision d'une harmonie fondamentale des passions, il ouvre de nouvelles perspectives plus proprement esthétiques que chez Shaftesbury en quête du sujet moral et plus proprement subjectives que chez Descartes en quête du « je pense » – perspectives qui d'ailleurs ne se laissent guère réduire à des termes aussi suggestifs et vagues que « l'apologie des passions » comme l'ont voulu la plupart des commentateurs de l'opuscule [3].

Si les passions tendent vers l'esthétique chez Diderot, c'est moins parce qu'elles se passionnent pour l'art, que parce qu'elles renvoient l'homme à son soubassement affectif. Car, alors que dans la tradition « on leur impute toutes les peines de l'homme », les passions sont en même temps « source de tous les plaisirs » (I). « Source », « plaisir », « peine », voilà des mots qui visent tous la faculté de *sentir.* La table des matières renvoie également à la Pensée I sous le terme de « source de bien et de mal » [4] pour ainsi

1. Voir R. Niklaus, n. 2, *DPV II,* p. 56. *Les passions de l'âme* de Descartes sont de 1644 (réécrites en 1647).

2. L'expression est relevée par H. Dreyfus, « Les conceptions médicales de Descartes », ouvrage cité par G. Rodis-Lewis dans son introduction aux *Passions de l'âme,* Vrin, 1988, p. 16.

3. Voir, par exemple, F. Venturi qui évoque « l'exaltation des passions » et « le magnifique éloge des passions », *La jeunesse...,* p. 80 et 81.

4. *DPV II,* p. 56.

souligner l'ancrage passionnel du sujet sentant. Plus les passions désignent un sentiment vif et fort, plus elles laissent entrevoir une source vitale, les filtres de plaisir et de peine, sorte de pulsions premières de l'homme.

Si Diderot avait l'intention de remettre en valeur les passions nobles et dignes de l'homme, parce que « l'on oublie qu'elles [les passions] sont aussi la source de tous ses plaisirs » (I), il découvre donc, ce faisant, une *double* nature – de plaisir et de peine – dans le passionnel en tant que tel. Cela explique les directions les plus contraires que peuvent prendre les passions, puisque : « C'est dans sa constitution, un élément dont on ne peut dire ni trop de bien ni trop de mal. » (I) Sentiment du plaisir et de la peine, les passions sont constitutivement *dans* l'homme, mais parce que cette source est composée de deux forces opposées, l'une positive et l'autre négative, les effets des passions, observables *hors* l'homme, peuvent être bons ou mauvais, élevés ou bas. Autant dire qu'on ne peut se passer des passions, comme si celles-ci étaient un mal absolu à éviter.

A partir de ce constat une question cependant se pose : si les passions représentent une force primaire dans l'homme, et si, de plus, le négatif est inscrit dans sa double structure passionnelle, comment peut-on éviter les passions placées sous l'empire du mal ? Diderot s'imagine-t-il qu'il est possible de cultiver les passions pour qu'elles servent uniquement les buts dignes de l'homme ? Il est vrai que pour lui les passions sont la *condition sine qua non* de la grandeur : « il n'y a que les passions et les grandes passions qui peuvent élever l'âme aux grandes choses. Sans elles, pas de sublime » (I). Mais en même temps, la critique du superstitieux prend essentiellement la forme de la caricature des passions malades qui animent le dévot. Tout le génie polémique des *Pensées* ne consisterait-il pas, effectivement, à décrire le comportement religieux comme l'effet des passions avilies ? Assurément, les passions religieuses abaissent au lieu d'élever[1] jusqu'au sublime. Tout en faisant ainsi appel aux grandes passions pour commenter surtout les basses, Diderot se voulait cependant à la recherche de l'équilibre des passions. Il réclame leur *harmonie,* répétons-le. Les passions doivent donc s'accorder harmonieusement pour éviter le danger d'excès : « Ce serait donc un bonheur, me dira-t-on, d'avoir les passions fortes. Oui, sans doute, si toutes sont à l'unisson. Etablissez entre elles une juste harmonie, et n'en appréhendez point de désordres. » (IV) A peine Diderot a-il fait l'éloge de l'hétérogénéité des passions qu'il recourt au principe unitaire de l'harmonie. Guidées par l'harmonie, les passions doivent chercher l'unité et éviter le désordre. Diderot à son tour semble

1. *La Religieuse* (1759, réécrite en 1780-82) nous offre le portrait littéraire du fanatisme religieux et des rapports de pouvoir qui l'alimentent.

tourner le dos aux passions trop violentes. Voltaire, sur le ton de l'ironie, n'a pas manqué de remarquer cette restriction à peine déguisée : « Alors ce balancement est sagesse ; il exclut l'enthousiasme »[1].

Il faut admettre que le critère de l'équilibre imposé par Diderot s'oppose à sa condamnation, quelques lignes plus haut, des passions sobres, celles-ci n'étant qu'ordinaires (« les passions sobres font les hommes communs »), puisque gouvernées par l'intérêt du sujet (« [l]a vie m'est-elle plus chère que ma maîtresse ? Je ne suis qu'un amant comme les autres » (II)). Les passions autrement nobles et sublimes dépasseraient l'égoïsme, l'amour propre et l'intérêt particulier. Renouant ainsi avec la tradition classique du sublime, celle qui va de Longin à Boileau, Diderot veut ici, comme ailleurs, *émanciper*. Les passions doivent être libérées du joug imposé par tout pouvoir « intéressé »[2], puisque la « contrainte anéantit la grandeur et l'énergie de la nature » (III). Mais comment cette libération des passions peut-elle être compatible avec la condition de l'harmonie et, plus profondément encore, avec le danger d'excès négatif des passions libérées ? N'y aurait-il pas un paradoxe entre la liberté des passions et le critère de l'harmonie ?

Le critère du sublime semble pourtant être en retrait par rapport à celui de l'harmonie. Ou plus précisément, l'argumentation de Diderot, plutôt que de conduire au paradoxe, se situerait sur deux niveaux différents, d'une part celui des contenus des passions, d'autre part celui de leurs formes. Est récusé, sur le plan *substantiel*, tout régime de régulation relevant des doctrines religieuses ou des écoles philosophiques, tandis que, sur le plan *formel*, Diderot formule en effet la condition de l'harmonie. Et Voltaire avait certainement raison, quand il notait la participation de la *sagesse* dans le concert des passions, mais ce qui échappait à l'acuité de son regard, c'est que cette sagesse doit être comprise comme *forme*, et non pas comme sens moral ou théorique.

A la faveur de cette distinction entre forme et contenu, la portée esthétique des passions se précise davantage. Nous avons dit que les passions étaient multiples, hétérogènes et que c'était dans le mouvement qui les anime que Diderot réclamait la belle forme de l'harmonie. Le critère de l'harmonie renvoie donc à une instance régulatrice capable de garantir la

1. Cité par R. Niklaus, *DPV II*, n. 7, p 18. (Voir en outre N.L. Torrey, « Voltaire's reaction to Diderot », *Publications of the Modern Language Association*, 1935). Voltaire reprend cette conclusion plus loin en notant qu'« il faut de l'enthousiasme dans les grandes occasions ; sagesse partout ailleurs ». Les commentaires de Voltaire furent écrits directement sur une copie des *Pensées* (l'édition *C* de la liste établie dans *DPV II*, p. 11).

2. J. Chouillet a souligné avec précision cette revendication profonde d'un terrain libre à l'esprit sensible : « [...] le sublime en art, comme d'ailleurs en morale, dépend de la libération des passions, non de leur asservissement. » *La formation...*, p. 60.

« juste harmonie ». Cette instance que Voltaire spontanément nommait « sagesse » ne peut être autre que celle que Diderot lui-même élabore ailleurs dans ses *Pensées* sous le terme, à plus forte vocation épistémologique, de *raison.* Les passions introduisent pourtant à une étrange forme de raison. Car, à y voir de plus près, la raison n'est convoquée que pour attester qu'aucune instance « raisonnante » ne détermine l'épanouissement des passions. Elle n'est pas elle-même la source créatrice, elle tiendrait plutôt au caractère provisoire de sa propre capacité conceptuelle et ne ferait que confirmer la liberté formelle des passions. Tout se passe comme si les passions bénéficiaient de leur liberté nécessaire, tant que la raison peut garantir leur particularité universelle. Un tel usage *non-conceptuel* de la raison dans le registre du passionnel s'apparente à celui que, quelques décennies plus tard, Kant fera entrer dans son analytique du beau. L'esthétique du beau chez Kant prescrira, elle aussi, la réception par l'entendement des productions *autonomes* de l'imagination [1]. La relation que Kant établit entre la production créatrice de l'imagination et la reproduction régulatrice de l'entendement est fondamentalement celle de l'harmonie, puisqu'elle est décrite comme *libre* jeu de l'entendement et de l'imagination [2].

Récapitulons : les passions sont ce qui au fond du sujet sentant *pousse* aux créations. Elles sont les ressorts sans lesquels il n'y aurait point de grandes œuvres, ni en art, ni en société. Voltaire a tout de suite compris ce dispositif affectif des passions, lorsqu'en marge de la Pensée III il avait noté que les « passions sont les vents qui font aller le vaisseau et qui le submergent » [3]. A ce vocabulaire météorologique Diderot aurait certainement préféré une métaphore musicale, donc plus proprement esthétique encore : celle des *cordes d'instrument* dont il s'était servi l'année précédente en traduisant Shaftesbury. En commentant alors le rapprochement que ce dernier opère entre passions et instruments, il avait retenu ceci : « Nous ressemblons à de vrais instruments dont les passions sont les cordes. Dans le fou elles sont trop hautes, l'instrument crie ; elles sont trop basses dans

1. Kant (1790), *op. cit.*, § 9.

2. Voir *ibid.* Cette affinité avec Kant porte à croire que les passions de Diderot s'inscrivent moins dans la problématique du sublime que dans celle du beau. Le sublime chez Kant se distingue justement de l'harmonie du beau par sa dysharmonie fondamentale, c'est-à-dire par la défaillance dans laquelle se trouve l'imagination pour présenter à l'entendement des formes intuitives. Notons de même que l'*Analytique du beau* prescrivait au jugement du goût son désintérêt, critère lui aussi préfiguré par les passions de Diderot.

3. Cité par R. Niklaus, *DPV II*, n. 3, p. 8.

le stupide, l'instrument est sourd. Un homme sans passions est donc un instrument dont on a coupé les cordes, ou qui n'en eut jamais. »[1]

Alors que ces annotations sur l'analogie des passions avec des instruments de musique étaient l'inspiration du moment lors de la traduction de Shaftesbury en cours, le modèle des cordes aura dans les *Pensées* une vocation *méthodique.* Non seulement les passions ouvrent des perspectives esthétiques, mais elles vont fournir à Diderot toute une méthode. Leur double nature porte déjà en elle la polarisation et l'armature rhétorique qui vont créer l'espace de réflexion des *Pensées.* A y voir de plus près, les passions qui y seront examinées se situeront, précisément, entre deux extrémités, entre les passions criardes du croyant et celles, atones, de l'athée. Ou bien, ce qui revient au même, les protagonistes philosophiques sont examinés du point de vue de leurs cordes passionnelles. Cela est très net dans le cas du dévot, chez lequel les passions se sont déchaînées ou, selon le langage des cordes, l'instrument crierait. Partout, on trouve cette même mise en scène anatomico-phénoménologique des passions déréglées qui déforment les corps chrétiens, n'étant que « cris » et « gémissements » : sortes de « [...] cadavres plaintifs, les uns se frappent la poitrine avec des cailloux ; d'autres se déchirent le corps avec des ongles de fer ; tous ont les regrets, la douleur et la mort dans les yeux » (VII). Chez l'athée, par contre, les passions sont en retrait. Sorte de degré zéro des passions, ses journées se passent en de futiles calculs de probabilités[2]. De même, le sceptique semble avoir trop peu de passions[3], bien qu'il manifeste une certaine énergie passionnelle en s'enthousiasmant pour les nouvelles méthodes scientifiques.

Et voilà que derrière cette évaluation des cordes passionnelles des uns et des autres réapparaît l'harmonie, critère esthétique par excellence, avec son appel à la raison tantôt pour apaiser les sentiments, tantôt pour les raviver. Si les passions religieuses sont la cible majeure des *Pensées,* c'est bien qu'elles ne sont que sensations, « plus approuvées que suivies » (XI). Ou encore : le dévot « voit, *selon qu'il est affecté*, un Dieu vengeur ou miséricordieux ; les enfers ou les cieux ouverts : il tremble de frayeur, ou il brûle d'amour : c'est une fièvre qui a ses accès froids et chauds » (XI, nous soulignons). Face à ce grand ébranlement de nerfs, les passions minimales

1. Diderot fait le commentaire ici d'un passage de l'*Essai sur le mérite et la vertu*, dans lequel Shaftesbury avait rapproché affections et instruments de musique (« les affections sont dans la constitution animale, ce que sont les cordes sur un instrument de musique »). *DPV I*, p. 373.

2. F. Venturi touche au problème central lorsqu'il peint l'attitude réprobatrice de Diderot à l'égard des athées dans les termes suivants : « ils sont artificiels, ils ne sont point humains : vice mortel à ses yeux. » *La jeunesse...*, p. 16.

3. Voir plus loin, p. 58-62, pour un portrait plus approfondi du sceptique.

du sceptique et, en particulier, celles, plus simulées que vécues, de l'athée témoignent par contre de l'étouffement des sentiments par une raison écrasante. Leurs passions se réduisent au doute, à une raison subordonnée à son usage strictement logique. C'est ainsi que, avant même d'aborder les arguments, on aura compris l'éloge accordé au déiste. Car, dans le déiste, Diderot trouve l'accord parfait entre sentiments religieux et raison. Seul le déiste se trouve en harmonie.

Une telle valorisation des passions à la fois comme critère et comme méthode déplace la question, souvent vaine, de savoir qui, du déiste ou de l'athée, représente la vraie position philosophique de Diderot. Ce qui compte pour Diderot, c'est moins l'argument philosophique en soi que son *ancrage passionnel,* ce fin équilibre entre émotion et raison qui doit porter le raisonnement. Avec le dévot et l'athée aux extrémités et le déiste au milieu, la réflexion de Diderot s'est organisée entre le fanatique et le minimaliste, entre les passions effrénées et les passions anémiques. Comme il conclut lui-même : « On risque autant à croire trop, qu'à trop peu. » (XXXIII) La vision de l'harmonie passionnelle ne se trouve satisfaite que dans la croyance raisonnable du déiste. Loin de se limiter à une apologie tapageuse des passions, Diderot s'en est servi pour faire de la relation parfaite entre sentiment et raison sa « position » philosophique.

En fin de compte, les passions bien accordées chez le déiste finissent par rejoindre l'analogie kantienne évoquée plus haut. A leur tour, elles préfigurent cet équilibre profond qui apparaît, dans le sentiment du beau, entre imagination et raison. Car chez Kant aussi, la contribution de la raison au jugement esthétique est fort délicate : les formes artistiques ne sont pas déterminées par les concepts de l'entendement – c'est pourquoi Kant devait renoncer à donner au jugement esthétique un fondement logique[1] –, mais elles ne sont pas pour autant le résultat de la pure fantaisie. La raison y joue un certain rôle, ni trop important – comme dans le cas du sceptique –, ni trop peu – comme dans celui du dévot. Il y aurait donc là aussi une pensée esthétique, esquissant un champ d'expériences à mi-chemin de la logique et de l'hystérie. N'est-ce pas cette position difficile entre deux pôles, mais sans positivité intrinsèque aucune, qui défie toute pensée esthétique, quand celle-ci refuse de trahir la nature même de l'art ?

De toute manière, le thème des passions nous a assurément conduit en deçà de la définition classique des passions comme grandeur, enthousiasme, rencontre du divin, etc. Tout se passe comme si Diderot traversait les passions maximales – sublimes et, surtout, fanatiques – pour effleurer

1. Non sans raison le jugement du goût ne pouvait être « *logisch* », mais justement « *ästhetisch* », parce que sa « *Bestimmungsgrund nicht anders als subjektiv sein kann* ». Voir Kant, *Kritik der Urteilskraft* (1790), *op. cit.*, § 1, p. 115.

le fondement minimal, moins artistique qu'épistémologique, d'une esthétique. A la seule faveur de ce retrait, il est possible d'interpréter sa stratégie de l'harmonie comme autre chose qu'un refuge contre les passions dérangeantes. Soulignons donc, en guise de conclusion, la double perspective ouverte par l'incipit sur les passions. D'un côté, le critère des passions harmonieuses a permis à Diderot de peindre le fanatisme religieux, sous les traits d'un dévot « qui se tourmente comme un forcené pour ne rien désirer, ne rien aimer, ne rien sentir » (V). Mais c'est dans la nature même de ces passions hystériques que, de l'autre côté, Diderot aura trouvé le principe esthétique – « désirer », « aimer » et « sentir » – qui lui sert de critère dans l'évaluation de l'ensemble de ses protagonistes.

C'est ainsi que les passions nous montrent un Diderot déjà fortement occupé par des phénomènes de nature esthétique, dans la mesure où l'esthétique désigne le champ où la participation du sentiment au travail de la connaissance s'avère décisive. Bien sûr, le scientifique lui aussi fait usage de ses sens, mais le propre de l'expérience esthétique consiste en ce glissement par lequel la *sensation*, la perception de l'œuvre d'art, se transforme en *sentiment* du beau. Or ce n'est pas autre chose qu'un sentiment, aussi difficile à définir, mais infaillible par son évidence même, que Diderot défend chez le déiste. Au-delà du sectarisme religieux, Diderot serait déjà, par sa seule conception des passions, à la recherche d'une disponibilité affective qui puisse l'aider à aborder les rapports entre les sciences et la métaphysique dans des termes nouveaux.

Entre physique et métaphysique

Le débat métaphysique parcourt l'ensemble des *Pensées*, d'autant plus qu'il est calqué sur la distribution des rôles qu'avait définie l'analyse des passions : aux extrémités se manifestent d'une part le religieux qui se rattache aux dogmes de la métaphysique chrétienne, et d'autre part l'athée et le sceptique qui refusent d'entendre parler d'une métaphysique quelconque, tandis qu'au milieu le déiste fait preuve d'une attitude réconciliatrice. C'est lui qui, justement, maintient la croyance en Dieu, ce qui relève indubitablement d'une certaine affirmation métaphysique, en entretenant en même temps des rapports privilégiés avec les sciences naturelles, desquelles l'athée et le sceptique aussi tirent leurs arguments les plus forts, mais, chez eux, ces arguments ne conduisent qu'au reniement et au doute de Dieu. Tous les protagonistes contribuent ainsi de leur mieux à déstabiliser la relation entre la religion et les sciences naturelles, mais la transforment par là-même en un terrain propice à la pensée métaphysique de Diderot.

Pour être plus précis : deux métaphysiques seraient à l'œuvre dans les *Pensées,* l'une nommée ouvertement, tandis que l'autre travaille souterrainement la pensée de Diderot. Lorsqu'il emploie le terme de métaphysique, c'est donc toujours au sens de la première, entièrement négative, à savoir de la métaphysique ou, comme il dit également, de « l'ontologie » (XIX) chrétiennes. Qualifiant par exemple « ces tissus d'idées sèches et métaphysiques » de « moins propres à dévoiler la vérité, qu'à lui donner l'air du mensonge » (XX), il vise le soubassement dogmatique de la métaphysique chrétienne, ces « subtilités de l'école » (XIX) qui prétendent au savoir absolu des causes premières. Cette métaphysique qui, de façon mensongère, monopolise la vérité, Diderot la perçoit cependant au moment de son agonie, comme une sorte de version anticipée de la thèse « postmoderne » du « déclin des grands récits »[1]. A ses yeux la crédibilité du christianisme a *déjà* depuis longtemps été ébranlée par les résultats révolutionnaires des sciences naturelles. Les orthodoxies sont tout simplement périmées : « Le temps des révélations, des prodiges et des missions extraordinaires est passé. Le christianisme n'a plus besoin de cet échafaudage. » (XLI) Et si le christianisme souffre ainsi d'une « crise de légitimation », ce n'est pas seulement à cause de « la connaissance de la nature » (XIX) qui le contredit, mais aussi parce qu'il ne trouve aucune résonance dans les sentiments de l'homme : « Toutes les billevesées de la métaphysique ne valent pas un argument *ad hominem.* Pour convaincre, il ne faut quelquesfois que réveiller le sentiment, ou physique ou moral. » (XVII) Au vu de ce double conflit avec aussi bien la raison éclairée que le sentiment éveillé, le comportement intransigeant de Diderot s'explique parfaitement.

La critique massive de la métaphysique chrétienne ne doit cependant pas dissimuler l'aspiration à une métaphysique nouvelle. Cette autre métaphysique, quasiment souterraine, se nourrit – comme nous venons de le signaler – des sciences de la nature. Elle se dresse là où la métaphysique chrétienne s'écroule, car elle seule est en mesure de donner des *preuves* satisfaisantes de l'existence de Dieu. Ainsi Diderot déclare-t-il solonnellement : « Ce n'est que dans les ouvrages de Newton, de Muschenbroek,

1. La thèse du « déclin des grands récits » fut au centre du débat sur le postmoderne des années 1980. Dans l'optique postmoderne, les sciences ont de nouveau participé à l'aggravation de la crise de la philosophie. Voir J.-F. Lyotard, *La condition postmoderne,* Minuit, 1979.

d'Hartzoeker, et de Nieuwentit[1], qu'on a trouvé des preuves satisfaisantes de l'existence d'un Etre souverainement intelligent. » (XVIII) Au moment où les dogmes religieux pourraient se heurter aux acquis des sciences, la métaphysique de Diderot ne se laisse plus démentir par le savoir scientifique. Bien au contraire, ce savoir est la condition pour accéder aux vérités métaphysiques.

En même temps, l'athéisme est récusé au moyen de ce même savoir issu des sciences naturelles. Comme le précise Diderot lui-même : « Si cette dangereuse hypothèse [le matérialisme] chancelle de nos jours, c'est à la physique expérimentale que l'honneur en est dû. » (XVIII) Les sciences naturelles font reculer l'athéisme avec infiniment plus de force que la religion elle-même n'en serait capable : « Ce n'est pas de la main du métaphysicien que sont partis les grands coups que l'athéisme a reçus. Les méditations de Mallebranche et de Descartes étaient moins propres à ébranler le matérialisme qu'une observation de Malpighi[2] » (XVIII). Ou encore : « La seule découverte des germes a dissipé une des plus puissantes objections de l'athéisme. » (XIX) Déplaçant l'opposition traditionnelle entre religion et athéisme, Diderot se veut à la hauteur du développement le plus récent de la physique dite expérimentale sans pour autant renoncer aux ambitions métaphysiques.

Le déiste est le précurseur de cette argumentation paradoxale au moyen de laquelle Diderot cherche la confrontation simultanée de deux pôles : religion et athéisme. Jouant des uns contre les autres, les déistes ainsi « auraient été mille fois plus embarrassants pour un Vanini[3] que tous les [...] jansénistes célèbres du monde » (XIII). Ces variations d'un seul et même argument prononcé tantôt par le déiste, tantôt par le scientifique – et qui par là-même obtient une force paradigmatique – témoignent du besoin qu'éprouve Diderot de formuler le problème métaphysique sans accepter la solution athée. Diderot sait parfaitement que l'athéisme ne peut être réfuté par les explications non-pertinentes de la métaphysique chrétienne. C'est pourquoi il fait appel au déisme. Mais quelle est plus précisément la nature de ce déisme qui, si docilement, s'apprête à recevoir son correctif de la part des sciences ?

1. Musschenbroek (1692-1761), Hartzoeker (1656-1725) et Nieuwentyt (1654-1718) étaient des scientifiques néerlandais fortement influencés par Newton. Voir R. Niklaus, *DPV II*, n. 26-28, p. 24-25.

2. Malpighi (1628-1694) était un médecin italien connu surtout pour ses études anatomiques. Voir R. Niklaus, *DPV II*, n. 25, p. 24. Sur son « observation », voir plus loin p. 44.

3. Vanini représente le matérialisme avec d'autant plus de force symbolique que son travail scientifique lui valut d'être brûlé vif en 1619. Voir R. Niklaus, *DPV II*, n. 17, p. 22.

N'oublions pas la force subversive qui se dégageait alors du seul nom des déistes. Au point que, en traduisant Shaftesbury, Diderot s'est trouvé obligé de décrier les déistes comme Tindal et Toland pour rassurer ses lecteurs quant à l'authenticité des sentiments religieux de Shaftesbury. Aussi s'est-il proposé une distinction quelque peu artificielle entre déisme et théisme[1]. Mais même si Shaftesbury préférait le théisme au déisme, Diderot devait admettre avec lui que « le déiste est celui qui croit en Dieu, mais qui nie toute révélation », définition qui ne le choque donc plus en 1746[2]. En effet, quels que soient les termes employés, il ne fait aucun doute que le panthéisme assez particulier de Shaftesbury se retrouve presque mot pour mot dans le déisme des *Pensées*. Le jeune Diderot, qui avait été sensible au finalisme théologique de Shaftesbury, à sa conviction que l'univers et les parties qui le composent forment un tout, à son idée optimiste que tout y est pour le mieux, à son idée de l'ordre qui règne sur l'univers, va sans trop de souci de définition mettre tous ces éléments constitutifs de la pensée de Shaftesbury sur le compte du déisme. Car, fondamentalement, le déiste rejoint le théiste dans l'appréhension de l'univers comme machine gouvernée par Dieu – « not a selfgoverned but a God-governed machine » –, vérité qui leur est dévoilée par la contemplation de la nature : « The contemplation of the universe, its laws and government, was the only means which could establish the sound belief of

1. L'accueil chaleureux que les *Pensées* font du déiste rend presque incompréhensible l'attitude de Diderot l'année précédente, où il n'arrivait pas à croire comment Shaftesbury pouvait être compté au nombre des déistes : « Je ne conçois pas comment, après des protestations aussi solennelles d'une entière soumission de cœur et d'esprit aux mystères sacrés de sa religion, il s'est trouvé quelqu'un injuste pour compter M. S. au nombre des *Asgils*, des *Tindales* et des *Tolands*, gens aussi décriés dans leur Église en qualité de chrétiens, que dans la république de lettres en qualité d'auteurs : mauvais protestants et misérables écrivains. » *DVP I*, p. 299. Ainsi avait-il dressé le portrait d'un « M. S. qui a soigneusement prévenu la confusion qu'on pourrait faire des termes de *déiste* et de *théiste*. Le *déiste*, dit-il, est celui qui croit en Dieu, mais qui nie toute révélation : le *théiste* au contraire est celui qui est près d'admettre la révélation et qui admet déjà l'existence d'un Dieu. » *Op. cit.*, p. 297. Dans leur commentaire, P. Casini et J. S. Spink peuvent cependant établir les preuves que « la distinction entre théisme et déisme – assez commune en France à cette époque – ne se trouve point dans les textes de Shaftesbury. » Pour eux, Shaftesbury, « platonicien et déiste fervent », n'entre pas si facilement dans les distinctions construites par Diderot : « quoi qu'en dise Diderot, il est difficile de distinguer son impiété de celle des Asgil, des Tindal et des Toland », *op. cit.*, p. 278.

2. L'année suivante, dans *La Promenade du Sceptique*, Diderot traitera de nouveau les déistes avec beaucoup d'égards, principalement pour les mêmes raisons que celles exposées dans les *Pensées* : pour leur usage éclairé de la raison (« ils croient que la sagesse infinie du prince [allégorie de Dieu] ne les a point laissés sans lumières, que la raison est un présent qu'ils tiennent de lui, et qui suffit pour régler leur marche ») ; et pour leurs « passions bien économisées ». Voir *DVP II*, p. 117.

a Deity »[1]. Serait-ce donc ce déisme que Diderot s'apprête maintenant à confirmer à partir des sciences de la nature ?

Le dix-huitiémiste averti ne manquerait cependant pas de soulever ici une objection qui justifierait plus d'un doute. Car n'est-ce pas le propre du dix-huitième siècle, sa folie même, de confondre science et religion ?[2] Rarement, à vrai dire, scientifiques et théologiens se sont unis face au danger de l'athéisme avec tant de détermination, afin de ramener les découvertes scientifiques au récit biblique de la *Genèse*. Etrange et subite union dont Newton, par sa piété, fut, pour beaucoup, comme le symbole. A suivre les flottements des *Pensées*, Diderot cependant fait preuve d'une attitude à la fois plus hésitante et plus radicale. Non pas qu'il choisisse le discours matérialiste au prix de l'apologétique théologique. Ces deux discours fusionneraient plutôt chez lui jusqu'à rompre l'analogie allégorique.

Comme un faux double, le déisme défendu par Diderot ne ressemble donc à la teneur officielle du déisme que pour s'en détacher. Cet autre déisme, nous pouvons le deviner, bien que tout ce qui s'y rapporte reste dans l'écrit comme implicite et doive être mis au jour par déduction, dans les allusions aux passions, aux résultats scientifiques et à la raison – allusions introduites, à vrai dire, avec une telle conviction qu'il est impossible de ne pas comprendre leur visée nouvelle. Notamment les rapports qu'entretient son déisme avec les sciences sont trop solides, trop immédiats, pour céder à la thèse déiste « traditionnelle » selon laquelle l'ouvrage du créateur divin se laisse déchiffrer par la contemplation de cette machine, la plus parfaite de toutes, qu'est la nature, de sa beauté et de ses « merveilles »[3]. L'émerveillement préromantique face à la nature est d'autant plus difficile à soutenir que les *Pensées* ne contiennent pas une seule « contemplation » de la nature au sens du déisme anglais. Nulle part Diderot ne se laisse emporter par l'éloge poétique de la nature, nulle part l'exaltation de la nature ne se métamorphose en inspiration religieuse. Il est vrai que les *Pensées* sont marquées du sceau de la structure formelle de l'argument déiste. La nature sert de caution pour que la croyance fasse réellement foi, au lieu de se dissoudre dans l'athéisme. Mais la nature mobilisée par Diderot est tout autre que l'ancienne belle nature enchan-

1. Shaftesbury, *The Moralists, op. cit.*, vol. II, p. 93.

2. François Dagognet donne des exemples saisissants – chez Réaumur, Bonnet, Trembley et Bazin – de cette alliance entre les néo-matérialistes et les théologiens, entre recherches scientifiques et interprétations théologiques, dans *Nature*, Vrin, 1990, p. 51-89.

3. Cela vaut par exemple pour F. Venturi, mais aussi chez J. Chouillet l'idée de *deus ex machina* n'est nullement déconstruite. Ce dernier prend la théologie mécaniste pour la faiblesse des *Pensées*, mais il s'abstient de l'interroger à partir des exemples scientifiques au moyen desquels Diderot ravive la discussion métaphysique. Voir *La formation...*, p. 67.

teresse. Si émerveillement il y a, ce serait face à cette nature qui recèle une telle étendue de variété et de puissance que le spectateur n'éprouve aucune hâte de recourir à Dieu pour y trouver son principe universel.

Il y aurait donc, chez Diderot, une sorte de retrait de la nature comme univers allégorique et, par conséquent, comme grande horloge de l'univers, construction déiste par excellence. Son incertitude en effet ne se signale mieux qu'au cœur même de l'argument déiste d'une « intelligence d'un premier être [...] démontrée dans la nature, par ses ouvrages ». A peine Diderot a-il répété, dans un prodigieux dialogue entre déiste et athée, ce *credo* déiste qu'il s'en prend à l'emploi du mot « univers » : « si l'univers, que dis-je l'univers, que si l'aile d'un papillon m'offre des traces mille fois plus distinctes d'une intelligence que vous n'avez d'indices que votre semblable est doué de la faculté de penser, il serait mille fois plus fou de nier qu'il existe un Dieu que de nier que votre semblable pense » (XX). Même s'il s'assimile le langage déiste, Diderot laisse ici apparaître ses réserves : une aile du papillon suffit contre l'univers tout entier, constitue un indice de la faculté de penser, mais, surtout, métamorphose discrètement le symbole déiste en simple trace. La preuve de l'aile du papillon, semblable à celle de la « Divinité [...] empreinte dans l'œil du ciron » (XX), n'a plus l'éloquence du symbole, mais se manifeste comme trace organique. Elle est à la fois plus cachée et plus présente. Plus réelle aussi.

L'essentiel est cependant que Diderot renvoie le déisme à la scientificité pure, et se félicite de cette transformation. La nature n'est plus essentiellement belle, elle n'est que *scientifique*[1]. Ce n'est plus le regard de l'esthète, mais l'œil du microscope qui la scrute (Malpighi mentionné par Diderot était connu pour ses études microscopiques). Tous les exemples dont se sert Diderot s'opposent à la contemplation agréable de la nature. Même si « l'aile du papillon » pouvait encore suggérer la beauté de la nature, elle n'est strictement qu'une partie détachée, disséquée et dissécable, qui se prête moins à l'expérience de la beauté qu'à l'observation scientifique, rigoureuse et désintéressée. Quant à « l'œil du ciron », il va de soi qu'il évoquerait, moins le plaisir esthétique, que l'intérêt scientifique.

1. Si les commentateurs des *Pensées* ont prêté peu d'attention à la conception de la nature pourtant déjà modifiée ici, ils ont en revanche beaucoup insisté sur le fait que Diderot dans la *Lettre sur les aveugles* prend acte des erreurs de la nature – de ces « monstres » qui par leur misérable laideur sont le démenti le plus criant de la nature comme preuve immanente de Dieu, car pourquoi le bon et tout-puissant Dieu aurait-il créé des créatures si infortunées ? Il faut cependant se demander si l'aspect pré-évolutionniste ne fait pas déjà partie intégrante de la conception de la nature que se propose Diderot dans les *Pensées*, question qui ôterait aux œuvres de jeunesse leur aspect contradictoire pour orienter vers d'autres horizons d'interprétation la tension, souvent plus postulée qu'argumentée, entre le déiste des *Pensées* et l'athée de *Lettre sur les aveugles*.

Pour ne pas parler du fait que l'œil du ciron n'est observable qu'à travers le microscope[1].

A y voir de plus près, l'objet scientifique que privilégient les *Pensées* est celui qui relève de la *nature organique.* Les exemples de Diderot renvoient moins à la physique proprement dite qu'aux *sciences de la vie.* Lorsque, par exemple, il était question chez Malpighi d'une observation à elle seule capable d'ébranler le matérialisme, il est intéressant de noter que cette observation si importante consistait dans la découverte par microscope du « corps muqueux ou réticulaire qui entre dans la composition de la peau »[2]. Ajoutons, pour compléter la liste, qu'au nom de Hartzoeker sont associées la découverte et l'étude par microscope des « animalcules spermatiques »[3]. La « découverte des germes » (XIX) elle aussi confirme l'intérêt porté par Diderot aux éléments constitutifs de l'organique. Il est vrai que l'exemple des germes a suscité de fortes polémiques, puisqu'il s'inscrit dans l'impasse scientifico-théologique de l'époque. De plus, la Pensée XIX ne permet pas, à vrai dire, de résoudre la question de savoir si Diderot est de l'avis que les germes préexistants contiennent leur vie future – donc que la vie organique peut être engendrée dans et par la matière inerte, putréfiée – ou s'il faut pour cela le souffle divin[4]. Mais même si cette question était non-résolue (et donc mal posée), les germes connotent une réalité biologique élémentaire, qui viendrait saper irréversiblement l'idée de la « grande nature ».

L'univers scientifique suscité par les références de Diderot est donc composé d'images microscopiques, de morceaux détachés de la matière vivante. Serait-ce donc dans ce geste de prélèvement sur une nature chan-

1. On objecterait ici, et à juste titre, que la modernité scientifique de ces exemples s'efface quelque peu, si l'on se rappelle qu'il s'agit au fond d'une citation dissimulée de Pascal : « Songez donc que je ne vous objectais qu'une aile de papillon, qu'un œil de ciron, quand je pouvais vous écraser du poids de l'univers », phrase citée par R. Niklaus (*Pensées,* § 72), *DPV II,* n. 34, p. 28. Le contexte particulier dans lequel Diderot insère cette citation jette cependant une lumière nouvelle sur les métaphores repérables pour la première fois sous la plume de Pascal. Au lieu de suivre Pascal dans sa contemplation allégorisante, Diderot se propose un emploi bien plus littéral des exemples pascaliens.

2. R. Niklaus, *DPV II,* n. 5, p. 24.

3. En outre, Hartzoeker perfectionna le microscope et formula une théorie contestée des âmes dites « plastiques » ou « formatrices ». Voir R. Niklaus, *DPV II,* n. 27, p. 24.

4. Cette question de la relation entre matière et mouvement a soulevé les commentaires les plus opposés parmi les diderotistes. La plupart des commentateurs s'attachent au paradoxe d'un Diderot qui, à la fois, proclame le déisme et finit par accorder à l'athée que la matière se meut par elle-même (par exemple A. Vartanian, *op. cit.,* p. 53), tandis que d'autres maintiennent l'univocité théologique de la position déiste. Compte parmi les représentants de cette dernière interprétation surtout Lester G. Crocker, « Pensée XIX de Diderot », *Modern Language Notes,* nov. 1952, p. 436-37.

geante et hétérogène allant vers l'infiniment petit que la science demande à être suivie par une pensée métaphysique ? De toute manière, la spécificité biologique de la représentation scientifique dans les *Pensées* crée des conditions particulières propices à tracer les frontières entre physique et métaphysique. La métaphysique ne saurait plus se situer au sommet de l'univers, comme l'instance absolue et spéculative, que ce soit Dieu, la Nécessité ou le Hasard, puisque fondamentalement Diderot s'engage dans le mouvement contraire, celui qui va en s'approfondissant dans la matière la plus amorphe. Certes, une telle métaphysique, donnée par et dans la matière, semble être en attente de son élaboration philosophique. En attente, surtout, de sa résistance aux investissements théologiques. Mais, par l'exigence d'une fondation de la métaphysique sur les bases les plus abouties des sciences naturelles, la métaphysique aura commencé à confiner à la physique d'une manière nouvelle. La radicalité des *Pensées* ne consiste pas moins dans leur capacité à relever le défi de ce voisinage dans un sens presque littéral.

Si la prétendue exaltation de la nature s'estompe dans la scientificité froide du microcosme organique, tout vestige d'un déisme traditionnel est pourtant loin d'être évincé. Assurément, Diderot s'écarte de la nature « enchanteresse » du déisme anglais, de même qu'il récuse explicitement le *Deus sive Natura* de Spinoza. Mais tout en refusant de voir dans la nature les attributs de Dieu et dans les lois de la nature ses décrets[1], Diderot use d'un argument dont les métaphores mécaniques trahissent d'emblée sa dette à un déisme typiquement français : « Grâce aux travaux de ces grands hommes [de Newton, de Musschenbroek, de Hartzoeker et de Nieuwentit], le monde n'est plus un Dieu : c'est une machine qui a ses roues, ses cordes, ses poulies, ses ressorts et ses poids. » (XVIII) Il est difficile, ici, de négliger le fait que Spinoza est distancé par le *dictum* déiste[2] qui s'appuie sur l'idée de l'horloger divin – cette superbe machine mise en marche par Dieu. Or, comment concilier cette vision nettement mécaniste de la nature comme ouvrage divin avec l'intérêt que Diderot manifeste ailleurs pour les

1. Le triomphe du spinoziste dans *La Promenade du Sceptique*, qui est d'autant plus surprenant que Diderot lui tourne le dos ici, sera traité dans le chapitre II (p. 81-83).

2. R. Niklaus inscrit ce *dictum* dans une pensée qui, en droite ligne de Fontenelle et de Voltaire, vient de la mécanique de Descartes. Voir *DPV II*, n. 29, p. 25. Voir également E. Cassirer qui cite Fontenelle (*Entretiens sur la pluralité des mondes* (1686)) : « Pour ce qui me concerne, je ne l'en estime que plus depuis que je sais qu'il [l'univers] est comme une horloge. N'est-il pas surprenant que la nature, si admirable qu'elle soit, ne repose en définitive que sur des choses aussi simples ». *La philosophie…*, p. 80. Déjà Fontenelle semble pourtant délaisser « l'admirable nature » pour ramener, avec l'éloquence subtile qui est la sienne, la divinité à des « choses aussi simples » qu'une horloge.

sciences de la vie ? L'allégorie massive de la Pensée XVIII, traduit-t-elle un paradoxe – *le* paradoxe déiste par excellence –, un démenti ou tout simplement une contradiction de l'élan métaphysique plus secret des *Pensées ?* Tout semble à reprendre.

Interrogeons-nous cependant sur la présence, sinon allégorique au moins symptomatique, des scientifiques nommés dans cette pensée décisive. Ces noms, parmi lesquels brille celui du prestigieux Newton, n'invitent-ils pas le commentaire à prendre deux directions opposées ? Avec le médecin Nieuwentyt, on aurait effectivement l'incarnation du déisme, puisque l'ouvrage que l'on venait de traduire de lui portait le titre emblématique de *L'existence de Dieu démontrée par les merveilles de la nature...* [1]. Dans cet ouvrage, Nieuwentyt avait étudié les changements perpétuels du corps biologique, jamais identique à lui-même, pour ainsi « s'émerveiller » d'un autre corps invariant, non seulement parce que, quelles que soient les altérations du corps physique, l'homme reste à jamais la même personne, mais aussi parce qu'initialement Dieu l'a conçu comme « germe », sorte de code divin – et immortel – du corps[2]. Cette position théologisante devient en revanche, avec Newton et les deux représentants de la physique néerlandaise, beaucoup plus incertaine. Il est vrai que Newton croyait pieusement en Dieu, mais faire de lui un déiste avant la lettre serait méconnaître la séparation profonde qui s'opère en lui entre science et foi, entre la physique qu'il était en train de fonder et l'univers de Dieu.

Dans son livre magistral sur la philosophie des Lumières, Ernst Cassirer a montré que Newton marquerait plutôt l'accomplissement de la rupture avec le modèle métaphysique du type « dernière instance »[3]. Chez Newton la physique se détache constitutivement de Dieu, parce qu'elle

1. L'ouvrage fut traduit en 1725. Voir R. Niklaus, *DPV II*, n. 28, p. 25. Diderot ne cite pas lui-même le titre. Soulignons en passant que nulle part Diderot n'emploie le mot « merveilles ». Dans l'unique occurrence d'un terme équivalent – à savoir celui des « arrangements admirables » (XXI) – il est question d'un contexte si polémique que l'expression se détache de sa provenance déiste pour s'insérer dans une réflexion métaphysique, beaucoup plus incertaine, qui relève le défi scientifique.

2. Voir le résumé que François Dagognet donne de la théorie, chez Nieuwentyt, des « trois corps ». Selon cette théorie, l'homme serait composé du corps instable, celui des liquides qui le quittent ; du corps invariant de la personne, puisque, malgré tous les changements bio-chimiques, le corps reste attaché à et représentatif d'une seule et même personne ; et enfin du corps – encore plus métaphysiquement invariant – du germe qu'est l'inscription divine de l'homme (*op. cit.*, p. 84-86).

3. Le compte-rendu suivant sur la conception de la nature de Newton et sur l'influence exercée par celle-ci dans le cercle des philosophes des Lumières s'appuie sur l'ouvrage de E. Cassirer tout en trouvant en Diderot un terrain d'application qui corrobore les hypothèses avancées par E. Cassirer. Voir *La philosophie...*, p. 74-87.

cherche ses preuves, non plus dans la parole de Dieu, mais dans les équations et les formules mathématiques. Elle ne s'adonne plus à des récits allégoriques[1] ; elle fait *observer* la nature pour y relever les lois qui s'y meuvent de façon immanente. Newton renoncerait donc en tant que physicien, selon Cassirer, à recourir à l'instance transcendante d'une causalité divine. Son mérite inestimable aurait été d'engager la physique à persévérer dans son chemin interminable vers de nouveaux acquis qui ne sauraient être que provisoires, relatifs et parfois même révocables. Derrière la loi cosmologique de la gravitation s'ouvre un vide d'incertitudes que le physicien ne saurait attribuer à Dieu[2], ses compétences ne consistant nullement à construire des modèles d'explication mystiques[3], mais à induire des phénomènes naturels dont on peut observer et décrire les lois physiques, même si la cause de ces lois doit à jamais rester inconnue[4].

Toujours est-il que le vrai problème se situe vraisemblablement ailleurs. Car, en France, Newton était certes lu et assimilé à grands pas, mais parfois mal compris de ses admirateurs français. Même si Maupertuis fut le premier – et probablement de loin le plus fidèle – à se convertir ouvertement à la physique newtonienne, et même si, plus tard, des scientifiques tels que d'Alembert, Clairault, Lagrange et Laplace se sont rangés, eux aussi, du côté des attractionnaires, il revient à Voltaire, comme à personne d'autre, d'être le grand propagateur des idées de Newton, d'abord par ses *Lettres philosophiques* dites – très à propos – *anglaises,* publiées en France en 1734, ensuite par la publication en 1737 des

1. La séparation entre foi et savoir, bien sûr, ne s'accomplit pas du jour au lendemain. Beaucoup de scientifiques s'acharnent à la retarder en assurant la parfaite conformité des nouveaux résultats scientifiques avec les récits bibliques, par exemple les découvertes géologiques avec la *Genèse*, tandis que d'autres, tel Buffon, s'en tiennent aux transformations du vivant sans recourir à des explications religieuses (voir E. Cassirer, *La philosophie...*, p. 78). Le mariage entre la physique et la théologie atteint une expression paradigmatique, et cela jusque dans les titres eux-mêmes, des fameuses théologies des insectes, telles que la *Théologie physique* de Derham en 1726 et la *Théologie des Insectes* de Lesser. Ce dernier ouvrage fut traduit en 1742 et réédité en 1745 par Réaumur (voir R. Nikalus, *DPV II*, n. 32, p. 57), donc un an avant la publication des *Pensées*. Cette proximité chronologique conduit à suggérer une certaine influence de l'argument théocentrique des insectes, quoique Diderot s'en serve dans des termes plus qu'ambivalents.

2. Cette conclusion est confirmée par J. Ehrard : « Vers 1750 la conception cartésienne du mécanisme universel est au contraire ébranlée : la victoire des « attractionnaires » est désormais acquise, en physique ». Voir « Matérialisme et Naturalisme », *Cahiers de l'association internationale des études françaises,* n° 13, juin 1961.

3. E. Cassirer renvoie surtout à l'*Optice* de 1740, *La philosophie...*, p. 83.

4. Notons également qu'à propos de cette révolution scientifique de la méthode inductive, la physique néerlandaise en général, et particulièrement celle de Musscenbroek, est mentionnée par E. Cassirer comme la continuation la plus rigoureuse de Newton. *La philosophie...*, p. 92.

Eléments de la philosophie de Newton. Or, il est certain que Voltaire en vulgarisant les théories de Newton a pu en fausser l'image[1] dans la mesure où, justement, il se proposait une conception mécaniste de la mécanique newtonienne[2]. Non seulement il disait de façon déclamatoire : « Toute la philosophie de Neuton conduit nécessairement à la connaissance d'un Etre suprême qui a tout créé, tout arrangé librement », mais aussi : « Si la matière gravite, [...] elle ne gravite pas de sa nature [...] Elle a donc reçu de Dieu la gravitation »[3]. Ou encore, sous une forme encore plus vulgarisatrice : « voilà l'Attraction qui est le grand ressort qui fait mouvoir toute la nature »[4].

Invoquant Dieu comme le principe actif originaire qui a mis du mouvement dans l'univers, Voltaire, cependant, sous-estimait la physique newtonienne, comme si celle-ci n'était pas avant tout à la recherche de ce dont la nature *elle-même* est capable, et, simultanément, la surestimait faisant de l'attraction, contre les doutes et la modestie de Newton, la cause universelle de tous les phénomènes naturels (« toute la nature »). Newton pour sa part n'avait jamais prétendu avoir trouvé dans la loi de la gravitation l'explication totale de l'univers, mais il n'avait pas pour autant laissé Dieu empiéter sur les explications strictement mathématiques des phénomènes physiques. Son recours à Dieu traduisait plutôt les problèmes physiques sur lesquels *butait* sa théorie – telle que, par exemple, la difficulté de concevoir de grands systèmes stables en termes de dynamique gravitationnelle. En ce sens, Dieu marque les frontières insurmontables de

1. Ch. Dedeyan estime « que les *Lettres Philosophiques* de Voltaire ne sont pas un ouvrage de pionnier, mais un travail de vulgarisation et de synthèse. » Et plus particulièrement à propos des chapitres consacrés à Newton : « Ne cherchons pas davantage d'originalité dans les quatre lettres sur Newton. Elles forment des pages de vulgarisation. Voltaire n'est même pas exactement informé. » Voir *op. cit.*, p. 9 et 11.

2. Telle est l'hypothèse, sur ce point précis de l'interprétation par Voltaire de Newton, de Horst-Heini von Borzeszkowski et de Renate Wahsner. Dans le chapitre « Die Mechanisierung der Mechanik – Rezeption und Popularisierung der klassischen Mechanik durch Voltaire », les auteurs assignent à Voltaire « *eine Uminterpretation* », c'est-à-dire une réinterprétation mécaniste, voire « mécaniciste », de la mécanique classique. Par opposition à la physique newtonnienne, laquelle coïnciderait avec la fondation de la physique moderne sans prétention philosophique aucune, Voltaire dresserait une véritable « *Weltbild* » en prenant le principe de l'attraction pour l'unique et ultime explication de l'univers. Voir *Newton und Voltaire : Zur Begründung und Interpretation der klassischen Mechanik*, Berlin, Akademie-Verlag, 1980, p. 13.

3. Voltaire, *Eléments de la philosophie de Newton* (1741), édition critique par Robert L. Walters et W. H. Barber, *The Complete Works of Voltaire*, tome XV, The Voltaire Foundation, Taylor institution, Oxford, The Alden Press, 1992, p. 196.

4. Voltaire, *Pensées philosophiques* (1734), Garnier, 1964, p. 86.

la physique, intervenant là où la validité de l'attraction s'arrête[1]. C'est d'ailleurs ce Dieu correcteur dont Leibniz dans sa fameuse correspondance avec Clarke reprochait l'imperfection : pourquoi Dieu aurait-il, tout-puissant et infini, créé un univers pour la maintenance duquel il fallait qu'il remonte de temps en temps la montre ?

La méconnaissance de la gravitation comme principe actif conduit donc Voltaire à la double erreur : d'une part il simplifie la physique newtonienne, et, d'autre part, il lui soumet des prémisses métaphysiques. Il tend à présenter l'univers comme une machine impeccable, sans failles, dont le moteur s'appelle Dieu[2] – version nettement mécaniste de la physique newtonienne. Mais à côté de ce newtonisme renouant avec la pensée mécaniste française, Voltaire faisait en même temps ce qu'il pouvait pour séparer foi et science. Il existe aussi un Voltaire proche de l'image d'un Newton, partagé entre d'une part son devoir scientifique de physicien et d'autre part sa conviction religieuse personnelle. Car Voltaire lui aussi *croyait sans savoir.* Non seulement on trouve chez lui une modestie remarquable quant à la question des fins dernières du monde[3], mais ce qui est encore plus révélateur – et de nombreuses lettres en témoignent – c'est que Voltaire faisait l'expérience d'une religiosité pour ainsi dire « hors-

1. Borzeszkowski et Wahsner qualifient ainsi le rôle de Dieu de *limite* de la théorie physique de Newton : « Gott wird zur physikbegrenzenden Bedingung ». Et ils s'expliquent : « Wenn Newton « Gott » sagt [...], so heißt das : Hier liegen die Grenzen meiner physikalischen Theorie, meiner Mechanik. Daß er das aber nicht so ausdrückt, sondern Gott zum Helfer aus der Not macht, beweist zugleich, daß er die Mechanik nicht in jeder Hinsicht als Theorie und in ihrer physikalischen Spezifik erkannte. » *Op. cit.*, p. 39.

2. Voir Borzeszkowski et Wahsner, *op. cit.*, p. 50.

3. Ainsi Voltaire écrit-il par exemple, dans une lettre du 25 avril 1737 au Prince Frédéric de Prusse, qu'« [i]l n'y a pas d'apparence que les premiers principes des choses soient jamais connus. » Ou encore : « Cette vérité [de l'existence d'un Etre suprême indépendant de la matière] ne peut être mise au rang des démonstrations proprement dites. » Voir *Correspondances I, op. cit.*, p. 958. Voir également cette déclaration de Voltaire : « Aucun premier ressort, aucun premier principe ne peut être saisi par nous », citée par E. Cassirer, *La philosophie...*, p. 84. Il nous semble que Borzeszkowski et Wahsner négligent cette leçon épistémologique que Voltaire tire de Newton, en postulant l'image « politique » quelque peu réductrice d'un Voltaire modifiant les théories de Newton « im Interesse der Aufklärung » : « Voltaire leistete damit [eine betont antikuriale Interprétation der klassischen Mechanik] Entscheidendes sur ideologischen Vorbereitung der Französischen Revolution, [...] nämlich zu zeigen, wie es möglich ist, daß die ganze Natur und die Gesellschaft rational [...] erfaßt werden könnten. In seiner englischen Form wäre Newton für Frankreich nicht annehmbar gewesen und hätte nicht die bedeutende Rolle für das Weltbild der aufstrebenden Bourgeoisie spielen können, wie sie ihm tatsächlich zugekommen ist. » Les deux auteurs font aussi abstraction du matérialisme acharné de la Mettrie, lorsqu'ils concluent en outre : « Die Voltairesche Interpretation der Newtonschen Physik war zu dieser Zeit die einzige Möglichkeit, um die Mechanik zum Ausgangspunkt eines materialistischen Weltbildes werden zu lassen », *op. cit.*, p. 41.

champ », valable par sa seule vérité personnelle, sans prétention scientifique aucune. Aussi profonde que l'état de désarmement dans lequel elle le saisit, cette croyance se manifeste comme « une lumière qui [le] frappe à travers mille ténèbres »[1].

On s'avise donc largement de l'influence ambiguë que Voltaire a pu exercer sur le jeune Diderot. D'une part Voltaire, en dépit de Newton lui-même, attribue des fonctions physiques à l'instance divine (même s'il est difficile d'y déceler l'empreinte d'éventuelles précautions prises face aux autorités), d'autre part il veut trancher entre science et religion – tout comme Shaftesbury, qui, l'année précédente, avait illuminé notre jeune philosophe par cette grande ligne de démarcation entre religion et vertu morale, si bien établie que Diderot l'avait faite sienne, promesse et raison d'être de sa propre pensée future. Ajoutons que la diffusion tapageuse des idées de Newton par Voltaire avait servi, avant tout, de rupture avec la philosophie cartésienne[2]. Diderot et, avec lui, le cercle encyclopédique, ne tarderont pas à souscrire au programme méthodologique imposé par ce passage de la déduction cartésienne à l'induction newtonienne, changement qui modifie de fond en comble les rapports, dans la physique, entre l'observation et l'abstraction, entre le relativisme expérimental et l'universalisme mathématique. Voltaire le premier avait compris que la physique newtonienne s'engage à dévoiler des forces infiniment plus complexes que celles qui peuvent être déduites par la géométrie et la mécanique cartésiennes – et cela même en prouvant leur existence, en démontrant leurs effets et en calculant leurs proportions. Ce règlement de comptes avec Descartes cependant, objecterait-on, n'ôte rien à l'argument mécaniste invoqué à son tour par Diderot. Mais en mettant la mécanique et Newton sur le même plan, Diderot ravive inévitablement un débat entre la théologie mécanique et une science, la physique, qui ne cesse de s'assigner des procédés méthodologiques qui exclureraient toute élaboration hors – *méta* – le monde des phénomènes physiques. Un conflit qui, du moins, témoignerait d'une indécision constitutive des *Pensées*.

Le paradoxe, donc, persiste, mais tout se passe comme s'il devenait apparent dans le texte de Diderot, comme si, pour la première fois, il exhibait sa propre opacité, se noyait en elle pour enfin prendre conscience de son intenable avenir. Car ce qui, à lire Nieuwentit, apparaît comme le délire théocentrique d'un dix-huitième siècle par ailleurs si explorateur,

1. Voltaire, lettre du 25 avril, *ibid.*

2. Voir, par exemple, la quinzième des *Lettres philosophiques*, dans laquelle Voltaire oppose la théorie des tourbillons de Descartes aux lois de l'attraction de Newton, de ce Newton qui « nous ramène le Vide, qu'Aristote et Descartes avaient banni du Monde », *op. cit.*, p. 80.

apparaît, chez Diderot, comme une impossibilité philosophique, non plus refoulée dans l'*épistèmè* collective de l'époque, mais accessible à l'interrogation critique, à la portée de Diderot lui-même. Pourquoi alors ne l'interroge-t-il pas, cette confusion inadmissible entre sciences et théologie ? Pourquoi ne la dénonce-t-il pas comme une alliance illégitime ? C'est peut-être que l'intérêt philosophique de Diderot se situe déjà ailleurs : *ni* dans la pensée mécaniste, *ni* dans la physique mathématique de Newton[1]. Le ravissement que Diderot éprouve face aux possibilités nouvelles de renouer avec la métaphysique est bel et bien trop immédiat, trop sincère pour ensuite se laisser réduire à une médiation théologique des sciences, conception si opposée, aussi, à ce qui, dans la pensée initiatrice de Shaftesbury, l'avait tant inspiré.

En effet, il faudra se poser la question de savoir si Diderot, au delà de l'ambiguïté de la réception philosohique de Newton en France, n'esquisse pas déjà dans les *Pensées* une perspective post-newtonienne. Les résultats scientifiques auxquels il fait référence ne proviennent pas, comme nous l'avons vu, de la physique proprement dite, mais des sciences de la vie. C'est la vie organique qui le fait presque perdre haleine, jusqu'à ce que le vocabulaire manifestement mécanique de « roues [...] cordes [...] poulies [...] ressorts [...] poids » prenne un sens déguisé, celui des courants d'énergie dont le dispositif métaphysique se conjuguerait difficilement avec une mécanique statique.

1. L'ouverture de Diderot à l'égard des idées matérialistes s'explique peut-être moins par ses désaccords, avoués ou non, avec les déistes que par la sympathie « politique » qu'il éprouvait pour la critique virulente que le matérialisme mécanique adressait à l'idéologie chrétienne, tel l'athéisme radical de La Mettrie dans les ouvrages *Histoire de l'âme* (1745) et *L'Homme Machine* (1748). E. Cassirer met cependant toutes ses forces à démontrer que le matérialisme athée chez La Mettrie et plus tard chez d'Holbach (*Système de la nature* (1770)) fut un phénomène isolé, peu représentatif de la philosophie des Lumières. Mais en même temps, il nous présente Diderot comme le philosophe dont la relation à ce matérialisme particulier resta quelque peu confuse. Il ne fait cependant aucun doute, pour Cassirer, que Diderot aussi voyait dans le matérialisme mécanique une version très problématique de l'athéisme. Après tout, les matérialistes ne résolurent rien en élevant la Nécessité mécanique à la loi de l'univers. Lorsque tout dans l'univers est prescrit, gouverné par des forces inconnues, il ne restera aucune liberté pour les agents historiques, sinon un fatalisme par lequel on comprendrait mal l'activité féroce et virulente de la critique de la religion. Pourquoi s'attaquer au christianisme, si tout obéit à un destin aveugle ? Pour cette raison, l'athéisme doit être détestable non seulement aux yeux des hommes d'Église, mais aussi à ceux des laïcs qui désirent un changement social et luttent pour lui. Sur le thème du fatalisme, Diderot reviendra, et avec force, à ce paradoxe inhérent au matérialisme radical, tel son *Jacques le fataliste* qui prônera une philosophie déterministe tout en se conduisant à peu près comme s'il se croyait libre.

Revenons donc, après l'impasse mécaniste, à l'attitude particulière de Diderot à l'égard de la nature. A vrai dire, comme le choix de ses exemples l'a signalé, tout angle de vue fixe, qu'il soit de « face » ou en « survol », semble s'évanouir dans les particules de plus en plus fines de la matière : Aucun désir d'abstraction, mais une expérience très concrète de la nature. On sait que plus tard, dans les *Pensées sur l'interprétation de la Nature* de 1753, Diderot accusera la physique, qu'il qualifie d'« espèce de métaphysique générale »[1], d'avoir infligé à la nature une réduction à des formules mathématiques tout aussi abstraites que le concept de Dieu lui-même. Mais déjà en 1746, l'idéal de savoir sous-jacent aux *Pensées* va contre l'hégémonie mathématico-scientifique de la physique sur la nature. Diderot s'intéresse aux phénomènes réels de la nature, non à l'univers logique. Ses exemples l'attestent, non tant par leur seule appartenance aux sciences de la vie (car elle seule ne saurait évincer, nous venons de le montrer, tout soupçon théocentrique), que par leur attachement presque naïf à la matière. Diderot s'attache aux phénomènes du vivant, il s'immerge dans la matière hétérogène afin que sa pensée surgisse comme de l'intérieur de la nature sans jamais la perdre de vue.

Cette vision à la fois concrète et immanentiste de la nature laisse deviner un autre grand homme de science qui est d'autant plus révélateur que Diderot ne le nomme même pas. Ce personnage, pourtant proche de Diderot, c'est évidemment Buffon, l'auteur de l'*Histoire Naturelle* dont le premier volume allait paraître peu après les *Pensées*. Tout donne cependant à penser que Diderot connaissait fort bien l'entreprise de Buffon, lorsqu'il travaillait à son propre écrit[2]. Non seulement Buffon, dans sa détermination à inventer la méthode de l'*Histoire Naturelle*, critiquait l'attitude classificatrice, arbitraire et insuffisante selon lui, des méthodes données par les botanistes, Linné en tête, mais il émettait aussi de sérieuses réserves – quoique dans des termes moins intransigeants que ceux employés plus tard

1. *Pensées sur l'interprétation de la Nature, DPV IX*, Pensée II, p. 28-29. Voir aussi : « Lorsque les géomètres ont décrié les métaphysiciens, ils étaient bien éloignés de penser que toute leur science n'était qu'une métaphysique », *op. cit.*, Pensée III, p. 29.

2. Sur la relation entre Diderot et Buffon, voir l'article de Jacques Roger, « Diderot et Buffon en 1749 », *Diderot Studies*, 1963. J. Roger nous rappelle que Diderot dans la *Lettre sur les aveugles* louera une « métaphysique très fine et très vraie » chez Buffon (p. 222). Mais dès l'époque des *Pensées*, il est possible de tracer un portrait d'une amitié intellectuelle assez profonde, ce qui parle en faveur de l'hypothèse selon laquelle Diderot aurait pris connaissance des manuscrits de Buffon avant même qu'ils ne soient publiés. Voir aussi Jean Rostand, « Diderot et la Biologie », *Revue d'histoire des Sciences*, Janv.-Mars 1952. Cet article expose avec clarté l'attitude curieuse de Diderot à l'égard des scientifiques dans la mesure où il les fréquente et s'inspire de leurs ouvrages, mais pour ne jamais parvenir lui-même, malgré ses *Eléments de physiologie* (rédigés 1764-1780), à devenir un véritable homme de science.

par Diderot – quant à la validité de la physique mathématique en ce qui concerne la vie organique. Bien sûr, comme tout esprit ouvert aux nouvelles idées venues d'Angleterre, lui aussi louait la physique newtonienne, mais en tenant compte de ce qu'« il y a bien peu de sujets en Physique où l'on puisse appliquer aussi avantageusement les sciences abstraites », et en ajoutant : « je ne vois guère que l'Astronomie et l'Optique auxquelles elles puissent être d'une grande utilité ». Opposé aux sciences abstraites ici nommées, Buffon prendra soin dans son *Histoire Naturelle* précisément « de faire des expériences sur toutes les choses que nous ne pouvons pas mesurer par le calcul », et de « savoir bien distinguer ce qu'il y a de réel dans un sujet, de ce que nous y mettons d'arbitraire »[1]. La nature ne sera plus « comparée » avec des concepts mathématiques censés l'expliquer, mais *avec elle-même*[2], voilà la différence décisive. La totalité de la nature n'est plus en dehors d'elle-même ; elle est – sans limites de classement – dans tous les êtres vivants qui se meuvent dans une chaîne infinie de naissance et de destruction.

On peut noter également, chez Buffon, un discours théocratique très en retrait. S'il se garde bien d'attaquer, au moins à haute voix, la métaphysique chrétienne, Buffon au moins emploie, à l'égard des mystères religieux, un double langage assez parlant par lui-même[3]. Certes, il évoque « la main du Créateur », mais pour détacher aussitôt la Nature de cette main divine qui l'a créée : « il semble qu'elle ait jeté tout à la fois un mode d'êtres relatifs et non relatifs, une infinité de combinaisons harmoniques et

1. Buffon, *Histoire naturelle* (Premier Discours : De la manière d'étudier et de traiter l'Histoire Naturelle, 1749), *Œuvres philosophiques de Buffon*, texte établi et présenté par Jean Piveteau, P.U.F., 1954, p. 25 et 26, orthographe modernisée (désormais sous l'abréviation « o.m. »). Buffon évoque, de même, les « inconvénients où l'on tombe lorsqu'on veut appliquer la Géométrie et le calcul à des sujets de Physique trop compliqués, à des objets dont nous ne connaissons pas assez les propriétés pour les mesurer », *ibid.* Plus tard, dans l'introduction au treizième volume de l'*Histoire naturelle* en 1765, Buffon précise : « lorsque je parle des figures employées par la Nature, je n'entends pas qu'elles soient nécessairement ni même exactement semblables aux figures géométriques qui existent dans notre entendement », *op. cit.*, p. 40 (o.m.).

2. *Histoire naturelle*, citée par E. Cassirer, *La philosophie…*, p. 106.

3. F. Dagognet note à juste titre le « double langage » de Buffon, puisque ce dernier vénère « moins l'œuvre du Créateur que l'acte par lequel l'homme prométhéen a exercé sa puissance », *op. cit.*, p. 89-90. Michèle Duchet, de même, souligne la coupure radicale que Buffon opère par rapport au discours théologique : « Aucun argument métaphysique ; Buffon part de l'homme et de l'homme seul, coupé du Créateur et de la Création. » Ce « refus de l'anthropocentrisme » est précisément la condition de possibilité d'une fondation d'une science de l'homme, l'anthropologie. Voir la présentation de Buffon par M. Duchet, *De l'homme*, François Maspero, 1971, p. 10. Voir aussi, sur le retrait politico-scientifique de Buffon face aux autorités, Jacques Roger, *op. cit.*

contraires, et une perpétuité de destructions et de renouvellements. »[1] Impossible, désormais, de retrouver dans ce monde-jeté le chemin labyrinthique qui mène des causes aux effets, de Dieu à la nature humaine. C'est pourquoi le naturaliste doit renoncer aux « premières causes », qu'il assigne pieusement à Dieu, pour faire des « effets généraux particuliers » son seul domaine d'investigation : « tout ce qui nous est possible, c'est apercevoir quelques effets généraux particuliers, de les comparer, de les combiner et enfin d'y reconnaître plutôt un ordre relatif à notre propre nature, convenable à l'existence des choses que nous considérons »[2]. La nature telle qu'il la conçoit, l'observe et l'explique réside donc dans l'espace *intermédiaire* entre d'un côté Dieu lui seul capable « de créer et d'anéantir » et, de l'autre côté, la nature à laquelle Dieu a bien voulu céder les seuls droits d'« altérer, changer, détruire; développer, renouveler, produire »[3]. Curieux partage du travail, mais fort confortable pour le naturaliste, qui aura ainsi poussé Dieu aux deux extrêmes de l'univers que sont son origine et sa fin, pour se réserver l'accès scientifique à l'entre-deux, à cette nature qui « balance entre ces deux limites sans jamais approcher ni l'une ni de l'autre »[4].

Il en résulte donc une nature qui, délaissée par Dieu, s'offre à la science. C'est que, fondamentalement, cette nature vaut pour *elle-même* : « La Nature est elle-même un ouvrage perpétuellement vivant, un ouvrier sans cesse actif, qui sait tout employer, qui travaillant d'après soi-même, toujours sur le même fonds, bien loin de l'épuiser le rend inépuisable : le temps, l'espace et la matière sont ses moyens, l'Univers son objet, le mouvement et la vie son but. »[5] Renonçant à des repères classificateurs qui ne soient pas donnés par la nature elle-même (« les genres, les ordres et les classes n'existent que dans notre imagination »[6]), Buffon vise la nature en sa totalité infinie saisie de l'intérieur (« d'après soi-même » et « toujours sur le même fonds »). Parce que l'historien naturaliste veut faire respecter la nature comme un *tout* qui ne souffre aucune division arbitraire (car « la Nature marche par des gradations inconnues »[7]), il ne peut trouver son point de départ que dans le particulier, dans « la description complète et l'histoire exacte de chaque chose en particulier »[8]. La méthode qu'il se

1. Buffon, *op. cit.*, p. 9 (o.m.).
2. Buffon, *op. cit.*, p. 10 (o.m.).
3. Buffon (1764), *op. cit.*, p. 31 (o.m.).
4. Buffon, *ibid.*
5. Buffon, *ibid.*
6. Buffon, *op. cit.*, p. 19 (o.m.).
7. Buffon, *op. cit.*, p. 10 (o.m.).
8. Buffon, *op. cit.*, p. 14 (o.m.). Buffon à vrai dire fait l'éloge de *la description* comme principe premier de sa méthode, ainsi : « le seul et vrai moyen d'avancer la science, est de

prescrit n'est donc autre que celle de la *description* en principe co-extensive aux réalités naturelles.

Il n'en reste pas moins que la méthode naturelle aboutissait aux mêmes catégories classificatrices qu'elle dénonçait, à savoir, par ordre d'importance décroissant, à « l'espèce », au « genre » et à « la classe »[1], de même que Buffon toute sa vie continua à croire en la fixité des espèces. Michel Foucault n'a donc pas eu tort de faire converger la méthode de Buffon avec le système de Linné comme deux stratégies de savoir qui malgré leur différences apparentes reposent sur le même socle épistémologique, celui de « l'espace taxinomique de visibilité » du classement, c'est-à-dire sur la possibilité de désigner et de dénommer les êtres vivants[2]. Mais ce serait un tort aussi de ne pas voir dans le passage de la mécanique à la botanique l'expression d'une science qui cherche déjà à définir l'autonomie de la nature et à découvrir le pouvoir de transformation de la vie. Avec son hostilité à l'esprit de système, toujours stérile et surtout arbitraire selon lui, Buffon prêchait continuellement la fécondité de l'observation et de l'expérimentation[3]. Sorte de chantier parallèle à celui de la future *Encyclopédie*, auquel d'ailleurs Buffon n'eut aucune part, le lourd labeur de l'*Histoire naturelle* prépare à cette « école de l'expérience » qui recevra aussi les suffrages du cercle encyclopédique.

Malgré les différences d'âge et, surtout, de niveau social[4], les affinités entre Buffon et Diderot sont en effet trop profondes pour être contestées.

travailler à la description et à l'histoire des différentes choses qui en font l'objet » (p. 14) ; « dans les choses naturelles il n'y a rien de bien défini que ce qui est exactement décrit » (p. 14) ; « la seule et vraie science est la connaissance des faits, l'esprit ne peut pas y suppléer » (p. 15) ; « [l]'histoire doit suivre la description, et doit uniquement rouler sur les rapports que les choses naturelles ont entre elles et avec nous » (p. 16).

1. Buffon, *op. cit.*, p. 13, o.m.

2. Michel Foucault, *Les mots et les choses*, Gallimard, 1966, p. 150. Voir aussi : « l'essentiel n'est pas dans ce conflit des grandes institutions de la nature [Le système avec sa "conception rigide et claire de la nature" et le système avec sa "perception fine et immédiate de ses parentés]". Il est plutôt dans le réseau de nécessité qui en ce point a rendu possible et indispensable le choix entre deux manières de constituer l'histoire naturelle comme une langue. Tout le reste n'est que conséquence logique et inévitable… » (p. 152). Ou encore : « Malgré ces différences, système et méthode reposent sur le même socle épistémologique. On peut le définir d'un mot, en disant que dans le savoir classique, la connaissance des individus empiriques ne peut être acquise que sur le tableau continu, ordonné et universel de toutes les différences possibles. » (p. 157)

3. Voir Jean Piveteau, « Introduction à l'œuvre philosophique de Buffon », *Œuvres philosophiques de Buffon*, *op. cit.*, p. VIII.

4. Comme Buffon, intendant du jardin du Roi et d'une renommée solidement établie, fut un personnage qui appartenait à la haute société, il se trouvait exclu de l'*Encyclopédie*. Diderot consultait cependant Buffon qui à plusieurs reprises s'exprima en faveur de

Mais si Diderot a hérité de Buffon sa conception de la nature comme un tout condamné à se perdre dans le particulier, il semble en même temps saisir ce qui nécessairement doit échapper à l'historien naturaliste, encore prisonnier des présupposés épistémologiques du tableau taxinomique des espèces. C'est que, tout en prenant le parti du particulier, il aura déjà substitué à la « continuité statique » de Buffon une « continuité dynamique », elle seule capable de rendre compte d'« une évolution naturelle des êtres vivants »[1]. Diderot, bien sûr, ne peut réaliser la science, celle de la biologie exclue de l'isomorphisme des êtres, visibles et nommables, de l'histoire naturelle[2]. Mais, par un curieux jeu de métamorphoses, l'intuition scientifique de Diderot finit par transgresser l'histoire naturelle dont elle s'inspire ; par là-même elle appelle précocement une métaphysique qui corresponde à cette science de la vie qui n'est pas encore. Ne se rangeant ni au mécanicisme de Voltaire, ni à l'abstraction mathématique de Newton, Diderot ne saurait converger non plus avec l'histoire naturelle de Buffon. Si proche d'eux, si imprégné d'eux, Diderot néanmoins se découvre *autre.*

On dirait donc que le grand avantage de Diderot, ce sont à la fois ses liens étroits avec les sciences naturelles de son époque et sa liberté de non-spécialiste. Car même s'il y aspire profondément, Diderot ne sera jamais homme de science. Reste que sa sensibilité philosophique est mise en mouvement par tout ce qui lui vient des sciences. Les *Pensées* ne sont rien de moins que cette première mise en scène partagée entre intuitions scientifiques et élaborations philosophiques. Il est vrai qu'en tant que le reflet de ce que Michel Foucault aurait nommé le seuil épistémologique de l'époque, elles s'exposent à maints paradoxes scientifiques, telle l'interprétation mécanique de Newton. D'où ces lacunes qui expliqueraient peut-être l'hésitation du jeune philosophe quant aux rapports entre la matière

l'*Encyclopédie.* Voir Jacques Proust, *Diderot et l'Encyclopédie,* Albin Michel, 1995, p. 24 et 30.

1. Par cette conclusion, Jacques Proust souligne ainsi, bien que ce soit à partir de l'article ANIMAL de l'*Encyclopédie*, aussi bien l'affinité entre Diderot et Buffon que le dépassement de celui-ci par celui-là, *op. cit.*, p. 288.

2. Ainsi l'argument fort de M. Foucault consiste-t-il justement à souligner que « la biologie n'existait pas », et cela pour « une raison simple : c'est que la vie elle-même n'existait pas. Il existait seulement des êtres vivants, et qui apparaissaient à travers une grille de savoir constituée par l'*histoire naturelle* », *op. cit.*, p. 139. De même, il serait précipité de parler, dans le cas de Buffon, de l'évolutionnisme : « Il n'y a pas et il ne peut y avoir même le soupçon d'un évolutionnisme où d'un transformisme dans la pensée classique. » (p. 163) Pour lui, le système naturaliste « n'est pas un évolutionnisme commençant à bouleverser le vieux dogme de la fixité ; c'est une *taxinomia* qui enveloppe, de plus, le temps. Une classification généralisée » (p. 165). L'histoire naturelle « n'est rien d'autre que la nomination du visible » (p. 144).

inorganique et la vie organique (XIX) et entre matière et mouvement (XXI). Mais la position métaphysico-déiste de l'ouvrage ne résulte pas d'une insuffisance de savoir chez Diderot. Bien au contraire, elle est l'aboutissement de l'effort engagé par sa pensée pour confronter les données des sciences de la vie organique aux commencements des recherches au microscope. Et sur ce point précis tout se passe comme si Diderot voyait plus loin que les scientifiques dont il s'est inspiré, comme s'il voyait ce que ces derniers s'obstinaient à ne pas voir, à savoir les processus *en deçà* des êtres vivants nommables et classables. Faisant référence, presque exclusivement, aux réalités cellulaires que le microscope a découvertes, Diderot envisage les plus petits éléments, les cellules, qui servent de base au processus vital.

A partir du moment où la nature n'est plus envisagée en survol, mais dans les articulations d'une matière de plus en plus infinitésimale, s'opère une ouverture métaphysique. Le tissu cellulaire de la nature sera alors métamorphosé en « tissu » métaphysique. Nul besoin donc de recourir à Dieu ; il suffit de rester sur place. Voilà le véritable tournant métaphysique dont font preuve les *Pensées.* Sinon, comment expliquer la résistance de Diderot à l'athéisme ? En effet, l'équilibre entre d'une part une scientificité, à vrai dire plus imaginée que scientifiquement établie, et d'autre part l'ouverture métaphysique du déisme se manifeste dans le jeu dangereux que Diderot entreprend avec l'athée [1]. Lorsque Diderot répète ainsi, de façon très détaillée, les considérations de probabilité (« l'analyse des sorts »), quelque peu ridicules de l'athée (*l'Iliade* étant le résultat d'une combinaison fortuite de lettres), il accumule des énoncés tels que ceux-ci : « je ne dois point être surpris qu'une chose arrive, lorsqu'elle est possible [...] la difficulté de l'événement est compensée par la quantité des jets [...] la matière existe de toute éternité [...] le mouvement lui est essentiel [...] la multitude des atomes était infinie [...] » (XXI). Or ce sont là des propos sur une nature *virtuelle,* et cela jusqu'à un point dans lequel ces visions nettement athées finissent par céder à une force qui dépasse leur provenance strictement athée. Non seulement les convictions athées sont compatibles avec une conception dynamique de la nature, mais elles soutiennent ici, en outre, la thèse d'une totalité où l'observable et le virtuel ne font qu'un. De même, lorsque Diderot écrit dans une note (signe que nous touchons ici aux marges de la portée des *Pensées),* le vocabulaire athée se convertit en

1. Le rôle de l'athée serait donc, lui aussi, de nature symptomatique, mais non pas sous forme d'un athéisme inavoué de la part de Diderot. Lorsque par exemple Etiemble remarque que « chaque fois que l'athée expose son point de vue, Diderot n'en finit plus [...] ce terrible athée qui parle et parle et parle... », il en tire, selon nous, la conclusion trop précipitée d'un Diderot à l'image de l'« athée convaincu », *op. cit.*, p. 46-47.

une sorte de panthéisme radical : « Il n'y a plus de jets combinés qui restent purement possibles ; tous existent quelque part que ce soit, et le plus simple comme le plus opposé est éternel et nécessaire comme le tout infiniment combiné dont il fait partie. »[1] De nouveau, la nature s'ouvre pour aller à cet infini déjà inscrit en elle, infini partout présent comme virtualité pure (« quelque part que ce soit »). Ou comme Diderot le dit ailleurs, encore avec le déiste, « le monde n'a point de bornes » (XXI). Voilà pourquoi il serait vain de vouloir imposer à la nature des bornes susceptibles de la renfermer dans des systèmes de classement arbitraires.

Ce à quoi la science dite expérimentale aurait poussé Diderot, ce serait donc à voir dans la nature *davantage* que ce qui peut y être perçu et formalisé. Défi métaphysique qui est explicitement relevé par le déiste qu'il nomme cet « homme d'esprit » qui « *voit loin dans l'immensité des possibles* » (XXXII, c'est nous qui soulignons). Alors que « le sot ne voit guère de possible que ce qui est » (XXXII), l'homme d'esprit verrait les multiplicités actualisées en fonction de celles qui ne le sont pas. A côté des réalités visibles, il verrait les virtualités invisibles. Car, voir loin dans l'immensité des possibles, c'est aussi voir l'invisible, le métaphysique. De plus, ce regard sur la nature s'épanouirait *dans* la nature, et non pas dans une théorie formelle *sur* la nature. Ne serait-ce pas là la première tentative pour niveler le métaphysique sans le perdre de vue ? Le métaphysique serait *ici et maintenant,* inhérent au système de la nature. Ni au-delà, ni endessous, mais comme son *tissu qui lie.* Il y aurait une *immanence* de la nature de sorte que son exploration en serait affectée par des expériences métaphysiques. Voilà pourquoi les sciences se manifestent comme l'accès le plus authentique à la foi. Mais entretemps, il faut bien l'avouer, les rôles entre science et foi ont été inversés. Ce n'est plus la foi qui, sur la base d'une vérité révélée, détermine les sciences de la nature, mais bien au contraire celles-ci, qui, par leur exploration de la matière, ont créé des potentialités métaphysiques nouvelles.

Modestie et courage de la raison

N'oublions pas que les *Pensées* sont avant tout un texte de polémique religieuse. Elles ne renferment aucun traité spéculatif, ni sur les passions ni sur le déisme ni sur la raison, mais s'enchaînent comme une pensée déjà pleinement lancée dans la lutte contre l'institution religieuse. Il n'y a pas lieu d'entreprendre ici une description exhaustive des nombreux exemples

1. *DPV II,* p. 29.

au moyen desquels Diderot récuse la « superstition » et l'« enthousiasme » religieux. En revanche, il sera question, dans les pages qui suivent, du *sceptique,* car c'est pour une bonne part en lui que la critique de la religion trouve ses repères méthodologiques. Mais en même temps, il faudra être sensible au fait que Diderot semble souscrire à un concept de raison qui *dépasse* le doute du sceptique. Aller plus loin que le sceptique, c'est bien ce qu'envisage Diderot avec le déiste. C'est ainsi que la modestie du sceptique et le courage du déiste se conjugueront dans sa tentative de repenser le concept de raison. Et que Diderot ne se cantonne pas à la scientificité du sceptique n'est qu'une preuve supplémentaire de la persévérance de son projet métaphysique.

Avec le sceptique, Diderot nous propose une figure assez complexe qui recoupe la relation, par ailleurs si hostile, entre le déiste et l'athée. D'un côté, le sceptique ressemble à l'athée, puisque lui aussi doute, mais, de l'autre côté, la nature de ce doute, plus honnête, plus sérieux et plein de sagesse, le rapprocherait du déiste. Diderot au fond ne fait qu'utiliser son critère des passions : le sceptique est rangé au-dessus de l'athée qui nie l'existence de Dieu par conviction (et qui ne fera donc pas preuve de « vertu », mais de « foi athée »), mais au-dessous du déiste. Comme le souligne Diderot : « La probité [...] du sceptique serait fondée sur un *peut-être* » (XXIII), d'où résulte sa position intermédiaire : « Le sceptique a donc pour être *vertueux* un motif *de plus* que l'athée, et quelque raison *de moins* que le déiste » (XXIII, nous soulignons).

S'il est rare que le sceptique égale en capacité philosophique le déiste, qui lui est supérieur, c'est que les sceptiques « manquent de lumières » (XXII). Non pas qu'ils appartiennent à une période antérieure à l'époque des Lumières, ces esprits scientifiques étant capables au contraire d'honorer les nouvelles conditions scientifiques, mais l'étincelle philosophique leur fait défaut. Ils ne sont pour ainsi dire *que* scientifiques. Cela explique la comparaison négative avec le déiste : le sceptique n'aurait pas suffisamment de lumières pour oser les mêmes articulations philosophiques, voire métaphysiques, que le déiste, raison pour laquelle Diderot, avec son ironie habituelle, « prie pour les sceptiques » (XXII). Reste que par son sérieux le sceptique est celui qui saura faire respecter la méthode qu'il convient de prescrire à tout homme d'esprit. Il sait combien le savoir reflète plus l'angle sous lequel celui-ci est obtenu qu'une quelconque vérité objective : « Chaque esprit a son téléscope [...] Sont-ce mes lunettes qui pèchent ou les vôtres ? » (XXIV) Ce relativisme du savoir lui impose prudence et modestie. Partout, il demande « un examen profond et désintéressé » (XXIV), ce qui fait que « le scepticisme ne convient pas à tout le monde » (XXIV). Ses scrupules formels sont tels qu'il ne souscrira à aucun système philosophique, à aucune vérité absolue. Lui seul sait éviter l'excès idéaliste, puisque : « Le scepticisme peut seul garantir également en tout temps et en tout lieu, de ces deux excès opposés [« polythéiste », « athée »] » (XXXIII). Le scepticisme en fin de compte n'est pas au service des doctrines, des vérités assurées par avance; il est essentiellement une *méthode*. De là sa validité universelle (« en tout temps et en tout lieu »).

Cette valorisation relativement positive du sceptique est cependant un phénomène relativement isolé dans la pensée de Diderot[1]. A peine un an plus tôt, Diderot avait considéré, dans sa traduction de l'*Essai sur le Mérite et la Vertu*, le sceptique et le pyrrhonien comme deux représentants du seul et même doute maladif conduisant au reniement sophistique du monde extérieur[2], conception considérablement modifiée dans les *Pensées*. Dans ce dernier texte Diderot semble parmi les seuls, et probablement inspiré de Bayle[3], à voir l'intérêt philosophique d'une distinction claire entre, d'un côté, le doute sérieux qui fait chercher la vérité et, de l'autre, le

1. Selon J. Chouillet, l'éloge du sceptique se réduit dans la pensée de Diderot au seul exemple des *Pensées philosophiques*. Voir « Le personnage du Sceptique dans les premières œuvres de Diderot (1745-1747) », *Revue du dix-huitième siècle*, 1969, p. 195-211.

2. Voir J. Chouillet, *op. cit.*, p. 197*sq.*, qui démontre qu'après le sceptique rejeté en 1745 et après le sceptique loué des *Pensées*, l'intérêt que Diderot lui porte dans la *Promenade du Sceptique* s'amoindrit malgré le titre. Et Chouillet a raison de faire remarquer que Cléobule, le sceptique du long préambule, est mis au défi par la revendication d'une philosophie engagée du jeune Ariste, ainsi que, dans la promenade des philosophes le sceptique s'efface au profit des autres protagonistes philosophiques. Il faut cependant se demander si ce retrait du sceptique dans *La promenade du Sceptique* influe, même rétrospectivement, sur la fonction du sceptique des *Pensées*. En interprétant la figure du sceptique à travers les trois écrits de jeunesse on est amené à sous-estimer, au-delà de ce que fait ressortir l'étude comparative, l'intérêt que chacun de ces écrits peut porter au sceptique. L'appel aux sciences dans les *Pensées*, par exemple, est une des causes intrinsèques de la promotion du sceptique dans cet opuscule. En outre, il ne faut pas oublier, ce que ne fait pas non plus J. Chouillet, que le sceptique ne rend aucunement superflu le déiste. Bien au contraire, Diderot salue dans ce dernier le prolongement philosophique nécessaire du sceptique.

3. Voir J. Chouillet, *op. cit.*, p. 206 *sq.* Dans la série des candidats susceptibles d'avoir pu prêter au sceptique des *Pensées* sa matière, J. Chouillet considère Bayle comme l'inspirateur le plus important, avant Voltaire, Fontenelle, Montaigne et Descartes. Non seulement ce premier s'avère avoir fourni vingt-et-un passages, plus ou moins déguisés, des *Pensées*. Mais la définition donnée du sceptique par le *Dictionnaire* (1697) de Bayle correspond fondamentalement, chez Diderot, à celui qui est en quête de la vérité. Il nous semble cependant que J. Chouillet minimise l'importance de Montaigne pourtant cité, comme signalé par J. Chouillet, quatre fois par Diderot lui-même. Une de ces citations, par exemple, décrit les qualités du sceptique comme méthode philosophique ; ainsi, Diderot citant Montaigne : « On me fait haïr les choses vraisemblables, dit l'auteur des *Essais*, quand on me les plante pour infaillibles. J'aime ces mots qui amollissent et modèrent la témérité de nos propositions, *à l'aventure, aucunement, quelquefois, on dit, je pense*, et autres semblables » (XXIV).

doute qui n'est qu'un jeu de conjectures et de gaucheries. Il va même jusqu'à promettre la guérison du pyrrhonien par le sceptique (« rendez sincère le pyrrhonien, et vous aurez le sceptique » (XXX)). En effet, le portrait du sceptique se précise dans une série de comparaisons négatives avec le pyrrhonien, c'est-à-dire avec ces « esprits bouillants », qui « aiment mieux hasarder un choix que de n'en faire aucun ; se tromper que de vivre *incertains* », qui « assurent tout bien qu'ils n'aient rien *soigneusement examiné* », et qui ne « doutent de rien parce qu'ils n'ont ni *la patience* ni le *courage* ». Chez eux la vérité est trouvée « par hasard », et non pas « à tâtons » ou pour « allier la tranquillité de l'esprit avec l'indécision » (XXVIII, nous soulignons). Au dessus des qualités négatives du pyrrhonien se profilent celles, positives, du sceptique : la patience et l'exactitude de l'examen analytique, l'incertitude scientifiquement fondée. Le doute n'est pas élevé au rang du système, mais il devient, encore une fois, méthode.

Le mérite du sceptique serait donc d'apporter à la philosophie, moins une pensée tout faite, que des *procédés de pensée.* S'apprêtant à examiner le processus même de l'acquisition du savoir, le sceptique représenterait mieux que d'autres ce grand basculement par lequel les philosophes des Lumières se détournent de *« l'esprit de système »* pour cultiver un nouvel *« esprit systématique »* [1]. Peu passionné par les écoles philosophiques, le sceptique de Diderot en tout cas se préoccupe de *l'usage* qu'on peut faire de la raison. Par son formalisme même, on dirait qu'il préfigure, quoique timidement, le criticisme de Kant dont le projet sera de déterminer les conditions transcendantales sous lesquelles tel ou tel *usage* de la raison s'avère *légitime.* Après tout, la définition que Diderot donne du sceptique s'apparente à l'attitude criticiste : « Qu'est-ce qu'un sceptique ? c'est un philosophe qui a douté de tout ce qu'il croit, et qui croit ce qu'un usage légitime de sa raison et de ses sens lui a démontré vrai » (XXX). Rien d'étonnant donc que Diderot s'adresse à lui pour s'interroger sur la démarche qui permettra à la vérité de la foi de s'établir.

Le scepticisme, cependant, n'est qu'un *commencement,* « le premier pas vers la vérité » (XXXI). Certes, il y a là un fondement, « la pierre de touche » (XXXI), parce que douter, c'est, en quelque sorte, *rencontrer* et prendre acte du problème philosophique de la religion : « Ce qu'on n'a jamais mis en question n'a point été prouvé. Ce qu'on n'a point examiné sans prévention n'a jamais été examiné. » (XXXI) Commencement philosophique nécessaire, le scepticisme est la forme de pensée qui réalise l'idéal du savoir scientifique tout en refusant l'idéalisme des religions, car : « Si

1. E. Cassirer, *La philosophie...*, p. 33. Cassirer voit dans l'opposition du *système* au *systématique* l'emblème philosophique du dix-huitième siècle.

pour s'assurer de l'existence de Dieu, le philosophe commence par en douter, y a-t-il quelque proposition qui puisse se soustraire à cette épreuve ? » (XXXI) Douter est donc un moyen de répudier les adhésions, les affiliations, les orthodoxies. C'est revendiquer le droit pour la pensée d'examiner et de mettre en question, toujours et partout, les croyances, les présupposés, les préjugés. Assurément le sceptique représente, avec sa soif de preuves rigoureuses, la science analytique et empirique, celle que Diderot appelait aussi « science expérimentale », pour laisser derrière lui les principes spéculatifs, dits premiers, des déductions vaines.

Si le scepticisme est le premier pas, autant dire qu'il en faut d'autres qui le suivent. Le sceptique a frayé le chemin, mais Diderot ne se contentera jamais de son relativisme, de son « peut-être ». Beaucoup plus ambitieux, il désire, tout comme le déiste, voir loin dans l'immensité des possibles. Aussi, lorsqu'il déclare, dans l'un des passages les plus cités des *Pensées,* la supériorité de la quête sur l'acquisition de la vérité – « On doit exiger de moi que je cherche la vérité, mais non que je la trouve » (XXIX) – il vise déjà une vérité supérieure à celle du sceptique. La vérité scientifique du sceptique est celle qui doit conduire (« le premier pas ») à l'autre, la vérité en quelque sorte méta-physique, puisque *hors* atteinte. Voilà pourquoi Diderot ne la *trouve* pas. L'attitude de celui qui *cherche,* et qui ne fait pas seulement que douter, est le principe même de cette autre vérité. L'accès au métaphysique n'est pas donné par la possession d'une vérité absolue, ni par sa démonstration expérimentale, il réside dans le fait même d'être, comme à distance, à sa recherche.

Le sceptique serait donc un trait d'union, ni moins, ni plus. Grâce aux procédés scientifiques avec lesquels il forge sa conception de la vérité, il fait perdre du terrain à l'ancienne métaphysique, mais il n'est pas suffisamment vertueux pour affirmer cette autre vérité qui ne peut être conçue, mais seulement saisie dans les intervalles d'une recherche interminable. Son rôle philosophique, cependant, équivaut à « la bonne moitié » de la nécessaire mise en question des religions au bénéfice de la foi de tous : « Quand les dévots se déchaînent contre le scepticisme, il semble qu'ils entendent mal leur intérêt [...] il serait à souhaiter qu'un doute universel se répandît sur la surface de la terre, et que tous les peuples voulussent bien mettre en question la vérité de leurs religions : nos missionnaires trouveraient la bonne moitié de leur besogne faite. » (XXXVI) Principe de ce « doute universel », le scepticisme sert donc à déconstruire l'idéalisme des religions pour en dévoiler le fondement commun.

De l'autre côté, le scepticisme ne vise pas seulement l'idéalisme chrétien, il jette aussi les bases d'une critique virulente de l'empirisme. Cela est très net dans les pensées au sein desquelles Diderot s'en prend aux dits « faits » religieux. Il est vrai, comme l'a souligné Robert Niklaus, que Diderot emploie le terme « fait » au sens des faits surnaturels [1]. Il n'en reste pas moins que ces faits surnaturels et fantastiques s'imposent *parce qu*'ils passent par le témoignage humain qui en atteste la véracité. Parce que quelqu'un aura vu de ses propres yeux, aura entendu de ses propres oreilles, et donc pourra en porter *témoignage,* les miracles sont des preuves de l'existence de Dieu. Le montage des faits surnaturels est calqué sur le modèle du fait empirique, et c'est de lui qu'ils tirent toute leur force rhétorique d'*évidence.*

C'est précisément cette torsion sémiotique au sein même de l'empiricité qui est la cible du procès intenté au fait religieux. Ainsi Diderot s'écrie-t-il : « Un peuple entier, me direz-vous, est témoin de ce fait ; oserez-vous le nier ? oui, j'oserais, tant qu'il ne me sera pas confirmé par l'autorité de quelqu'un qui ne soit pas de votre parti, et que j'ignorerai que ce quelqu'un était capable de fanatisme et de séduction. [...] Qu'un historien nous en impose ou que tout un peuple se trompe ; ce ne sont pas des prodiges. » (XLVI) Tant que le témoignage du miracle reste imprégné des passions subjectives ou, cas bien plus grave, des rapports de pouvoir, son savoir repose sur un fondement fragile. Qu'un historien abuse de son autorité (Montaigne avait traité le même sujet) ou qu'un peuple entier sommeille dans l'illusion, les prodiges n'en sont ni moins ni plus vrais.

Diderot, en réalité, se veut à la recherche d'un concept de savoir qui soit capable de résister au double danger de l'idéalisme et de l'empirisme. Le dialogue de la Pensée XLVII s'inscrit dans une telle tentative avec les commentaires divergents, donnés par les deux frères Cicéron et Quintus, sur un événement surnaturel : l'histoire de l'augure romain qui avec un rasoir coupe en deux un caillou. Pour Quintus l'affaire, indubitable, ne prête même pas à discussion : « il faut se précipiter dans un monstrueux pyrrhonisme, traiter les peuples et les historiens de stupides et brûler les annales, ou convenir de ce fait. Nierez-vous tout, plutôt que d'avouer que les Dieux se mêlent de nos affaires » (XLVII) ? Cicéron, à l'inverse, ne peut accepter que l'événement soit preuve d'autre chose que de son propre caractère inexplicable. Seul le fait qui aura été *établi* à l'aide des méthodes scientifiquement fiables est digne de considération. Dans la réponse de Cicéron, nous retrouvons ainsi, presque mot à mot, les principes formels du sceptique : « il n'est pas digne du philosophe de se servir de témoignages qui par hasard pourraient bien être vrais, mais qui peuvent avoir été inventés ou falsifiés par la mauvaise foi. C'est par des arguments, par de bonnes raisons, qu'il faut démontrer pourquoi une proposition existe, et

1. Voir R. Niklaus, *DPV II*, n. 69, p. 45.

non par des faits, encore moins par ceux auxquels il est permis de ne pas ajouter foi. » (XLVII)[1]

Selon Cicéron, la réalité et l'empirique ne coïncident donc pas forcément. En tant qu'apparence, la réalité n'est pas encore vraie, et elle n'est surtout pas empirique au sens scientifique. Elle est justement apparence, signifiant non-lié, et c'est de ce flottement qu'émerge sa magie. Toujours est-il que les miracles *se montrent* dans un sens ou dans un autre – ne serait-ce que pour le regard intérieur – mais ils ne *prouvent* absolument rien. Diderot en tire les conséquences dans la pensée suivante : « Tous les peuples ont de ces faits, à qui pour être merveilleux, il ne manque que d'être vrais ; avec lesquels on démontre tout, mais ne prouve point » (XLVIII). De même plus loin : « Tous disent qu'ils ont vu [...] Que répondre à cela ? [...] que ces miracles ne prouvent rien ; tant que la question de ses sentiments ne sera point décidée. » (LIV) Diderot rejette non seulement le témoignage « inspiré » par le *sentiment,* mais aussi celui des *sens.* L'intuition à elle seule ne saurait conduire à la foi. Diderot persiste dans l'exigence sceptique qui veut que la vérité, pour être vraie, soit précédemment établie en conformité avec ses règles d'établissement.

Toujours est-il que Diderot – cependant grand admirateur de la science expérimentale – ne cesse de faire appel à une raison qui puisse se passer du savoir empirique, donc à cette raison qui consiste en la recherche, non en la possession, de la vérité. Véritable cascade d'attaques contre les miracles, la série des Pensées XLIX-LVI[2] est vouée à l'élaboration – et à l'apologie – d'une telle raison. Déjà, à n'écouter que la profession de foi de Diderot lui-même, on se persuade sans peine de l'affirmation d'une raison qui dépasse celle, toute scientifique, du sceptique. Ainsi se confesse-il : « Grâce à *l'extrême confiance* que j'ai en ma raison, ma foi n'est point à la merci du premier saltimbanque [...] ma foi n'en sera point ébranlée. Veux-tu que je devienne ton prosélyte ; laisse tous ces prestiges, et *raisonnons.* Je suis

1. Le passage de Cicéron est de *De Divinatione,* livre II, traduit dans *DPV II,* n. 67, p. 60.

2. Notons que ces pensées oscillent entre des pensées d'un contenu anecdotique et des pensées à portée théorique. Face aux épisodes anecdotiques, Diderot esquisse, dans les pensées intercalées, des éléments théoriques capables d'élaborer un concept de la raison qui dépasse celui, scientifique, du sceptique. Les anecdotes, d'ailleurs, ne servent pas seulement à fournir à la réflexion les cas, mais aussi à systématiser les deux conditions sous lesquelles la réalité se fige en empirisme – au lieu d'être établie en données empiriques. D'une part, il y a les sujets, ce « peuple imbécile » (LIII), terrain favorable aux hystéries des masses (« Bientôt ce ne fut point un simple particulier à qui Romulus serait apparu. Il s'était montré à plus de mille personnes en un jour. » (XLIX)) D'autre part, il y a l'intérêt qu'a le pouvoir à maintenir l'ignorance du peuble, comme dans le cas de Proculeius qui annonça Romulus comme le fils de Dieu et ainsi « introduisit un préjugé qui ne fut pas inutile » (XLIX). Les rapports de forces reposent sur deux pôles actifs, sur ceux qui oppriment et sur ceux qui se laissent opprimer.

plus sûr de mon jugement que de mes yeux. » (L, nous soulignons) Il va de soi qu'une confiance si illimitée dans la raison diffère des précautions empiriques du sceptique.

Il est vrai que la raison scientifique reste un argument puissant dans ces pensées. Lorsque, par exemple, Diderot dit qu'« une seule démonstration [le] frappe plus que cinquante faits » (L), le mot « démonstration » traduit l'adhésion à la science expérimentale chargée de fournir des démonstrations à ses résultats. Mais la raison à laquelle fait appel Diderot ne se limite pas à ce savoir empirique qui d'une certaine manière empêchait le sceptique d'outrepasser le domaine, fort restreint, dans lequel l'empirique et le théorique se rejoignent en une seule et unique cognition du monde. Que ce soit le déiste qui le dise ou non, le résultat est le même : *Diderot prend acte d'une raison qui peut davantage que la raison expérimentale.* Et cela au point qu'il faut se demander si, par ce renforcement de l'autorité de la raison, il ne retombe pas dans une conception platonicienne de la raison [1]. Il insiste tant sur l'insuffisance du témoignage des sens qu'on y décèle effectivement des échos idéalistes, par exemple lorsqu'il dit dans la droite ligne de Platon : « le jugement de la vérité et la règle pour discerner n'appartiennent pas aux sens, mais à l'esprit. [...] cette certitude que l'on peut tirer des sens ne s'étend pas bien loin et [...] il y a plusieurs choses que l'on croit savoir par leur entremise, et dont on n'a point une pleine assurance » (LII) [2].

Malgré cette déclaration, la réhabilitation de la raison s'inscrit dans un horizon épistémologique plus modeste. Jamais Diderot n'idéalise la raison dans un espace vide. Ce qui lui importe, c'est bien au contraire de déterminer les modalités *spécifiques* de la raison à l'œuvre dans le sentiment de la foi : « Si la religion que tu m'annonces est vraie ; sa vérité peut être mise en évidence et se démontrer par des raisons invincibles. *Trouve-les ces raisons* [...] Quoi donc, te serait-il plus facile de redresser un boiteux que de m'*éclairer ?* » (L, nous soulignons) Les conditions d'une raison « croyante », voilà ce sur quoi Diderot veut être « éclairé ». Or la leçon qu'il

1. André M. F. Kail a souligné la connotation rationaliste de la critique de l'empirisme chez Diderot et, par là-même, les distances prises à l'égard de Locke. Il révèle ainsi l'influence de Descartes et des méthodes logiques de Port-Royal. Voir « Un argument des "Pensées philosophiques" : Scolastique et siècle des Lumières », *French Review,* p. 517-523. Le « rationalisme » de Diderot ne peut cependant être mis au seul compte de l'idéalisme, puisque sa conception de la raison repose en fin de compte sur l'idée d'une raison réflexive et capable d'auto-critique.

2. L'emploi des mots dans cette Pensée LII semble s'opposer au regard artistique du *Salon de 1765* dans la mesure où « la peinture est l'art d'aller à l'âme par l'entremise des yeux » (*DPV XIV*). Pourtant, il est question ici d'un usage plutôt cognitif qu'esthétique de l'intuition.

a pu tirer de l'apport commun du sceptique et du déiste, c'est que, en matière de religion, le témoignage des sens ne permet pas de conclure à la foi. Qu'on s'en attriste ou qu'on s'en réjouisse, la proposition religieuse n'est possible que sous l'égide de la seule raison, sans l'aide de l'intuition. Elle ne peut être argumentée ni sous le modèle empirique, ni comme s'il s'agissait de simples opinions divergentes : « Lors donc que le témoignage des sens contredit, ou ne contrebalance point l'autorité de la raison ; il n'y a pas à opter : en bonne logique, c'est à la raison qu'il faut s'en tenir. » (LII) La foi, autrement dit, est rendue possible par la raison humaine ; « les premiers fondements de la foi sont purement humains » (LX). Ou bien, ce qui revient au même, la croyance trouve sa « source unique » dans la raison – « [l]a raison seule fait des croyants » (LVI) –, tout comme Diderot est croyant « parce qu'il est raisonnable de l'être » (LVII).

Quelle étrange évolution chez un Diderot qui avait commencé par confronter religion et science expérimentale pour ainsi finir par affirmer que le propre de la religion réside dans ce qu'elle n'a pas de fondement empirique ! Il faut cependant souligner que l'appel fait à la raison repose sur une *différenciation* de plusieurs champs de savoir. Que la religiosité ne puisse être fondée sur les sens, ne veut pas dire que l'intuition soit bannie de tout domaine de savoir. La science expérimentale, si souvent invoquée par Diderot, s'appuyait constitutivement sur l'intuition pour présenter des preuves à ses résultats, mais tout phénomène du monde et de l'esprit n'est pas à sa portée. Précisément, l'un des mérites du jeune Diderot – et ce n'est pas le moindre –, c'est de faire respecter l'idée qu'il existe plusieurs vérités, plusieurs procédés de validation, en fonction du contexte de savoir, scientifique ou religieux.

En effet, Diderot n'a cessé de se servir d'un tel concept de raison différencié, et, dans une des dernières pensées, il l'évoque explicitement : « Je connais suffisamment les preuves de ma religion, et je conviens qu'elles sont grandes ; mais le seraient-elles cent fois davantage, le christianisme ne me serait point encore démontré. Pourquoi donc exiger de moi que je croie qu'il y a trois personnes en Dieu aussi fermement que je crois que les trois angles d'un triangle sont égaux à deux droits. Toute preuve doit produire en moi une certitude proportionnée à son degré de force ; et l'action des démonstrations géométriques, morales et physiques sur mon esprit doit être différente, ou cette distinction est frivole. » (LIX) La notion de preuve a donc, elle aussi, subi une mutation considérable. Après tout, il n'y a pas que les preuves scientifiques qui valent. La religion aussi peut produire une « certitude proportionnée à son degré de force ». Autant dire qu'elle ne peut être prouvée de la même manière que les démonstrations de la géométrie ou de la physique et que, par conséquent, elle relève d'« un raisonnement plus

Lettre Sur Les aveugles Tom.2::p 8

PL. I[iere]

*Figure de la Dioptrique. Œuvres philosophiques de Mr D ***, Lettre sur les aveugles,* Amsterdam, Marc-Michel Key, 1772, Cliché Bibliothèque nationale de France, Paris.

Lettre sur les aveugles Tom 2. pag. 30

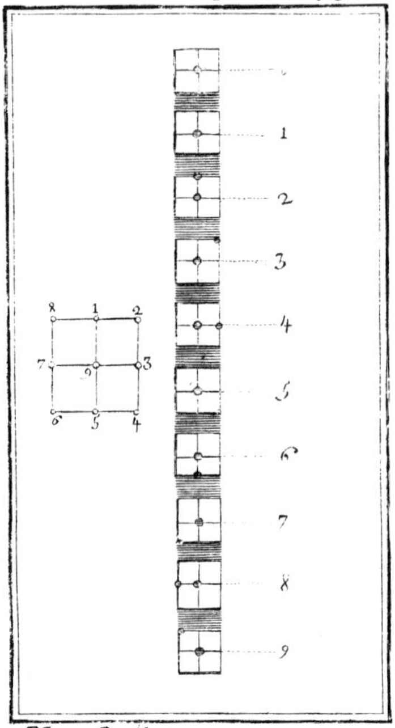

PL. 2 ie

Lettre Sur Les aveugles T. 2: pag. 32

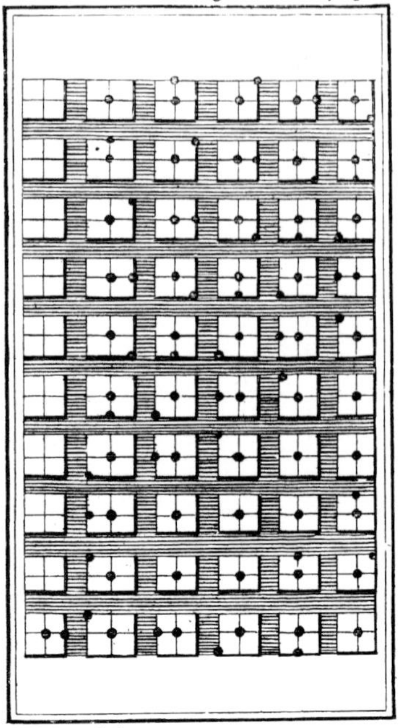

P L. 3e

Lettre Sur Les aveugles T. 2. pag 34

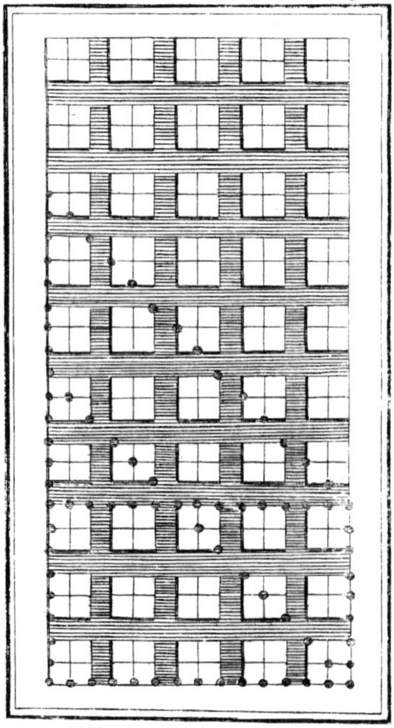

P.L. IV

Lettre Sur Les aveugles T. 2 pag 35

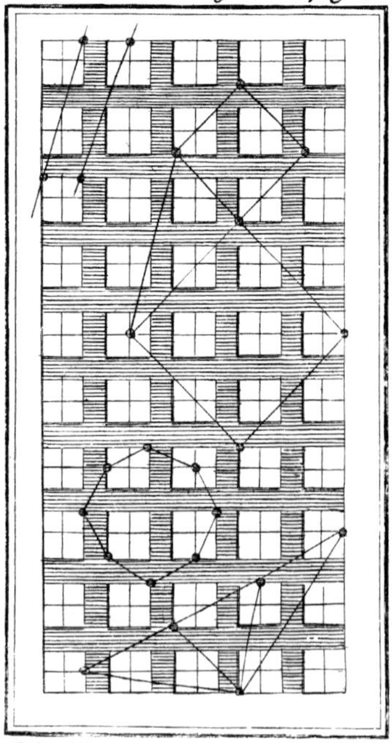

P.L. V

*Machines à calculer. Œuvres philosophiques de Mr D ***,*
Lettre sur les aveugles, Amsterdam, Marc-Michel Key, 1772,
Cliché Bibliothèque nationale de France, Paris.

singulier que solide » (LXII). Mais ce qui compte, ce n'est pas de la nier, c'est de prendre acte et de distinguer des *usages* différents de la raison – par exemple une raison géométrique, une raison morale et une raison physique chacune ayant sa validité spécifique. Sinon, la distinction serait « frivole ».

Ce cheminement philosophique vers une conception différenciée de la raison se voit doublé, dans le cas précis de la religiosité, par un glissement de l'objectif vers le subjectif. C'est incontestablement dans le sujet – supposé raisonnable – que se joue la « force » de la foi. Renonçant aux preuves objectives, la proposition de la foi ne peut être établie de l'extérieur ; elle émane de l'intérieur de l'homme raisonnable. Diderot au fond ne fait que s'invoquer *lui-même* comme preuve suffisante de sa foi : « Je suis témoin à moi-même de mon équité » ; ou encore : « J'atteste Dieu de ma sincérité » (LXII). Par là même, l'image qu'il se fait de Dieu ternit en face des Dieux vivement colorés de la tradition, ce Dieu tantôt « plein de bonté » (VII), tantôt « vengeur » (XI). Pour une fois, ce qui est rare, Diderot agit en iconoclaste : l'essence de Dieu est en-deçà de l'ostensible, en-deçà assurément des Dieux des religions (qu'il s'agisse du Dieu sanguin des catholiques, de celui, flegmatique, des évangélistes, de celui, colérique, des musulmans ou de celui, mélancolique, des juifs [1]). Diderot se veut à l'écoute d'un Dieu irreprésentable, beaucoup plus universel – « naturaliste », dit-il – si bien que par sa présence dans l'homme, il n'est « ni trop bon ni méchant » (X), ni un simple « être de l'imagination » (XIII). Cela explique le conseil pédagogique que Diderot, à l'instar de Montaigne, donne aux éducateurs. « Elargissez Dieu », leur dit-il, parce que l'éducation doit préparer la sensibilité subjective et apprendre à l'élève à se servir de ses facultés au lieu de l'accabler d'« une foule de préjugés ridicules » (XXV) ; idéal d'éducation qui prescrit, dans une perspective tout-à-fait rousseauiste [2], de cultiver les facultés propres et exclut l'apprentissage par cœur.

Cela ne veut pas dire que Diderot finisse par individualiser la foi et par la renvoyer aux caprices de chacun. Aussi prend-il conscience des influences socio-culturelles. On n'est pas plus maître d'être « né aveugle ou boiteux » (XXXVI), que du libre choix de sa religion. Il n'y a aucun « mérite » (XXXVI) à être né, selon la profession de foi de Diderot lui-même, « dans l'Église catholique, apostolique et romaine » (LVIII). Il y

1. Voir le passage ajouté comme variante sous le sigle AP (= *L'Apocalypse de la raison* de 1760), *DPV II*, p. 32.

2. Dans l'*Emile* (1765), mais déjà aussi dans le *Discours sur l'inégalité* (1755), Rousseau soutient que l'homme sortant des mains de la nature est « bon », mais à peine cet être innocent est-il déposé sur terre qu'il est corrompu par l'injustice de la société des hommes. Cela explique que les principes éducatifs de Rousseau se réfèrent aux lois de la nature pour préparer et cultiver les dispositifs naturels de l'élève en le maintenant le plus longtemps possible à l'écart de la société.

aura toujours un aspect anthropologique de la religion, mais derrière la variabilité des mœurs religieuses se cache une attitude à la fois plus singulière et plus universelle de l'homme à l'égard de Dieu. C'est que la foi, quels que soient les investissements institutionnels qui s'emparent d'elle, engage l'homme « vertueux » tout entier. Elle est exemplaire, non pas au sens de l'exemple qu'on impose aux autres, mais en tant qu'expérience unique par laquelle l'homme au plus profond de lui-même se découvre croyant.

Un des grands mérites des *Pensées* consiste en la découverte d'une raison diverse en ses destinations. Il y aura désormais plusieurs usages de la raison, plusieurs acquisitions possibles et, tout simplement, des formes de savoir différentes. Ce concept de raison rectifie, par sa concentration comme par sa dispersion, la résignation du sceptique qui ne s'en tenait qu'à une seule raison, à celle qui procède par des démonstrations cognitives. Si Diderot suivait le sceptique dans son « premier pas », il le défie donc largement par une raison suppléante, par une raison à capacité métaphysique. La religiosité témoigne justement d'une activité intellectuelle de l'homme dans laquelle la raison s'élève au-dessus de l'infini qui ne peut être prouvé ; dans son insuffisance propre, dans sa déplorable finitude, la raison « croyante » égale l'infini ; car seule la raison peut englober ce qui en tout et partout la dépasse.

Au fur et à mesure de cette traversée et de ce commentaire des couches thématiques des *Pensées,* il semble de plus en plus difficile d'en faire la synthèse. Ce premier opuscule de la main de Diderot comprend à vrai dire des éléments si composites qu'un seul cadre d'explication ne saurait en rendre compte ; mais c'est en même temps cette richesse qui donne à l'écrit sa force programmatique, son caractère embryonnaire. Les *Pensées,* en effet, peuvent être lues comme un répertoire d'idées, renfermant les thèmes majeurs de la pensée de Diderot ; car ici se trouve rassemblé ce qui ensuite sera dispersé dans une œuvre aux orientations multiples. Les passions, le déisme vivifié au sein même des sciences et la conception différenciée de la raison, ces thèmes forment, côte à côte, un tout que l'œuvre va briser et poursuivre à des rythmes inégaux ; et si l'on oublie de ramener ces fragments de pensée à leur point de départ commun, on risque de perdre de vue *l'intrigue philosophique,* cette ambition d'une métaphysique nouvelle, qui initialement les a reliés et qui les a alimentés.

Prenons donc acte de l'apparition des domaines de savoir les plus divers : les passions se rapportent à l'esthétique, la physique bascule dans la métaphysique, la raison invite à l'interrogation épistémologique, tandis que toutes reflètent une certaine indécision quant à l'éthique. Reste que, par leur co-existence même, ces axes principaux prennent appui les uns sur les autres. *Parce que* les passions s'ouvrent à l'ambiguïté de l'expérience esthétique, nous avons pu être plus attentive à la signification modifiée de la métaphysique déiste ; *parce qu'*à son tour cette métaphysique est issue de l'état le plus récent des sciences, nous avons mieux compris l'intérêt que Diderot porte à la réflexion méthodologique du sceptique ; et *parce que,* en même temps, la dimension métaphysique est maintenue dans et par le déiste, nous n'avons pas été amenée à réduire la raison à l'usage purement scientifique du sceptique. Bien au contraire, nous avons été invitée à conclure à l'existence d'une raison à capacité métaphysique.

Quoique la pluralité résiste à toute formule générale, que celle-ci soit déiste ou athée, des fils conducteurs se dessinent ainsi à travers les liens qui tissent les *Pensées.* La raison assurément est l'un des carrefours les plus fréquentés. Diderot perçoit la raison dans son rapport *réflexif* à elle-même, et cette seule réflexivité – et non pas une foi aveugle dans la raison en tant que telle – assure l'usage légitime de la raison au-delà de ce qui peut être prouvé de façon empirique. Le déiste et le sceptique, mais aussi l'athée, font preuve d'une profonde maturité en quelque sorte pré-criticiste, capable d'évincer le danger de l'intellectualisme. De même, ce qui ne nous intéresse pas moins, la conception esthétique des passions met en place une raison bien différente de celle du scientifique, en prônant l'harmonie des affections et de la raison.

Si la raison et les passions tendent ainsi vers un problème métaphysique – désignant une expérience *hors* la physique –, c'est néanmoins sur un fond strictement scientifique que Diderot formule son ambition métaphysique. La métaphysique, ne serait-ce que sous le simple signe de la croyance en Dieu du déiste, est issue du savoir physique. Le déisme des *Pensées* se maintient, ni comme une alternative religieuse sérieuse, ni comme la contemplation allégorisante de la nature, mais *dans et par des rapports de savoir.* De là l'intérêt que Diderot manifeste pour les résultats de la physique expérimentale et, surtout, des sciences de la vie. Que les sciences soient entrées en rapport avec la métaphysique d'une manière entièrement nouvelle, tel est le grand pressentiment métaphysique des *Pensées.*

Malgré l'allusion déconcertante à l'horloger mécaniste, ce nouveau savoir convoqué par Diderot n'est pas essentiellement allégorique, mais tout simplement scientifique. Tout se passe comme si les seuls résultats scientifiques lui suffisaient. Diderot n'a nul besoin d'allégoriser lorsqu'il évoque les composantes de la matière, y compris les germes dont on sait pourtant la redoutable renommée théologique. Mais il est ravi du fait que les sciences tendent à infinitésimaliser la nature, à la « trouer » de l'intérieur. Une fois décomposés par le microscope, les phénomènes de la vie annoncent une science qui se détache de la vieille précellence de la mécanique pour soupçonner ce qu'il peut y avoir d'irréductible et de spécifique dans les domaines de la vie. Diderot certes a l'intuition scientifico-philosophique de cette autre science – la biologie – qui n'est pas encore désignée comme telle, pas même sous la plume naturaliste de Buffon qui pourtant prépare à l'évolutionnisme. Mais plus étrangement encore, il essaie de saisir la métaphysique qui lui correspondrait. Le déisme de Diderot serait une métaphysique envisagée à partir de l'organique. Car où commence l'organique, et où finit-il ? Que l'unité de la nature ne puisse plus être pensée comme une totalité, mais s'articule dans chaque point de plus en plus infinitésimalisé de la matière, cela revient en tout cas à pousser la réflexion philosophique jusqu'aux confins métaphysiques de la matière. Tout en dénonçant l'enthousiasme du dévot qui « tremble de frayeur » ou « brûle d'amour » (XI), Diderot s'enthousiasme de ce voisinage métaphysique des nouveaux résultats des sciences. Telle serait en fin de compte la véritable métamorphose de l'enthousiasme, tant discuté, des *Pensées*.

Soulignons cependant, encore une fois, l'incertitude d'une telle lecture qui pressent les germes qui poussent dans cette œuvre sans prétendre à une explication définitive du texte. Mais si nous avons pu mettre en avant l'hypothèse d'une pensée lancée dans la reconquête de la métaphysique, cette hypothèse est également confirmée par la présence de deux conceptions du savoir : d'une part le savoir scientifique du sceptique, d'autre part un savoir qui, paradoxalement, va plus loin parce qu'il est conscient de ses propres limites. Alors que le sceptique conceptualise en établissant des vérités empiriques, le déiste atteint une vérité métaphysique, à condition, bien sûr, de renoncer à la preuve démonstrative. Ces deux types d'accès à la vérité s'entrecroisent continuellement, mais, et là est l'intuition décisive des *Pensées,* c'est la connaissance scientifique qui rend l'expérience métaphysique possible. Celle-ci est enfantée par les résultats de celle-là. Parce que les sciences sont allées jusqu'à l'infini de la matière, elles tracent de nouveaux repères pour penser ce qui vient après la physique : le métaphysique.

Par ce déplacement de l'émergence même du métaphysique surgit cependant un problème, peut-être *le* problème des *Pensées,* car comment, dès lors, penser la religion ? Qu'en est-il de la religion, une fois qu'elle se trouve privée de son monopole métaphysique ? Ce qui revient à se demander si la métaphysique, une fois définie du point de vue des sciences, se soustrait à toute finalité morale. Diderot ne nous donne à vrai dire pas de réponse univoque à ces questions. Mais ne nous a-t-il pas constamment invités à suivre des lignes de fuite qui nous éloignent des interrogations réservées à la seule question de la foi ? Le déplacement métaphysique, nous l'avons déjà noté, ne résulte pas de l'adhésion à une religion précise, il est, répétons-le, de ressort scientifique. Mais en même temps, ce tournant s'inscrirait dans l'esthétique des passions – c'est-à-dire dans des relations inattendues entre sensibilité et raison, et non dans l'esthétique beaucoup plus statique qui est à l'œuvre dans la contemplation de la belle nature chez le déiste. Or, sans le fondement des cordes passionnelles, véritable nœud des *Pensées,* cet écrit de jeunesse ne serait certainement pas marqué par la nouvelle sensibilité cosmique qui trouve son expression parfaite dans la métaphysique des possibles, dans cet « homme d'esprit » qui voulait voir « loin dans l'immensité des possibles ».

Cette métaphysique, aussi bien la religion que la science la côtoient chacune de son côté, mais ni l'une ni l'autre ne parvient à en donner une élaboration satisfaisante. La religion est trop orgueilleuse, la science trop modeste. Celle-là succombe à la tentation de nommer le royaume de Dieu comme le seul possible, celle-ci échoue – comme Diderot l'a montré avec le sceptique – parce qu'elle s'assujettit à l'exigence logique, et Dieu n'est guère de nature logique. Les passions en revanche avaient proposé à ce paradoxe une solution esthétique. Peut-être l'esthétique serait-elle effectivement capable d'explorer la métaphysique des possibles, c'est-à-dire de persévérer là où se seront arrêtés les concepts de la science, là où la religion sera déjà allée trop loin. Peut-être serait-elle moins orgueilleuse que la religion et plus courageuse que la science en face de ce vide qui s'ouvre lorsque la pensée s'efforce de s'installer au plus près des sciences. En ce sens, Diderot aurait en effet commencé de remplacer la morale, l'éthique même, par l'esthétique.

On mesure donc l'importance qu'il faut accorder aux *Pensées* en vertu de tous ces avatars. Nous avons tenté de mettre en évidence leur triomphe là-même où on les croirait en échec. Cela vaut surtout dans le cas, décisif, du déisme. N'avons-nous pas assisté à une déconstruction impressionnante du déisme – de ses contemplations à la manière romantique jusqu'à ses prémisses mécanistes – pour qu'il apparaisse, ainsi dénudé, comme la capacité, pure et simple, de faire l'expérience de ce qui dépasse l'entendement. Si l'on considère – ainsi que l'ont fait la plupart des commentateurs – le déisme comme un chapitre étranger à la pensée de Diderot, on s'exposera au risque de perdre de vue les aspects métaphysiques qui vont réapparaître dans les écrits ultérieurs, ces textes qu'on taxe, pour la même raison et avec la même insouciance, d'athées. Si par contre on est plus attentif aux mobiles profonds du déisme, on sera en présence, dès les *Pensées,* d'un Diderot hautement concerné par la reconstruction du problème métaphysique face à l'essor spectaculaire des sciences naturelles de l'époque. Bien sûr, rien n'aurait été plus facile pour un futur penseur matérialiste que d'affirmer que l'existence de Dieu ne peut être prouvée positivement. Diderot cependant met toutes ses forces à expliquer le contraire, à savoir que jamais Dieu ne sera de nature empirique. C'est donc parce que les sciences de la nature sont parvenues à une conceptualisation de l'infini de l'univers qu'elles contribuent à l'exploration de ce terrain où le métaphysique prolonge le savoir positif. L'exploration de la matière par le microscope en est un exemple, le calcul infinitésimal sera un autre signe de la capacité qu'ont acquise les sciences naturelles à faire se côtoyer la physique et la métaphysique. De ce champ de forces, où se heurtent physique et métaphysique, apparaissent les contours de ce que nous pouvons nommer une métaphysique des possibles.

Les *Pensées* nous révèlent un Diderot qui tire la leçon philosophique de la conception de la nature que lui fournissaient les sciences de son temps, et selon laquelle nul concept ne serait à la hauteur de la richesse de la nature, de son hétérogénéité et de ses mouvements imprévisibles. A l'image de cette nouvelle réalité mouvante, la pensée fragmentée du jeune philosophe ne se fige jamais dans des positions fixes, mais flotte au voisinage des sciences de la nature. Elle ne connaîtrait aucun repos, mais s'efforcerait de rendre hommage à l'immensité des possibles.

CHAPITRE II

MÉLANGES ET APPROFONDISSEMENTS

Les années menant, comme fatalement, à l'affaire de Vincennes sont marquées par des publications dans les genres les plus divers. En 1747, *La Promenade du Sceptique* donne suite aux idées principales des *Pensées* sur un ton encore plus ouvertement anti-religieux, tandis que dans *De la suffisance de la religion naturelle,* texte autrement sobre, Diderot défend la thèse de la religion naturelle. A son tour, 1748 est l'année du roman frivole sur les bijoux bavards, ces *Bijoux indiscrets* qui malgré la légèreté du genre auquel ils appartiennent ne sont pas sans incidences sur la formation de l'univers de pensée propre à Diderot. Les *Mémoires sur différents sujets de mathématiques* – aussi de 1748 – témoignent de leur côté des ambitions scientifiques de Diderot. Esprit d'ouverture ou désarroi de l'esprit, c'est également l'époque des premières démarches de l'*Encyclopédie* à la préparation et à la rédaction de laquelle Diderot et d'Alembert étaient désignés en 1747. Notre jeune philosophe fait preuve non seulement de courage philosophique, mais aussi d'un appétit colossal de savoir.

Ce n'est pas ici le lieu d'une analyse exhaustive de ces écrits qui, entre les *Pensées philosophiques* et la *Lettre sur les aveugles,* forment un intermède hétéroclite. Nous nous contenterons d'en retenir quelques aspects novateurs. Car même si cette période transitoire ne comporte rien d'absolument neuf, les écrits précédant la fameuse *Lettre* apportent, ici et là, des élaborations et des approfondissements sur les idées lancées par les *Pensées.* Ainsi ce chapitre sera-t-il consacré à quatre lectures qui partiront à la recherche des esquisses possibles d'une pensée moins dispersée qu'elle ne le semble, et, par là même, à la rencontre du renforcement de l'orientation esthétique du jeune philosophe.

DÉCONSTRUCTION DE LA NATURE

La Promenade du Sceptique est, comme son aîné les *Pensées,* un pamphlet et, de plus, composée d'une cascade d'allégories. La promenade en tant que telle n'est autre que l'allégorie du discours philosophique lancé dans une interminable quête de la vérité. Mais cette promenade philosophique fourmille elle-même d'allégories plus grossières qui s'inspirent du monde militaire. Ainsi le christianisme est-il une armée dont les soldalts sont enrôlés dès la prime enfance (image du baptême), même si les devoirs des soldats se limitent à porter un bandeau autour des yeux (la foi « aveugle ») et à ne pas tacher leur robe blanche (la conscience chrétienne). Dieu est « le gouverneur en chef », les archevêques les « gouverneurs », le pape le « vice-roi », l'église un « conseil de guerre », ses prescriptions « le code militaire », et ainsi de suite. Autant dire que la critique religieuse occupe de nouveau la place la plus spectaculaire de ce montage allégorique [1] qui à travers la métaphore des trois allées présente des mondes de pensée : *L'Allée des Epines* symbolise l'univers des croyants, tandis que *L'Allée des Marronniers* abrite les philosophes, et *L'Allée des Fleurs* les « filles » et libertins. Ces mondes sont pourtant loin d'être autonomes. Leurs zones de voisinage, lieux d'une intense circulation, témoignent du fait qu'ils ne peuvent se passer les uns des autres, telles les disputes interminables entres les habitants de l'allée des épines et ceux de l'allée des marronniers, telle l'installation illégale dans cette dernière d'habitants provenant de l'allée des épines, telles les escapades récréatives des philosophes chez les créatures charmantes de l'allée des fleurs.

Lecture amusante donc, quoique l'abondance allégorique, selon beaucoup de commentateurs, soit la faiblesse, voire l'échec même, de *La Promenade du Sceptique.* L'allégorie serait déplorablement surchargée et en souffrirait philosophiquement [2]. De plus, l'écrit n'ajouterait rien à ce qui

1. Dans ce choix du genre allégorique par Diderot, il ne faut pas forcément voir un déguisement nécessaire des pensées dangereuses et rebelles aux autorités. F. Venturi rappelle à juste titre la popularité dont jouissait l'allégorie au dix-huitième siècle : « rien n'est plus clair que les allégories du XVIIIe siècle, particulièrement quand il s'agit de religion ou de politique ». Voir *La jeunesse*..., p. 109. Notons, de même, que Diderot, afin d'éviter tout malentendu, avait fourni la rédaction d'une *clef* qui donne la traduction de ses créations allégoriques.

2. F. Venturi regrette le choix de l'allégorie. Par opposition à Voltaire qui avait la force et la souplesse rhétoriques nécessaires pour renouveler ce genre populaire, Diderot succomberait sous le fardeau de la double vie de l'allégorie, de ses intrigues construites et de son univers clos. Voir *La jeunesse*..., p. 108-109. H. Dieckmann est du même avis, tenant *La Promenade du Sceptique* pour un échec littéraire, « le premier exemple d'un désaccord entre la pensée et son expression », *Cinq Leçons sur Diderot*, Droz/Minard, 1959, p. 75.

était déjà dit, et mieux dit, dans les *Pensées*. A ces réserves s'ajoute en outre une série de questions philologiques qui placent toute interprétation sous une lumière incertaine [1]. Ces circonstances nous confortent dans notre intention de commenter certains aspects de l'écrit plutôt que d'en proposer l'analyse systématique. Passant ainsi du discours « monologique » de Cléobule dans le préambule de l'écrit à la discussion qui se déroule entre les philosophes de l'allée des Marronniers, il s'agira de démontrer le développement particulièrement dense qu'y subit la vision de la nature.

Lors de la promenade d'introduction, Cléobule vieillissant présente au jeune Ariste son jardin – la préfiguration de l'allée des marronniers – comme un morceau de « vraie » nature. Ce jardin si « naturel » s'inspire bien sûr du jardin anglais dont l'idée artistique consiste dans la création artificielle d'un état de nature qui soit le plus proche de la nature sauvage. Ainsi Cléobule décrit-il son allée comme une « avenue de vieux arbres qui

J. Chouillet se rallie au mécontentement général en caractérisant l'ouvrage comme une allégorie surchargée, contraire à l'unité et à la simplicité qu'exige l'allégorie. Voir *La formation...*, p. 71.

1. La *Promenade du Sceptique*, en fait, comporte plus d'une énigme philologique. Premièrement, le manuscrit original a été perdu. L'éditeur de Diderot, Naigeon, et la fille de Diderot, Mme de Vandeul, en donnent des explications divergentes, celui-là rapportant que le manuscrit aurait été saisi par la police, et celle-ci racontant comment Diderot aurait brûlé les feuilles dangereuses pour éviter le scandale. Voir *DPV I*, p. 24, et J. De Broy, *Histoire d'un manuscrit de Diderot : « La Promenade du Sceptique »*, Francfort, 1964. Deuxièmement, l'écrit est marqué par un décalage sémantique qui témoigne de plusieurs dates de rédaction et, peut-être, de réécriture. Le *Discours préliminaire* et la partie principale des *Allées* par exemple se recouvrent sur certains points et se contredisent sur d'autres. On a surtout fait remarquer que les deux personnages principaux, *Ariste* le narrateur et *Cléobule* le déiste qui penche vers le scepticisme, manquent de consistance. H. Dieckmann note, par exemple, que Cléobule dans le préambule vouvoie Ariste, mais le tutoie dans *les Allées* (voir *DPV II*, n. 38, p. 86). J. Chouillet, à son tour, s'étonne de rencontrer Cléobule en tant que déiste dans l'allée des marronniers, puisque son discours préliminaire aurait trahi son scepticisme. Selon l'analyse que nous proposerons du texte, Cléobule exprimerait cependant un déisme assez prononcé dès le préambule. L'incertitude de l'identité du déiste ne devient d'ailleurs pas moindre, lorsque H. Dieckmann, dans la note 149 de l'édition *DPV* (p. 129), confond narrateur et personnage principal, Ariste et Cléobule. Il est question ici d'un « moi » que H. Dieckmann met au compte d'Ariste (qui du même coup devient déiste), alors que ce « moi », comme l'établit correctement la note 153 (p. 130), appartient à Cléobule. Une lecture attentive attesterait du reste de la permanence du schéma narratif, selon lequel Ariste est le narrateur qui raconte l'histoire de Cléobule tout en donnant (à la façon si généreuse de Diderot lui-même) à ce dernier l'opportunité de mener le récit lui-même. Remarquons de même que H. Dieckmann dans la note 179, p. 138, confond Ariste et Oribaze. Voir aussi, sur l'identification de Diderot avec Ariste, l'article de J. Chouillet, « Le Mythe d'Ariste ou Diderot en face de lui-même », *Revue d'Histoire littéraire de la France*, oct.-déc. 1964.

n'ont jamais éprouvé les soins ni les ciseaux du jardinier » (74)[1]. La beauté de la nature qui en résulte s'oppose manifestement à la géométrie artificielle du jardin français : « il [Cléobule] a préféré un désordre toujours nouveau à la symétrie qu'on saisit en un moment ; il a voulu que la nature se montrât partout dans son parc ; et, en effet l'art ne s'y aperçoit que quand il est un jeu de la nature » (75). Conception du jardin et conception de la nature – l'art et la nature – coïncident pour se définir mutuellement.

Cette mise en scène paysagère lui tient à cœur, parce que c'est par l'état de sa propre organisation que la nature acquiert une signification symbolique pour la réflexion philosophique. La pensée de Cléobule est précisément une « philosophie locale » (76) dans laquelle la nature s'offre comme « livre allégorique » (77). Cléobule établit ainsi un système impressionnant d'*analogies* entre la nature d'une part et la condition de l'homme d'autre part, telle « une feuille détachée d'un arbre voisin, et portée par le zéphir sur la surface de l'eau » faisant signe de « l'inconsistance de nos affections, fragilité de nos vertus, force des passions, agitations de notre âme » (76). C'est le mérite d'Ariste d'attribuer à ce discours ses traits caractéristiques en y relevant aussi bien une « naïveté » qu'un « certain ordre », puisque « les matières qu'il entamait étaient presque toujours analogues aux objets qu'il avait sous les yeux » (75). Lire dans le livre de la nature invite avant tout à la modestie : aucune autosuffisance de l'homme, mais l'expérience du « rapport évanouissant du point qu[ʻil] occupai[t] à l'étendue prodigieuse qui s'offrait à [s]a vue ». L'homme se prosterne en voyant « mille fois plus d'espace au-dessus de [s]a tête » (76).

La modestie de Cléobule ne peut cependant cacher son déisme fondamental. Certes, sa contemplation de la nature évite-t-elle l'enthousiasme qui dévore le croyant fanatique, mais même si le culte de la nature et la modestie se conjuguent, et même si le déiste ici figuré par Cléobule rejoint le sceptique, le fait même qu'il lise la nature comme une œuvre littéraire est une preuve suffisante de son déisme. Si Cléobule bannissait les ciseaux des jardiniers mortels et terrestres, ce n'était donc que pour mieux se rendre sensible aux traces laissées par le grand *Jardinier.* Or, c'est précisément cette vision allégorisante et analogisante de la nature, ce dernier conformisme, que le grand débat dans l'allée des marronniers va faire basculer.

1. Sans autre indication, les chiffres entre parenthèses dans cette première partie renvoient à *La Promenade du Sceptique* (1747), établie et commentée par H. Dieckmann, *DPV II.* Puisque les trois parties composant les *Allées,* par opposition au *Discours préliminaire,* sont en outre subdivisées en paragraphes numérotés, nous renvoyons aussi, avant le chiffre de la page, au chiffre du paragraphe.

Il est en soi intéressant de voir que Diderot ne cède pas à une présentation de l'allée des marronniers comme le meilleur des mondes possibles. Dans ce « séjour tranquille » qui « ressemble assez à l'ancienne Académie », les philosophes ne font que « rêver sous [les] ombrages » (61/155). Autant dire qu'il s'agit là d'un académisme qui méconnaît la vie sensuelle et la vertu morale. Raison pour laquelle les liaisons avec les autres allées sont d'une importance vitale. La signification de l'allée des fleurs, par exemple, ouvre une perspective presque proustienne : d'une part, ce monde corrompu est bâti sur de pures apparences sans profondeur aucune (les coquetteries mondaines, la perfidie et le mensonge règnent partout), mais ces phénomènes de surface donnent matière, d'autre part, à la réflexion philosophique[1]. Dès le commencement de ses aventures intellectuelles, Diderot a su mieux que d'autres que la philosophie devait passer par ce qui n'est pas philosophique soi-même, ne serait-ce que la vie la plus futile avec tous ses effets de miroir.

Sa description de la communauté philosophique n'est pas moins intéressante. Loin d'être harmonieuse, cette communauté fourmille de cloisonnements, d'écoles et de doctrines, qui se livrent une guerre sans trêve. La confrontation est la règle, l'unité l'exception. Cette conflictualité permanente est cependant traversée par une finalité interne, par une âme commune qui dans le langage des philosophes s'appelle « l'intérêt de la vérité » (31 / 129). Lors des préparatifs du grand débat « final » dans l'allée des marronniers, la vérité sera donc « le mot du guet » ; on se fixe le but d'organiser un « conflit d'opinions » pour *ensemble* chercher « la vérité » ; la pluralité est au service de tous, elle est « avantageuse » à la vérité, puisque « les sentiments [...] partagés, comme il est ordinaire chez nous » sont des « *éclaircissements avantageux* à la cause commune » (31/129). *La Promenade du Sceptique* nous offre une preuve supplémentaire d'une réhabilitation par Diderot de la situation dialogique comme méthode philosophique, dans une perspective pleinement platonicienne.

Cet accord sur le désaccord explique le respect à l'égard de la discussion des philosophes et le mépris à l'égard de la dispute qui la précède, ce faux dialogue entre Athéos et l'aveugle de l'allée des épines. L'athée et le superstitieux mènent un dialogue de sourds, parce que la volonté

1. Dans son livre sur Proust, Gilles Deleuze met en lumière la dialectique qui s'établit dans *A la Recherche du Temps perdu* entre d'un côté sensibilité, matérialité et mondanité et, de l'autre, la Vérité acquise à travers le travail de l'Ecriture. Conformément à l'atmosphère sémiotique de l'époque, Deleuze parle de *signes :* les « signes sensibles », les « signes matériels », ou les « signes mondains » sont relevés, grâce à l'interprétation créatrice de l'auteur, aux « signes d'essence », aux « signes de Vérité » et aux « signes de l'Art ». Les « expériences charnelles », si illusoires soient-elles, se métamorphosent ainsi, sous l'influence de « la mémoire involontaire », en œuvre d'art. Voir *Proust et les signes*, P.U.F., 1964.

commune, l'intérêt de la vérité, leur fait défaut. La foi religieuse a, au sens propre, aveuglé l'aveugle, tandis qu'Athéos se réclame capable de distinguer l'obscurité, les « préjugés », des « lumières » ; c'est du moins à l'aide de cette distinction qu'il attaque le croyant : « ta croyance est-elle le fruit de tes méditations et de tes lumières, ou l'effet des préjugés » (14/121). Le superstitieux ne serait donc pas, aux yeux du philosophe, digne de participer à la discussion philosophique, dans la mesure où il souscrit à une forme de savoir dogmatique, en quelque sorte *antérieure* aux Lumières. La cécité religieuse est « sans fondement solide » (*ibid.*), sourde à l'appel, déjà lancé par les *Pensées philosophiques,* à la *raison,* à cette « raison qui, étant commune à tous les hommes, leur eût en tout temps et partout indiqué la même route, prescrit les mêmes devoirs et interdit les mêmes actions » (18/124).

De nouveau, c'est la raison qui doit indiquer le chemin aux philosophes en promenade. Car même si Athéos est supérieur au croyant de l'allée des épines, son athéisme à son tour prête à un questionnement plus sérieux. Cléobule et ses amis peuvent à juste titre objecter que les athées « chantaient victoire avant l'action, et que, pour avoir pulvérisé de mauvaises raisons, ils ne devaient pas se flatter d'écraser quiconque en aurait de solides à leur opposer » (31/129). Autrement dit, la question de l'existence de Dieu n'étant en aucune manière résolue par la proposition athée, on se doit d'élever la sotte dispute à un niveau digne de la discussion philosophique. Nier n'est pas résoudre quoi que ce soit, mais refouler et déplacer le problème des fondements de la foi. Le débat par conséquent s'organise : les philosophes se préparent à envoyer au champ de bataille deux représentants de leurs doctrines respectives. Comparables aux *Moralists* de Shaftesbury, ces sceptiques, ces pyrrhoniens, ces athées, ces déistes et ces spinozistes, ainsi désignés, portent tous des noms grecs assez alambiqués, témoignant de l'ambition platonicienne de Diderot, mais rendant parfois la lecture peu aisée.

La discussion qui découle de ces préliminaires prend l'allure d'une promenade, voire *la* promenade philosophique de la *Promenade du Sceptique.* Les philosophes marchent dans la campagne tout en débattant sur la question de l'existence de Dieu. Ces pérégrinations collectives sont cependant rythmées par l'apparition successive des scènes de paysage qui, beaucoup plus que de simples décors, offrent à la discussion ses points de départ et de rupture. Se montrent ainsi à la vue des philosophes d'abord le paysage de la belle nuit aux étoiles rayonnantes, ensuite, à l'aube, celui de la rivière aux eaux « claires, mais profondes et rapides » (39/133), faisant obstacle à la troupe des philosophes. Et après qu'un passage a été trouvé, s'annonce un nouveau paysage, celui du « vallon riant » et de ses abeilles contemplées « avec attention » par les philosophes. A la fin, à la tombée du jour, la nature se retire dans l'obscurité de la « nuit profonde », puisqu'« un nuage épais [leur] déroba le spectacle de la nature » (54/158).

L'intérêt de cette mise en scène du paysage réside surtout dans la correspondance des tableaux de paysages avec l'argumentation philosophique : celle-ci progresse *en fonction* de ceux-là, jusqu'à en défaillir dans le dernier. Car tandis que les trois premiers paysages sont sujets à des interprétations respectivement déiste, athée et spinoziste, le dernier fait taire les protagonistes par ailleurs si éloquents. Chacun estime sa vision de la nature éclairée par le jour – qu'elle soit belle, sauvage ou scientifique –, mais tous reculent devant la nature invisible de la nuit profonde. Il est remarquable, de même, que malgré le nombre élevé de participants admis, le débat repose surtout sur les propos injurieux qu'Athéos échange avec les deux déistes. Nulle contribution des sceptiques, pourtant annoncés par le titre même de l'ouvrage. Le rôle des spinozistes est, quoique limité en paroles, d'autant plus décisif que l'un d'eux, Oribaze, aura le dernier mot avec peu d'efforts rhétoriques – une fin qui ne nous autorise cependant pas à conclure à la victoire du spinozisme, puisque, selon le compte-rendu de Cléobule, on attend encore le « jugement définitif » (55/138). Finalement, apparaissent les pyrrhoniens, ces espèces de clowns qui à deux reprises parviennent à dévoyer la discussion avec leurs postulats absurdes que personne ne peut prendre au sérieux (« le fleuve est un cristal solide » (41/134)). Ces interruptions comiques servent cependant à introduire une nouvelle description de la nature environnante, dont peut se nourrir par la suite la réflexion des philosophes. Commentons donc d'abord les étapes à travers lesquelles passe la promenade pour ensuite évaluer l'étonnant final spinoziste que Diderot a voulu donner à ces pérégrinations philosophiques.

Inspiré par le *premier* paysage, celui de la belle nuit avec sa « lune [...] au zénith », son « ciel sans nuage » et ses « étoiles très radieuses » (32 / 130), Cléobule regarde les étoiles de cette manière analogique qu'il professait dès le préambule de la *Promenade du Sceptique*. Symbole déiste par excellence, les étoiles « guident » l'homme à « la découverte de leur auteur » pour lui dévoiler ainsi « l'ordre admirable » (32 / 130). Mais alors que l'analogie déiste de la beauté de la nature et de l'univers de Dieu était restée incontestée dans le monologue du préambule, elle se montrera vulnérable, une fois exposée au dialogue et, surtout, aux attaques d'Athéos. Contre le déiste, Athéos joue précisément sur le double sens de l'enthousiasme, lorsqu'il lui reproche de regarder « cette illumination avec je ne sais quels yeux d'enthousiaste » (33 / 130). Suit un échange d'idées assez futiles, dans lequel l'athée réussit cependant à démontrer le finalisme de l'argument déiste, jusqu'à ce que le spinoziste Alcméon les interrompe pour défendre la thèse spinoziste selon laquelle Dieu est dans l'homme : « Vous faites partie de son être ; il est en vous, vous êtes en lui. Sa substance est unique, immense, universelle ; elle seule est : le reste n'en est que des modes. » (37/132) L'autre déiste, Philoxène, objecte aussitôt à cette conception panthéiste que, si Dieu était tout, il incarnerait le mal comme le bien. La discussion n'ira pas plus loin, puisque les deux pyrrhoniens, ces faux sceptiques sans responsabilité philosophique aucune, s'amusent à défigurer les idées mises en avant.

Le *deuxième* paysage nous révèle une nature plus rebelle aux bonnes intentions de l'homme : « la nuit faisant place au jour, et le soleil commençant à paraître, nous découvrîmes une rivière assez large qui semblait nous couper chemin par les différents replis qu'elle formait. Ses eaux étaient claires, mais profondes et rapides, et nul de nous n'osa d'abord en tenter le passage. » (132-133) Aussi charmante que soit la rivière, elle empêche les philosophes de poursuivre leur promenade. Raison pour laquelle Athéos demande au déiste si c'est vraiment la volonté de Dieu tout-puissant d'avoir créé une nature si contraire aux intérêts de l'homme. Question facile à réfuter par Cléobule qui, embarrassé auparavant, peut maintenant faire valoir que la finalité de la nature doit être mesurée non pas à partir de l'homme, mais de l'univers entier. La bonté du système global de l'univers est précisément le signe de l'œuvre de la « main immortelle » de Dieu. Mais à peine le déiste s'est-il enflammé, que le pyrrhonien, qui veut démontrer qu'on peut marcher sur l'eau, de nouveau fait irruption dans le débat. Entre-temps, un gué a été trouvé et un nouveau paysage annonce le *troisième* essai des philosophes.

La troupe est maintenant placée devant un fragment de belle nature, même si ce vallon riant s'est considérablement réduit à l'aspect de quelques abeilles qui « travaillaient sans relâche » et que les philosophes contemplent « avec attention » (135). Aussi bien l'objet de leur contemplation que la façon de contempler ont changé de caractère, délaissant la nature esthétisante (« une vaste plaine couverte d'arbres fruitiers ») au profit d'une nature scientifique qui se prête au regard analytique (« surtout de muriers dont les feuilles étaient chargées de vers à soie » (135)). Quoique les théories théologiques sur les insectes aient été dans l'air[1], il n'en va pas autrement ici que dans les *Pensées philosophiques* où Diderot faisait déjà un usage non-déiste de l'argument déiste de l'aile du papillon comme preuve de l'existence de Dieu. Maintenant, c'est au déiste Philoxène de provoquer Athéos par la question de savoir si les insectes sont des automates, et c'est bien la sottise de cette question qui va lui faire perdre la

1. Voir notre chapitre précédent, n. 1, p. 47.

partie comme l'athée avant lui. Le spinoziste se veut médiateur lorsqu'il affirme que l'immanence ferait des insectes une partie de la substance divine, stratégie réconciliatrice pourtant immédiatement refusée par le déiste : « vous divinisez non seulement les mouches, mais toutes les gouttes d'eau et tous les grains de sable de la mer : prétentions absurdes » (47/136). A son tour, l'athée objecte aussi au spinoziste que, même si la matière est organisée, toute projection de sens à son égard reste une série de conjectures. Mais tandis que l'athée et le déiste se fatiguent à répéter les arguments qui ne sont que trop connus, le spinoziste parvient à la fin, et d'un seul geste, à déplacer le débat. Oribaze aura effectivement cinq paragraphes entiers à sa disposition pour conclure ceci : « l'être intelligent et l'être corporel sont éternels [...] ces deux substances composent l'univers, et [...] l'univers est Dieu » (52/138)[1]. Et avant que le déiste Philoxène ne puisse dire un mot, il est interrompu, cette fois-ci non pas par les manœuvres des pyrrhoniens, mais plus radicalement encore par la *nature elle-même* : « A peine eut-il commencé que le ciel s'obscurcit [...] » (54/138). La nature en tant qu'espace de la réflexion se retire dans le *quatrième* et dernier paysage, celui-ci s'éclipsant dans l'obscurité totale. Le spectaculaire est remplacé par la nuit profonde sur laquelle *bute* la discussion.

Les quatre niveaux parcourus par la réflexion collective obéissent ainsi à un mouvement général qui va d'un paysage aux proportions agréables jusqu'aux ténèbres informes de la nuit, glissement assez comparable à celui de la belle forme à l'informe sublime. Il a d'abord été question de la belle nature utile à l'homme, de ces étoiles contemplées avec tranquillité par Cléobule ; ensuite de la nature encore belle, mais moins utile, face à laquelle l'homme éclairé était nécessaire pour maintenir la preuve d'une finalité divine. Troisième configuration de la nature, celle qui se prêtait à l'observation scientifique exacte, suscitait des interprétations aussi bien déistes qu'athées. Finalement, les philosophes ont été confrontés à une nature informe qui se dérobait à leur contemplation, dès lors troublée. Cette dernière métamorphose au sein même de la nature montre la volonté de la part de Diderot de se défaire de toute conception de la nature qui s'appuie sur des opérations allégoriques ou symbolisantes. Il débarrasse le déisme de ses fantaisies finalistes sans pour autant souscrire à la lecture pseudo-scientifique que l'athée se propose de la nature. En fait, les pérégrinations spéculatives s'enchaînent comme une série de déconstructions conduisant à la perte radicale de la nature en tant qu'entité

1. Cette conclusion d'Oribaze n'est pas orthodoxe, puisque pour Spinoza la substance est une, comme l'avait souligné plus haut Alcméon citant à peu près littéralement Spinoza.

représentable. Seule la vision immanentiste de l'univers chez le spinoziste se laisse peut-être articuler avec cette nature en retrait.

La nature une fois réduite à son degré zéro faisait donc obstacle aux lectures de la Nature. Ce manque d'une nature propice à la description littéraire, dont les figures rhétoriques permettent une appropriation de la nature, ce manque imposait au sens propre le silence à Philoxène. Sur ce point, aussi, le spinoziste semble se faire remarquer par sa méfiance à l'égard des images symboliques. Du moins s'explique-t-il (« Je ne divinise rien ») par le fait qu'il « travaille à bannir du monde la présomption, le mensonge et les dieux » (53/138). Mais qu'en est-il, au juste, de la vertu du spinoziste ? La plupart des commentateurs excluent une souscription orthodoxe de Diderot au spinozisme et à ses grands concepts de parallélisme, de chaos etc.[1] En effet, la réprobation officielle de Spinoza était telle qu'une parenté philosophique semble exclue d'avance. Mais il faudrait peut-être expliquer les réserves de Diderot par des raisons qui, précisément, sont plutôt liées à l'histoire de la réception de Spinoza en France, et qui ne touchent guère au fond de la philsosophie de Spinoza. Il est certain, par exemple, que dans le contexte de l'époque, le spinozisme égalait à peu près l'athéisme. Ses thèses sur l'unité et l'éternité de la substance étaient tout simplement inacceptables aussi bien pour les hommes d'Église que pour ceux qui adhéraient aux idées des Lumières. Tout particulièrement, la doctrine selon laquelle les modes humains étaient des « dégradations » de la matière divine semblait priver les hommes de toute liberté, cette liberté qui, à la fois fondement et horizon, était la pierre de touche de la philosophie des Lumières. La condamnation officielle du spinozisme ne correspond cependant pas – comme l'a fait remarquer Paul Vernière – aux idées que se propose Diderot lui-même dans ses écrits plus personnels que ceux qu'il livre à l'*Encyclopédie*[2]. Déjà, les *Pensées philosophiques* nous

1. F. Venturi est seul à conclure, des manœuvres habiles d'Oribaze, la souscription de Diderot aux idées spinozistes (voir *La jeunesse*..., p. 116-118). H. Dieckmann – et avant lui J. Proust dans *Diderot et l'Encyclopédie* (1962, p. 238) – doutent fort de l'influence réelle du spinozisme sur Diderot. Ainsi H. Dieckmann se contente-t-il de voir dans *La Promenade du Sceptique* « l'expression d'un spinozisme diffus ». Voir *DPV II*, n. 179, p. 168.

2. Voir Paul Vernière, « Le spinozisme et l'"Encyclopédie" », *Revue d'Histoire littéraire de la France*, juil.-sep. 1951, p. 347-358. Cet article a le mérite de rappeler le fait, considérable, que Spinoza fut l'une des cibles permanentes des auteurs de l'*Encyclopédie*. Les articles intitulés *Athées, Athéisme* et *Ame* – rédigés par l'abbé Yvon – portent tous l'empreinte des préjugés les plus répandus sur le spinozisme et, par là-même, de la méconnaissance flagrante dont la philosophie spinoziste était victime à l'époque. Diderot était l'auteur des articles *Spinoza, Liberté, Polythéisme* et *Chaos* qui, quoique pleins de réserves, témoignent d'une connaissance moins lacunaire des textes de Spinoza. Mais à part la critique « officielle », P. Vernière a raison de souligner l'existence manifeste chez Diderot d'idées fort similaires à l'esprit spinoziste, dans des œuvres telles que *Le Rêve*

ont donné un exemple de l'ambivalence de Diderot à l'égard de Spinoza. *La Promenade du Sceptique* rend les choses plus complexes encore.

La question de l'influence spinoziste reste donc pertinente et ouverte. Comment d'ailleurs Diderot saurait-il ne pas être sensible à l'immanentisme qui, comme la monadologie de Leibniz, rend hommage à un tout sans faille, assez comparable à ce tissu de la matière qui était déjà la source de l'« enthousiasme » des *Pensées* ? De même, le spinoziste était celui qui voyait les plus petits éléments de la nature comme une partie intégrante de la substance divine, tels que « les gouttes d'eau » et « les grains de sable de la mer ». Plus décisifs encore, les propos d'Oribaze annoncent des rapports modifiés, car *solidaires,* entre « l'être corporel » et « l'être intelligent », l'un renonçant à déterminer l'autre. Spinoza ne sépare les concepts de corps et d'âme que pour mieux penser leur capacité *parallèle* à surpasser la conscience. Chacun de son côté, corps et âme sont en mesure de s'unir à des forces inaccessibles à la conscience. Ajoutons que la large réhabilitation dont jouit le corps chez Spinoza – *ce que peut le corps*[1] – doit conforter Diderot dans sa tentative de repenser lui-même les rapports entre corps et âme lorsqu'il soumettra à une interrogation profonde les corps exemplaires de la *Lettre sur les aveugles* et de la *Lettre sur les sourds et muets*.

A ce stade précoce de la *Promenade du Sceptique,* le soupçon d'une activité refoulée du spinozisme dans la pensée du jeune Diderot doit cependant demeurer une hypothèse incertaine. En revanche, il peut nous être permis de conclure à la participation décisive du spinoziste dans la déconstruction radicale que subit le concept de nature au cours du débat des philosophes. En tant que catégorie philosophique, la nature se révélera pleine d'illusions métaphysiques. Se heurtant à la nature invisible de la nuit profonde, les pérégrinations philosophiques dans l'allée des marronniers ont atteint à leur limite, limite où la nature perd sa puissance symbolique. La position n'est plus *en face de* la nature, mais *dans* la nature, repli proche, en fin de compte, de l'immanentisme spinoziste. L'essentiel, ce n'est peut-être pas tant ce qui est dit (d'ailleurs les opinions sont bien connues !) que cette tentative pour déconstruire la référence commune de la nature jusqu'à en saisir la configuration immatérielle. En

d'Alembert, Lettre sur les Aveugles et *Pensées sur l'interprétation de la nature* : « Diderot s'égare, ou veut nous égarer en attaquant dans le spinozisme les thèses qu'il professe lui-même » (p.357). De là, la conclusion de P. Vernière : « Ce serait une grossière erreur que de juger de la philosophie de Diderot d'après les articles de l'*Encyclopédie.*[...] Dans leur érudition sûre, ils ont d'abord l'intention de résumer la pensée de l'époque au même titre qu'ailleurs ils en traduisent les techniques et les arts » (p.350).

1. G. Deleuze cite de l'*Ethique* (III, 2, scolie) la fameuse sentence de Spinoza : « On ne sait pas ce que peut le corps », *Spinoza. Philosophie pratique,* Minuit, 1981.

réalité, c'est le *cadre* de discussion qui s'est avéré sceptique, bien plus que tel ou tel protagoniste. La promenade s'élabore comme mise en cause de la nature en tant que représentation philosophiquement fiable de Dieu. Ce tournant est fatal pour le déiste, mais aussi bien pour l'athée. Tous deux se livrent à des interprétations symbolisantes de la nature, l'un en invoquant la puissance créatrice divine, l'autre en niant toute autre instance déterminante que celle du Hasard. Seul le spinoziste parviendrait *peut-être* à effleurer une conception transitoire de la matière informe de la nature.

Car malgré les attaques virulentes, la nature est toujours *là*. Ne serait-ce que sous la forme des grains obscurs de la matière. Elle refuse certainement de fournir aux formations allégoriques des images enchanteresses, mais, dans sa configuration minimaliste, elle lance un nouveau défi à la philosophie. Car comment penser la nature qu'on ne peut voir ? Ce sera précisément au moyen de cette cécité que la *Lettre sur les Aveugles* se proposera une réflexion sur les sens et la perception.

Abandon de la morale religieuse

De la suffisance de la religion naturelle reprend littéralement là où s'arrêtent les *Pensées philosophiques,* dont les dernières lignes se retrouvent mot-à-mot dans le neuvième paragraphe du nouvel écrit, ici comme là en vue d'affirmer la supériorité de « la religion naturelle ». Fondement *suffisant* à la foi religieuse, la religion naturelle est la flèche qui saura percer les mystères et les miracles sur lesquels se fondent les religions révélées. Tout y est, dans cette étrange religion, sans tradition, ni race, ni histoire, et aucun supplément surnaturel ne lui est nécessaire : « la religion naturelle n'avait rien laissé à la révélation d'essentiel et de nécessité à suppléer » (§ 3, 182)[1].

Le style de Diderot est pourtant si loin de la verve des *Pensées philosophiques* qu'il a suscité des doutes quant à l'origine de la *Suffisance de la religion naturelle*[2]. Il est certain qu'avec sa composition scolastique en paragraphes et ses constructions de phrases sèches et lourdes[3] l'écrit

1. Sans autre indication, les chiffres entre parenthèses dans cette deuxième partie renvoient à *De la suffisance de la religion naturelle* (1747), texte établi et annoté par J. S. Spink, *DPV II.* Les articles renvoient aux paragraphes numérotés par Diderot, les chiffres à la pagination de *DPV*.

2. En fait, c'est sur la foi du seul témoignage de Naigeon, l'éditeur et l'ami de Diderot, que l'on attribue ce texte si répétitif à Diderot. Voir Spink, *DPV II,* p. 174.

3. Dans son introduction à l'écrit, J.S. Spink observe un langage assez étranger à Diderot, vu l'usage fréquent de conjonctions comme « si », « donc », « car » et « or » qui

n'atteint jamais au dynamisme de la réflexion dans les *Pensées*. Et cependant, à ne considérer que le titre, l'ironie de Diderot réapparaît. Malgré l'emprunt du titre au déisme anglais [1], l'emploi de « suffisance » jouit d'une métaphoricité maligne qui rapprocherait l'écrit des titres, non moins provocateurs, des futures *Lettre sur les Aveugles à l'usage de ceux qui voient* et *Lettre sur les Sourds et Muets à l'usage de ceux qui entendent et qui parlent*. Tout comme les aveugles et les sourds seront *à l'usage* de ceux qui voient et qui parlent, la religion naturelle semble enseigner aux croyants les principes suffisants de leur foi. Par cet *understatement*, Diderot se veut, au-delà de tout sectarisme religieux, à la recherche d'un fondement *minimaliste* de la foi religieuse.

Encore le seul titre semble-t-il suggérer une certaine acceptation déiste de la nature comme preuve *suffisante* de Dieu. Le texte cependant ne contient aucune trace de la grande belle nature à charge symbolique qui nous permettrait de conclure au déisme. Nulle part Diderot ne fait allusion à la belle nature qui, lorsqu'elle est contemplée, donnerait naissance au sentiment religieux. La religion naturelle n'est certainement pas une religion de la nature. Son fondement naturel se situe ailleurs, non pas dans la nature extérieure, condition première du déisme traditionnel, mais dans la nature *intérieure* de l'homme. Ou plus précisément, dès le commencement, Dieu aura été une inscription *dans* l'homme – « écrit en moi-même du doigt de Dieu » (§ 27, 194). Depuis le premier homme, la foi serait venue de l'intérieur. On ne peut la lui insuffler comme une doctrine, mais chacun la porte en lui comme une possibilité morale. Elle est une

entrent dans les nombreux syllogismes et tours logiques du discours. Ce souci logique s'inspirerait, selon J. S. Spink, de Shaftesbury, plutôt que de la tradition déiste (voir la note suivante). Voir *DPV II*, p. 177.

1. L'idée de la suffisance de la religion naturelle s'inscrit dans la longue tradition déiste de la pensée anglaise. Dès 1645 Herbert de Cherbury avait tenté, avec *Religio laici*, d'unifier une religion laïque à l'idée d'une morale universelle. Suivent, plus tard, Toland avec *Christianity not mysterious* (1696), Locke avec *Reasonableness of Christianity* (1695) et enfin Mathew Tindal avec *Christianity as Old as the Creation [...]* (1730), l'ouvrage qui probablement a exercé l'influence la plus décisive sur Diderot. Ce qui réunissait ces ouvrages, c'était leur tentative de démystifier la foi religieuse : ce n'est pas la révélation mystique, mais la nature qui conduit l'homme à Dieu. Pour cette même raison, les Anglais ne voyaient pas dans les nouvelles sciences de la nature une menace, de même que la controverse entre les partisans de la religion naturelle et les disciples de la Révélation était vive et publique, alors qu'en France elle fut renvoyée aux circuits de la presse illégale. Il est fort possible que Diderot ait eu une connaissance détaillée de cette littérature grâce à son activité de traducteur. Voir Spink, *DPV II*, p. 174-176. Notons que, malgré leur communauté d'esprit évidente, Diderot avait opposé Shaftesbury aux adeptes de la religion naturelle pour dénoncer l'intolérable médiocrité de Tindal et de Toland (voir chapitre précédent, n. 1, p. 41).

affaire strictement individuelle, étant « le témoignage que je me rends à moi-même » par opposition « au témoignage que je reçois d'autrui », « ce que je porte en moi et rencontre le même partout » par opposition à « ce qui est hors de moi et change avec les climats » (§ 27, 194). Comme dans *La Promenade du Sceptique,* Diderot abandonne la position frontale, mais cette fois-ci afin d'assigner au sentiment spécifiquement religieux une place dans l'homme *comme nature.* La nature est devenue pure *voix* – « voix de la nature » (§ 27, 195). L'immatérialisation à laquelle le débat dans l'allée des marronniers soumettait la nature aura donc un écho dans cette voix, immatérielle par définition, qui au sein du moi éveille l'homme religieux.

Etant ce qui parle dans le sujet, la religion naturelle est exemplaire sur un plan exclusivement individuel. De toute manière, elle n'est pas à lire dans les livres – d'ailleurs aux risques d'erreurs de transcription et d'interprétation – mais « écrite dans le cœur [...] à l'abri de toutes les vicissitudes » (§ 20, 191) ; ou encore « gravée dans le cœur de tous les hommes » (§ 23, 192). Ce *cœur* cependant n'a rien de sentimental ; il est tout *raison.* L'endroit dans lequel l'homme et Dieu se croisent, c'est cette raison dont, dès les *Pensées,* il était tant question. Car la religion naturelle « est la plus sensée au jugement des êtres raisonnables, qui les traite le plus en êtres raisonnables, puisqu'elle ne leur propose rien à croire qui soit au-dessus de leur raison et qui n'y soit conforme » (§ 10, 187). S'inspirant du titre, on pourrait dire que la raison est *suffisante* à la foi. La religion est mesurée à l'échelle humaine. Voilà pourquoi l'ignorance – « Je n'en sais rien » – serait plus raisonnable que la religion qui « donne lieu à une multitude infinie de ténèbres et de difficultés » (§ 22, 171). Face aux mystères du christianisme, la devise de Diderot serait « Confesse d'abord ton ignorance » (*ibid.*). La raison capable de la religion ne fait appel à aucun savoir. Elle est pure ouverture à une loi qu'elle trouve en elle-même. Il s'agit là, au fond, d'une raison sensible, modeste et reconnaissante en vertu de sa capacité à rencontrer Dieu.

On voit à quel point la religion naturelle, après un siècle placé sous le signe de la Réforme, se nourrit de l'humanisme de la Renaissance, qui visait la réconciliation de l'homme avec son Dieu[1]. La clémence et la générosité de la religion humaniste se retrouvent dans l'idée de la foi comme « don de Dieu » (§ 2, 183), et, de ce point de vue, cette idée rejoint le déisme. Dieu a doté l'homme des moyens *suffisants* pour que celui-ci le

1. Par son scepticisme latent, par ses idées sur l'autonomie de la volonté humaine et sur la suffisance de la raison humaine, l'humanisme de la Renaissance, avec Nicolas de Cues et Erasme, constituait aux yeux des Réformateurs un danger contre la religion. Raison pour laquelle Luther et Calvin réhabilitèrent le dogme du péché universel et la tradition d'Augustin. Voir E. Cassirer, *La philosophie...*, p. 155-159.

reconnaisse et le suive, ni plus ni moins : « l'homme a obtenu de lui tout ce dont il avait besoin » (§ 1, 181). La religion naturelle ne fait que rétablir cet équilibre humaniste entre l'homme et Dieu, ce dernier ne réclamant pas plus qu'il n'a donné. Aucune disharmonie surnaturelle, mais une « grâce suffisante et universelle [...] accordée à tous les hommes, avec laquelle ils peuvent toujours remplir leurs devoirs » (§ 12, 187).

Seule la religion naturelle peut donc prétendre à une validité universelle, du « premier homme » jusqu'à l'homme moderne. S'étendant à l'espèce humaine tout entière, elle n'est pas seulement pré-chrétienne, mais radicalement *antérieure* à la communauté religieuse. La loi de Moïse, la loi chrétienne etc., ne sont que des variations de cette « loi naturelle », car « quand la loi naturelle eût pu être perfectionnée, elle était tout aussi suffisante pour les premiers hommes que la même loi perfectionnée pour leurs descendants » (§ 3, 183). Si Diderot universalise ainsi la religion naturelle, ce n'est que pour mieux relativiser les religions instituées et reprendre la critique de l'anthropomorphisme et de l'historicisme du « grand récit chrétien » – cette critique qu'il avait entamée avec les *Pensées philosophiques* et, plus violemment encore, avec *La Promenade du Sceptique*[1]. Car seule la religion naturelle ne tombe pas dans l'erreur de l'historicisme, puisqu'elle n'obéit à aucune délimitation historique : « Tout ce qui a commencé aura une fin, et tout ce qui n'a point eu de commencement ne finira point. Or le christianisme a commencé [...] or il n'y a pas une seule religion sur la terre dont la date ne soit connue, excepté la religion naturelle, dont elle seule ne finira point et toutes les autres passeront. » (§ 18, 190) La religion naturelle n'est pas une institution créée par les hommes et, par là-même, elle n'est pas corruptible ; elle est, précisément, naturelle. Autrement dit, sa validité universelle ressort de ce qu'elle est *comme si* elle était de la nature. Elle a la force de la loi naturelle : « la loi naturelle est la plus analogue à la nature de Dieu. Il est de la nature de Dieu d'être incorruptible ; or l'incorruptibilité convient mieux à la loi naturelle qu'à aucune autre » (§ 20, 191). Cette analogie avec la nature

1. Notre lecture sélective de la *La Promenade du Sceptique* n'inclut pas la critique de l'anthropomorphisme chrétien par Diderot, mais il est frappant de remarquer que celle-ci est d'autant plus tranchante que Diderot historicise d'abord les sentences morales chrétiennes pour ensuite, une fois détachées de leur spécificité chrétienne, les rendre universelles ; ainsi l'un des objectifs contre les dogmes enseignés dans l'allée des épines : « Les maximes de votre chef [allégorie pour Dieu] [...] me plaisent. Je les trouve conformes à celles qu'ont enseignées tous les hommes sensés qui ont paru sur la terre plus de quatre cents ans avant lui. Vous les débitez comme nouvelles, et elles le sont peut-être pour un peuple imbécile et grossier ; mais elles sont vieilles pour le reste des hommes. » *La Promenade du Sceptique, op. cit.*, 55/108. L'historicisation conduit donc à l'universalisation, puisque « sa morale ne m'est pas nouvelle » (56/108).

s'appuie, non pas sur des « représentations » de la nature, mais sur le principe d'irreprésentabilité de la nature, sur « l'incorruptibilité » de la loi naturelle. L'inflexible loi de la nature assure une universalité à laquelle aucune religion créée n'atteindrait jamais.

Embrassant ainsi les qualifications d'intériorité, d'universalité et de raison suffisante, la religion naturelle permet à Diderot d'accéder à une expression plus cohérente du sentiment religieux. Avec beaucoup plus de densité que les *Pensées philosophiques, De la suffisance de la religion naturelle* accomplit une analyse, non seulement polémique, mais plus profonde des fondements moraux du sentiment religieux. Il faut cependant s'interroger sur les vrais motifs philosophiques de cette entreprise, dont la forme au moins trahit un certain désintéressement de la part de Diderot. L'aspect scolastique de l'écrit traduirait peut-être son désir d'en finir, une fois pour toutes, avec la philosophie de la religion. Faire du sentiment religieux une affaire si profondément personnelle, quoiqu'universelle, permettrait effectivement de s'en retrancher. Volonté du sérieux, *De la suffisance de la religion naturelle* serait paradoxalement la mise entre parenthèses de la philosophie de la religion, afin que le jeune Diderot, avec une bonne conscience philosophique, puisse se consacrer aux sujets qui lui tiennent infiniment plus à cœur. Bien sûr, la critique religieuse se prolongera de façon ininterrompue dans l'œuvre, écrite comme militante, de Diderot. *La Religieuse* et les nombreuses batailles de l'*Encyclopédie* n'en sont que les témoignages les plus manifestes. D'ailleurs, Diderot le disait lui-même à travers le personnage d'Ariste dans *La Promenade du Sceptique :* « Imposez-moi silence sur la religion et le gouvernement, et je n'aurai plus rien à dire »[1]. Mais la critique est une chose, la vie d'une pensée en est une autre. Et philosophiquement parlant, Diderot s'intéresse beaucoup plus aux sciences et aux arts qu'à la religion. Que la métaphysique des *Pensées philosophiques* soit capable de prendre déjà un tour plus esthétique qu'éthique est la première indication de cette orientation du jeune philosophe.

Tout en admettant que cet opuscule permette à Diderot de régler le problème religieux en rangeant la religion du côté de l'individu, il faudra s'attendre à ce que cette classification libère la morale de ses contraintes religieuses. Désormais, l'éthique sera hypothétiquement en situation d'entrer dans des configurations philosophiques neuves. Mais il semble bien que les désirs philosophiques d'ordre esthétique soient trop puissants, trop pressants pour céder la place à l'éthique. D'autres textes du jeune Diderot vont confirmer cette impression.

1. *DPV II*, p. 81.

L'ART DES SONS

Il n'est pas possible de parcourir les textes de 1746 à 1749 sans s'arrêter et s'étonner devant les *Mémoires sur différents sujets de mathématiques* parus en 1748. Comme l'indique son titre, cet ouvrage est porté par l'ambition du sérieux – qu'il soit réparation ou non au scandale suscité par les *Bijoux indiscrets*[1]. Les intentions strictement mathématiques n'empêchent cependant pas Diderot d'y aborder des questions purement esthétiques. D'abord trois mémoires (sur six !) traitent de la possibilité d'une détermination physico-mathématique des sons de la musique – et avec la musique, nous nous rapprochons incontestablement de l'esthétique. Malgré les efforts en vue d'une conceptualisation mathématique des phénomènes acoustiques, la réflexion de Diderot s'expose continuellement à des glissements par lesquels le discours scientifique, parsemé de formules et de signes mathématiques, et s'ouvre effectivement à des expériences beaucoup plus esthétiques qu'acoustiques de la musique – expériences dont la connaissance par les mathématiques se montrera vite impossible, tant elles leur sont inappropriées. Ce n'est pas ici le lieu d'une analyse détaillée de ce dérèglement discursif créé par l'intrusion d'interrogations d'ordre esthétique[2]. En revanche, les idées esthétiques que Diderot a jugé utile d'insérer dans son opuscule méritent notre attention la plus vive.

Le premier mémoire surtout, qui traite des *Principes généraux d'acoustique,* s'avère riche en incidences esthétiques. Diderot aborde le sujet par rien de moins que la question des fondements du jugement esthétique : quels sont les critères propres au jugement des œuvres musicales ? Sans repères trop sûrs, Diderot nous fait d'abord part de son embarras : « Qui prendrai-je pour guide ? A qui m'en rapporterai-je ? Est-ce à vous ? Est-ce à moi ? » (236) Et, de plus, le flottement des jugements ne se situe pas seulement sur le plan individuel (vous, moi), mais se manifeste aussi sur le plan historique entre les « Barbares » et les hommes civilisés (« [s]i nous détestons la musique des Barbares, les Barbares n'ont guère de goût pour la nôtre » (235)) ou à l'échelle culturelle, telle la querelle

1. Lorsque Diderot écrit, dans la dédicace à Mme de P*** (Mme de Prémontval), « [...] que le scandale cesse », l'allusion aux *Bijoux indiscrets* n'est guère dissimulée. Voir *Mémoires sur différents sujets de mathématiques*, texte établi et annoté par Jean Mayer, *DPV II*, p. 231. Nos références à cet ouvrage seront désormais, dans cette troisième partie, insérées directement dans le texte, les citations étant suivies du chiffre de la page entre parenthèses.

2. Dans son article « Le texte et la musique », Béatrice Didier résume l'équilibre fort délicat du discours de Diderot dans des termes suivants : « [...] à la fois un désir de s'en tenir de la façon la plus rigoureuse au langage des mathématiques, et malgré tout, une nécessité d'en sortir à plusieurs reprises. » *Interpréter Diderot aujourd'hui*, p. 291.

des Bouffons (« les Italiens ne font pas grand cas de la musique française, et il n'y a pas longtemps que les Français avaient un mépris souverain pour la musique italienne » (235)).

L'existence de ces appréciations les plus divergentes, incompatibles entre elles, semble assigner aux critères de goût un fondement *anthropologique* : « la musique serait-elle donc une de ces choses soumises aux caprices des peuples, à la diversité des lieux et à la révolution du temps ? » (235) Diderot n'effleure cependant cette possibilité qu'à titre d'hypothèse – sous forme de question – pour aussitôt mettre en valeur le contraire. La musique assurément ne fait pas partie « de ces choses » exposées aux vicissitudes des mœurs, mais repose sur une vérité *transcendantale,* celle de « *la perception des rapports* ». Dans cette perspective, on comprend tout à coup pourquoi Diderot a choisi un cadre aussi sèchement logique que les mathématiques pour ses réflexions esthétiques. Métaphore parfaite de la conceptualisation la plus rigoureuse, les mathématiques seraient la promesse de trouver une base universelle et objective à la musique. Du moins Diderot se propose-t-il une définition qu'il n'abandonnera plus jamais : « le plaisir musical consiste dans la perception des rapports » (235).

De nouveau, Diderot semble pris par deux forces opposées. D'une part, il frôle le paralogisme en postulant qu'on peut donner une définition mathématique du plaisir musical, mais d'autre part c'est grâce à ce rapprochement inadmissible de l'esthétique avec les mathématiques qu'il touche à l'importance capitale qu'aura la *forme* dans sa théorie esthétique. La découverte des rapports formels, dans l'œuvre musicale en tout cas, semble le pousser à réfuter une esthétique qui se perdrait dans la variation infinie des jugements de goût empiriques. Car, nous dit en substance Diderot, lorsque le principe esthétique est de nature formelle, il vaut aussi bien pour les Barbares que pour les hommes modernes. Leurs jugements de goût respectifs sont forcément divergents, mais ces différences se situeraient uniquement sur le plan de la réception, celle-ci étant effectivement soumise aux conditions historiques, mais sans rapport aucun à la *structure* de la musique, qui, elle, est vraie et éternelle. Alors que les compositions complexes de la musique moderne seraient trop difficiles à saisir par l'écoute rudimentaire de l'homme primitif, la même chose vaut dans le sens contraire pour l'homme civilisé : « le chant des Barbares sera trop simple pour nous, et le nôtre trop composé pour eux » (237). La transparence de la musique varie selon l'oreille, plus ou moins cultivée, plus ou moins initiée aux profondeurs de la musique, qui la perçoit. Plus la musique sera dense, plus elle exigera l'intelligence de son auditeur : « il sera d'autant plus difficile de juger d'une pièce de musique qu'elle sera plus chargée de ces rapports et que ces rapports seront plus éloignés. » (236)

Tout le mérite de Diderot – et il n'est pas le moindre – revient à séparer ainsi le jugement de goût de ses paramètres conventionnels. Les nombreux jugements différents sont certes réels, mais ils ne sont pas essentiels. Ils sont déterminés soit par des facteurs physiologiques, car « il y a des mesures à garder avec nos sens » (251), soit par des facteurs socio-culturels (« Tel peut embrasser dans sa tête toutes les parties d'un édifice immense ; tel autre saisit à peine le rapport d'un volume avec son piédestal » (237)). Mais l'essentiel de la musique se trouve ailleurs. Par delà les jugements plus ou moins compétents sur elle, la musique obéit à sa logique propre : « La musique a donc des principes invariables et une théorie. » (237) Et comme si ces rêveries ne l'éloignaient pas suffisamment des mathématiques, Diderot étend la thèse de la perception des rapports à tous les arts, faisant d'elle l'emblème esthétique par excellence du *« plaisir en général »*. Citons le passage entier : « Mais cette origine n'est pas particulière au plaisir musical. Le plaisir en général consiste dans la perception des rapports : ce principe a lieu en poésie, en peinture, en architecture, en morale, dans tous les arts et dans toutes les sciences. Une belle machine, un beau tableau, un beau portique ne nous plaisent que par les rapports que nous y remarquons : ne peut-on pas même dire qu'il en est d'une belle vie comme d'un beau concert ? La perception des rapports est l'unique fondement de notre admiration et de nos plaisirs ; et c'est de là qu'il faut partir pour expliquer les phénomènes les plus délicats qui nous sont offerts par les sciences et les arts. Les choses qui nous paraissent les plus arbitraires sont été suggérées par les rapports : et ce principe doit servir de base à un essai philosophique sur le goût, s'il se trouve jamais quelqu'un assez instruit pour en faire une application générale à tout ce qu'il embrasse. » (256)

Par cette déclaration que Jacques Chouillet non sans raison a appelée « la charte de l'esthétique de Diderot » [1], Diderot lance un défi à relever, non seulement pour « quelqu'un [d']assez instruit », mais aussi pour sa propre réflexion esthétique à venir. De toute manière, l'idée de la perception des rapports réapparaîtra, et en force, dans des textes ultérieurs sur l'esthétique, tel que l'article BEAU de l'*Encyclopédie* en 1752, telle que la *Lettre sur les sourds et muets* sur laquelle nous reviendrons. Mais c'est peut-être dans les *Principes généraux d'acoustique* qu'on évalue le mieux la radicalité esthétique du critère de la perception des rapports. Il est tout de même frappant que, au stade de son invention, ce critère doive sa naissance à la branche la plus immatérielle des arts, c'est-à-dire à la musique, et non pas,

1. J. Chouillet, *Diderot, poète de l'énergie*, Paris, P.U.F., 1984, p. 251.

comme il en sera question par la suite, à l'architecture (par exemple dans les articles BEAU et COMPOSITION de l'*Encyclopédie)*. Diderot aura forgé cet idéal esthétique dans l'harmonie des cordes vibrantes, dans les sons s'unifiant dans le timbre. Ainsi dit-il : « il y a entre le bruit et le son une grande différence. Le bruit est un ; le son est composé » (265). Grâce à la formule de l'isochronie (c'est-à-dire les vibrations sonores qui arrivent simultanément à « la ligne de repos »), Diderot aura trouvé une expression, à vrai dire plus métaphorique que strictement logique, au principe esthétique de ces formes harmonieuses visées déjà par les passions des *Pensées philosophiques.*

Mais parallèlement à ce souci formel, le statut du *sujet* dans le jugement de goût reçoit aussi un approfondissement fort intéressant. Au beau milieu des calculs mathématiques, Diderot a le pressentiment qu'un sujet bien étrange est à l'œuvre dans le jugement de goût. Même s'il s'engage à résoudre une question esthétique fort générale – celle du fondement du plaisir musical – par des méthodes mathématiques, pour ainsi montrer que la musique repose sur des principes objectifs et qu'elle a une théorie, Diderot semble conscient de l'échec d'une telle entreprise. La « science des sons » (237) aurait du mal à se convertir en une « science de la musique ». Comme d'autres expériences dans le domaine artistique – ces « phénomènes les plus délicats » – le laissent entendre, la belle musique évoque dans le sujet un plaisir dont le caractère *immédiat* est difficilement saisissable. L'effet de l'œuvre musicale aura agi sur le sujet, avant que celui-ci n'ait eu la moindre chance de déterminer les rapports qui constituent l'œuvre. Diderot est amené ainsi, presque malgré lui, à défendre une disposition *naturelle,* les dits « attraits naturels de l'harmonie et des rapports » (257). Les artistes ne sont pas avant tout des mathématiciens, mais ils sont dotés, et cela de façon *secrète,* d'une intelligence naturelle des formes artistiques : « Ils [les musiciens] étaient secrètement guidés par la perception des rapports » (257).

Non pas les préférences individuelles et arbitraires, mais une sensibilité naturelle et cachée dans le sujet sentant, tel serait l'organe qui permettrait de décider des rapports esthétiques. Ce sujet naturel[1], Diderot le nomme déjà ici l'*âme :* « L'âme a-t-elle ces connaissances sans s'en apercevoir, à peu près comme elle estime la grandeur et la distance des objets, sans la moindre notion de géométrie [...] ? » (258) Malgré sa forme interrogative

1. Lorsque J. Chouillet qualifie ainsi l'« analogie des cordes vibrantes » d'« une des pièces maîtresses de son discours anthropologique » (*op. cit.*, p. 253), nous nous trouvons en accord sur l'importance esthétique du texte, mais en désaccord sur le prédicat anthropologique. La figure des cordes vibrantes serait, bien plutôt, de caractère ontologique, car aux prises avec les couches les plus secrètes du sujet sentant.

et, par conséquent, hypothétique, cette proposition fait état d'une ambivalence fondamentale entre ce qui peut être perçu et *conçu* (l'entendement géométrisant) et ce qui, sans notion de mesure, peut être perçu et *senti* par l'âme (le plaisir esthétique). De toute manière, Diderot se méfie des théoriciens qui croient pouvoir enfermer dans des concepts logiques ce qui dans l'œuvre musicale est caché et ce qui – même avec une certaine « *paresse* » – agit de lui-même. Quand on parle de l'art, on ferait mieux de reconnaître son « ignorance » que prétendre aux explications scientifiques : « Plus la cause d'un phénomène est cachée, moins on fait d'effort pour la découvrir. Mais cette paresse, ou ce découragement des esprits, n'est ni le seul, ni peut-être le plus grand obstacle à la perfection des arts et des sciences. Il y a une sorte de vanité qui aime mieux s'attacher à des mots, à des qualités occultes, ou à quelque hypothèse frivole, que d'avouer l'ignorance ; et cette vanité leur est plus funeste encore. Bien ou mal, on veut tout expliquer. » (265)

Il serait injuste de s'attendre à ce que Diderot aille plus loin dans ce qui reste malgré tout un essai mathématique. Le goût que Diderot y exprime pour un certain néo-platonisme dépasse déjà la fameuse *Querelle des Bouffons* qui opposa Rousseau et les encyclopédistes à Rameau. En affirmant des principes objectifs dans le sentiment du beau tout en faisant appel à une « saisie » subjective, secrète et cachée, de la musique et des arts en général, Diderot a non seulement opté pour une esthétique invariable, voire transcendantale, et donc non pas anthropologique, mais il aura également jeté les bases d'une esthétique, dont la *Lettre sur les sourds et muets* prendra le relais.

UNE MÉTAPHYSIQUE DU CORPS

Comme *La Promenade du Sceptique*, *Les Bijoux indiscrets* sont parmi ces ouvrages de Diderot qui ont recueilli les avis les plus partagés des critiques. Ce roman, a-t-on dit, ne parvient pas à rompre la monotonie des romans libertins si populaires à l'époque. On s'accorde tout de même à applaudir aux innovations que Diderot aurait apportées au genre par des entrelacements qui, propices à la réflexion philosophique, imposent aux récits érotiques de l'anneau bavard un rythme littéraire plus dynamique[1].

1. J. Chouillet divise ainsi les *Bijoux* en trois « étages » : dans « les épisodes du roman libertin », dans les « développements intellectuels » et dans les « prolongements oniriques ou fantastiques du récit ». *La formation...*, p. 94-95. Jacques Rustin, dans sa préface à l'édition de poche, qualifie le roman d'« œuvre structurellement construite sur la convergence entre

En effet, ce texte insolite ne nous parle-t-il pas avec ironie de la prodigieuse ambiguïté qui se manifeste dans la circulation des signes ? On a souligné aussi, et non sans raison, que les quatre rêves du sultan Mangogul annoncent le rêve comme méthode philosophique pour introduire ainsi au *Rêve de d'Alembert.* L'idée même de la force discursive de l'anneau anticipe d'ailleurs à elle seule sur la notion de l'inconscient. Ces éléments « psychanalytiques » ont sans doute contribué à faire des *Bijoux indiscrets* un roman différent de la littérature libertine contemporaine, notamment des romans de Crébillon fils, dont Diderot s'est inspiré [1]. N'oublions pas, non plus, de souligner sa charge proprement anti-religieuse comme revendication pour la libération des mœurs.

Contentons-nous, cependant, sans prononcer de jugement de valeur sur l'ensemble, d'attirer l'attention sur une scène isolée du livre, plus particulièrement sur la discussion qui se déroule dans un de ces moments de repos et de sérénité pendant lesquels les personnages s'adonnent à la distraction philosophique, juste le temps nécessaire pour reprendre haleine. Ainsi, dans le chapitre XXIX, nous sommes au rendez-vous de Mirzoza, la « favorite » du sultan, de Mangogul et de son vizir Sélim, qui tous les trois discutent du problème de l'âme. En effet, Mirzoza donne au sultan et à son valet une leçon de philosophie qui, au dire de la sultane elle-même, ne va pas tarder à prendre la tournure d'une « métaphysique expérimentale ».

Le sujet de dissertation est donc celui de l'âme ou, plus précisément, la question de *la demeure de l'âme.* Les trois amis peuvent se mettre d'accord sur le fait que l'âme est une substance différente du corps, mais où localiser cette substance, voilà ce qui pose problème. Le sultan, qui incarne l'esprit peu subtil du patriarche, n'hésiste pas à donner la réponse de la tradition. L'âme, bien entendu, habite les régions supérieures cérébrales de l'homme, car : « C'est la tête qui pense, imagine, réfléchit, juge, dispose, ordonne ; et l'on dit tous les jours d'un homme qui ne pense pas, qu'il n'a point de cervelle, ou qu'il manque de tête. » (159) Mirzoza, en revanche, récuse ce primat de la tête en situant l'âme dans *les pieds.* Elle met volontiers les corps humains à l'envers afin de « marquer le vrai lieu de leur âme » (159) dans les pieds. Sa théorie pourtant se veut généalogique, et non statique. L'âme est mobile, elle voyage dans le corps entier. Seulement, même s'il

la curiosité érotique et la recherche scientifique », voir *Les Bijoux indiscrets* (1748), Gallimard, 1981, p. 23. Nous renvoyons ici à cette édition, et les références de page seront désormais insérées dans le corps du texte.

1. Crébillon fils avait en 1740 publié *Le Sopha,* roman libertin d'un divan qui raconte ses aventures érotiques. Mais les *Bijoux* doivent beaucoup aussi, selon J. Pommier, aux autres contes de Crébillon. Le genre oriental est riche en allégories exotiques pour les personnages nobles et royaux de Paris. Ainsi Mangogul des *Bijoux* ne serait-il personne d'autre que Louis XV, et Mirzoza la Pompadour. Voir J. Pommier, *op. cit.*

n'est pas exclu que la tête reçoive l'âme au bout d'un long processus d'évolution qui a toujours les pieds comme point de départ, il y a peu d'espoir que l'âme y parvienne. Ainsi Mirzoza objecte-t-elle aux philosophes : « Ils ont prononcé que l'âme est dans la tête, tandis que la plupart des hommes meurent sans qu'elle ait habité ce séjour, et que sa première résidence est dans les pieds. » (160)

Cette thèse radicale paraît à Mangogul comme « l'idée la plus creuse » (160), jugement qui fait aussitôt répliquer la charmante philosophe : ce serait plutôt le sentiment de l'âme qui s'avérerait creux dans la mesure où l'on *oublie* l'ancrage corporel qui l'a rendu possible. Pour s'expliquer, elle trace, non sans humour, les premières étapes du cheminement que l'âme accomplit dans le corps. La première demeure de l'âme est donc les pieds, et cela dès avant la naissance de l'enfant (« c'est avec ses pieds qu'un enfant annonce sa formation » (160)), tandis que les autres organes sommeillent encore (« les yeux s'ouvrent sans voir, la bouche sans parler, et les oreilles sans entendre » (160)). Le nouveau-né, à son tour, ne fait que confirmer le primat des pieds : « L'enfant est-il né, c'est encore dans les pieds que se font les principaux mouvements. [...] La tête est un bloc dont on fait tout ce qu'on veut ; mais les pieds sentent, secouent le joug et semblent jaloux de la liberté qu'on leur ôte. » (161) Petit-à-petit, selon la croissance de l'enfant, l'âme monte dans le corps : « L'âme reste dans les pieds jusqu'à l'âge de deux ou trois ans ; elle habite les jambes à quatre ; elle gagne les genoux et les cuisses à quinze. Alors, on aime la danse, les armes, les courses, et les autres violents exercices du corps. » (161)

Cette âme mobile fait rire les deux interlocuteurs qui y voient une confusion fantaisiste d'organes, un mélange de parties corporelles détachées sans liaison physiologique aucune. A la question de savoir si les mouvements vitaux des pieds ne sont pas l'effet des ordres donnés par le cerveau, Mirzoza ne nie cependant pas l'existence des cordons de nerfs reliant les organes entre eux. Car, au fond, tout son argument est là : dans *l'ancrage corporel de l'âme*. Le rôle primordial des pieds serait donc beaucoup plus rhétorique et métaphorique que scientifique. En fait, l'entêtement féminin de Mirzoza prend – arbitrairement, mais utilement par l'effet de provocation – les pieds comme symbole pour refuser de penser l'âme indépendamment du corps qui la porte. Dans son « système » – certes impertinent dans ses descriptions concrètes, mais sage dans son intuition globale –, l'âme habite, au sens propre, une partie du corps pour en recevoir l'empreinte. Interaction qui explique que Mirzoza ne trouve aucune difficulté à modifier sa « généalogie », mais que pour rien au monde elle ne veut abandonner l'idée sur laquelle celle-ci repose. Elle improvise, se permettant d'attribuer diverses localisations aux rapports de l'âme avec son ancrage corporel. Ainsi l'âme ne resterait-elle peut-être pas dans les jambes toute une vie ; chez les êtres doux et sensibles, elle aurait droit à une place dans le cœur, chez les hommes d'esprit, elle s'installerait dans le cerveau, et, dans des cas extrêmement rares, elle occuperait les deux régions du cœur et du cerveau.

On se demande, bien sûr, si la « fantaisie » pédestre de Mirzoza n'est pas autre chose qu'un échantillon de pur sensualisme, qui professe l'origine sensorielle du spirituel. Reste que ses pensées turbulentes, malgré leur prétendu recours au « fait d'expérience » (162), révèlent leurs implications métaphysiques. Sans fausse modestie, Mirzoza déclare à haute voix : « Je vais peut-être jeter les premiers fondements d'une métaphysique expérimentale. » (160) A cette métaphysique, elle donne une représentation théâtrale, d'une absurdité presque beckettienne, vu ce « spectacle bien étrange » (165) : « en un moment j'ôterais à chaque âme les parties de sa demeure qui lui sont superflues, et vous verriez chaque personne caractérisée par celle qui lui resterait. Ainsi les danseurs seraient réduits à deux pieds, ou à deux jambes tout au plus ; les chanteurs à un gosier ; la plupart des femmes à un bijou ; les héros et les spadassins à une main armée ; certains savants à un crâne sans cervelle ; il ne resterait à une joueuse que deux bouts de mains qui agiterait sans cesse des cartes ; à un glouton, que deux mâchoires toujours en mouvement ; à une coquette, que deux yeux ; à un débauché, que le seul instrument de ses passions ; les ignorants et les paresseux seraient réduits à rien. » (165)

Il est vrai que la charge ironique de ces paroles est multiple (comme parodie de l'âme que les philosophes localisent avec grand zèle, ou comme vision sexiste de la femme réduite au sexe), mais si nous persistons dans une lecture « naïve » de premier degré, c'est que le tourbillon de figures délirantes décrites par Mirzoza permet à Diderot d'approcher, entre jeu et sérénité, une pensée du corps. Les parties détachées du corps s'enfantent les unes les autres pour former une variation grotesque autour d'un seul et même enjeu, celui de la *relation entre corps et âme.* Grâce à la mobilité combinatoire avec laquelle ils prennent une allure autonome, les organes nommés se transforment en acteurs. Cet éclatement du corps jette cependant sur sa victime, le corps humain, une lumière nouvelle. La mise en scène de Mirzoza libère le corps que la philosophie cartésienne a immobilisé en le rapprochant de tous les autres corps dans l'espace, c'est-à-dire en le pensant comme étendue. L'ancien corps mécanique et géométrique finit par se décomposer pour faire resurgir des expressions corporelles les plus baroques : une paire de mâchoires en mouvement, une paire de jambes qui dansent, etc. Tout se passe donc comme si Mirzoza s'autorisait à traverser le corps, à le toucher, à faire la connaissance de ses parties les plus refoulées. Mais, ce qui est plus décisif encore, c'est que, par ce voyage de découverte, le corps commence à se mettre en mouvement lui-même. Mirzoza au fond fait preuve de *ce que peut le corps*, capacité qui va jusqu'à la métaphysique. En effet, si le corps invite à une « métaphysique expérimentale », c'est parce qu'il instaure une corporéité aussi bien à l'intérieur (l'âme) qu'à l'extérieur (l'espace qui l'environne et avec lequel il entre en contact de toutes parts).

La « métaphysique expérimentale » de Mirzoza finit ainsi par dresser une préfiguration, quoique grotesque, de cette expérience que Diderot tentera lui-même de faire dans ses deux *Lettres* sur les aveugles puis sur les sourds-muets. Car, là aussi, le corps ne sera pas réduit à une machine, ni considéré comme une entité chirurgicale. Et là aussi apparaîtront de curieuses implications métaphysiques. Diderot parlera lui-même du projet comme « une espèce de l'anatomie métaphysique ».

C'est ainsi que les contours d'un champ de recherche s'esquissent malgré tout, celui que nous avons laissé le soin à Mirzoza de nommer : *le corps.* Il est vrai que les écrits traités dans ce chapitre témoignent en vérité, par leur forme comme par leur contenu, des talents multiples de Diderot : *La Promenade du Sceptique,* prolixe en ses excès allégoriques, *De la suffisance de la religion naturelle,* sèchement bornée à la thèse de la religion naturelle, *Les Bijoux indiscrets* sériels et baroques, les *Principes généraux d'acoustique* et leur prétention mathématique. Mais déjà dans la *Promenade du Sceptique* la nature extérieure se retire pour céder la place, dans *De la suffisance de la religion naturelle,* à la nature intérieure de l'homme. Et même si l'universalisme de la religion naturelle n'affecte pas en première instance le corps, mais la raison, Diderot semble hésister devant l'impasse sur laquelle débouchait le débat dans l'allée des marronniers. Modestie tout de même surprenante : Diderot se veut à la hauteur des exigences de la science démystificatrice, mais, en même temps, il se défend de traiter la nuit profonde en termes d'espace scientifiquement descriptible, mathématique ou empirique. Serait-ce qu'il s'apprête déjà, comme plus tard dans les deux *Lettres,* à une solution beaucoup plus sensible ou sensorielle qui, immédiatement, mettrait le corps au premier plan ? Mirzoza, en fait, serait la première à suggérer l'importance du corps humain. Sa notion si éloquente d'une « métaphysique expérimentale » laisse entendre que Diderot, à l'aube de la philosophie analytique, est prêt à ouvrir l'expérience vers ce qui ne peut être observé, vers ce qui ne peut être prouvé de façon empirique. Le corps, présence pourtant si concrète d'un *ici et maintenant,* s'offre curieusement comme l'instance qui, tout comme le fut la raison, se veut riche en expériences métaphysiques.

Par le thème du corps, Diderot revient nécessairement aux questions esthétiques que les *Pensées* avaient laissées quelque peu sans réponse et auxquelles les *Principes généraux d'acoustique* remédient. En développant le critère de l'harmonie des passions par l'idée de « la perception des rapports », idée puisée également dans l'univers de la musique, les *Principes* situent la réflexion esthétique aussi bien du côté du sujet que de l'objet, mais tout en détournant la signification traditionnelle du couple sujet-objet de ses racines cartésiennes. Il n'est donc pas étonnant que la *Lettre sur les aveugles* et la *Lettre sur les sourds et muets* parviennent à une expression plus cohérente de la potentialité épistémologique des sens de l'homme, car ces lettres nous présenteront aussi les sens comme des zones étranges entre objet et sujet, entre les sciences « dures » et les sciences « soft » qui se rapportent à l'âme, bref, encore une fois, entre physique et métaphysique. Prenant le corps perfectible des aveugles et des sourds-muets comme objet d'étude, les deux lettres s'inscrivent dans ce projet surprenant que Diderot qualifie lui-même d'« anatomico-métaphysique », projet qui de nouveau ne tardera pas à rendre confuses les frontières entre le sujet sentant et le monde perçu.

Jamnitzer, *Perspectiva corporum regularium,* détail du frontispice,
Cliché Bibliothèque nationale de France, Paris.

*La femme mourante. Œuvres philosophiques de Mr D ***,*
Lettre sur les sourds, Amsterdam, Marc-Michel Key, 1772,
Cliché Bibliothèque nationale de France, Paris.

CHAPITRE III

UNE PENSÉE DE L'ŒIL
OU LA VISION TACTILE DES AVEUGLES

Dans l'œuvre de Diderot, la *Lettre sur les aveugles* est le plus souvent considérée comme le document attestant, une fois pour toutes, l'athéisme affiché de Diderot, comme si l'affaire de Vincennes qu'elle avait déclenchée avait, au fond, dit juste. A coup sûr, les aveugles récusent les déistes, puisque leur cécité ne leur permet pas d'accéder aux spectacles de la belle nature, accès qui est la condition première du déisme. Pour eux, donc, les lumières du rayonnement divin s'éteignent définitivement ; et si l'on a pu disputer de la position philosophique de Diderot avant cette lettre, toute discussion semble cesser à partir d'elle [1]. La réflexion précédente, soumise à tant de questionnements sur les fondements – déistes, sceptiques ou athées – entre d'un seul coup dans une ligne de filiation aboutissant aux notions, solidaires entre elles, de matérialisme, d'athéisme et de sensualisme. Ceux qui avaient opté pour le déisme parlent maintenant de rupture et d'orientation nouvelle ; ceux qui avaient entrevu l'athéisme poindre dès les commencements, de continuité. Les commentateurs se servant d'autres

1. Dans « From Deist to Atheist », l'article de référence sur le développement philosophique du jeune Diderot, A. Vartanian met les tout premiers écrits en relief comme « an explanation for the culmination of Diderot's thought in the type of atheism to be encountered in the *Lettre sur les aveugles* » (*op. cit.*, p. 46-47), interprétation confirmée par Robert Niklaus, commentateur de la *Lettre sur les aveugles* dans l'édition *DVP IV* (Hermann, 1978). Ce dernier estime ainsi que le déisme et l'influence newtonienne chez Diderot sont deux faces d'une seule et même pensée, révolue à partir de la *Lettre* : « Diderot a d'abord suivi le courant newtonien [...] avec la *Lettre sur les aveugles,* il l'abandonne. » *DPV IV,* n. 65, p. 84. Rappelons cependant qu'il est possible de déceler chez les philosophes des Lumières plusieurs usages, partiellement contradictoires entre eux, de Newton (voir chapitre I, p. 46-51). Dans ce chapitre, les chiffres entre parenthèses renvoient, sans autre indication, à l'édition *DVP IV* de la *Lettre sur les aveugles* (texte établi par Robert Niklaus, commentaire en introduction de Yvon Belaval et Robert Niklaus).

grilles interprétatives, comme « l'enthousiasme » de Franco Venturi[1], inscrivent, eux aussi, leurs lectures dans un mouvement plus ample qui prend la *Lettre* comme tournant privilégié.

Telle semble être la force avec laquelle la *Lettre sur les aveugles* s'impose pour jeter, malgré ses difficultés intrinsèques apparentes, une lumière nouvelle sur l'œuvre qui l'entoure. Prenons cependant garde aux étiquettes simplistes, lesquelles, dans le cas de la *Lettre* aussi, se montreraient vite caduques. Diderot s'y engage dans bien trop de discussions, avec les philosophes et les hommes de science de son époque (Réaumur, Buffon, Locke, Condillac) et, surtout, avec lui-même, de sorte qu'il serait hasardeux de vouloir réduire la *Lettre* à un message univoque.

A y voir de plus près, l'événement de la *Lettre* consiste beaucoup moins en un changement de position philosophique qu'en la découverte et l'application d'une méthode[2]. Ce n'est pas l'athéisme qui constitue sa nouveauté, même si le sens que l'aveugle place au premier rang, celui du toucher, s'avère moins enclin à trouver Dieu, que ne l'était la vue. Toucher Dieu n'est sans doute pas si commode que le voir. Cependant l'enjeu philosophique de la *Lettre* obéit bien davantage à la mise en cause, à partir du *corps aveugle,* des anciennes théories sur la vue et les sens. A cette fin, Diderot s'est bien sûr inspiré de Condillac et de l'investigation sensualiste à laquelle celui-ci voue l'aveugle, mais d'une manière qui n'appartient qu'à lui. Il parle aussi peu le langage effréné du matérialiste athée qu'il assimile celui, sèchement épistémologique, du sensualiste. A la fois plus ouvert et plus joueur, Diderot pensera *avec* l'aveugle. Il aura l'audace de confronter l'œil aveugle, non seulement à la philosophie de la religion, mais à sa propre pensée, d'en faire la mesure. Le toucher, désormais, ne sera pas le substitut de la vue, il se mettra à penser *pour* elle. Sans doute, un processus de substitution et de déplacement s'engage, dans la mesure où, dès qu'il y a cécité, les autres sens, et le toucher principalement, accourent au secours du sens manquant. Mais cette démarche ne se limite pas, chez Diderot, à un simple échange des sens ; plus radicalement, elle le conduira à reposer dans son ensemble le problème du *corps.* Et nous allons voir à quel point le corps de l'aveugle et le regard anatomique qui en résulte répondent, non pas aux exigences d'une formalisation scientifique, mais à celles, plus

1. Selon F. Venturi, « l'enthousiasme » constituerait le critère transversal de la pensée du jeune Diderot : « Ce qui était le véritable centre des *Pensées* : l'enthousiasme naturel est aussi le centre de cette première *Lettre,* sa raison d'être. » *La jeunesse...*, p. 142.

2. Jean Pommier a souligné l'intérêt méthodologique qu'annonce la *Lettre* pour l'œuvre ultérieure de Diderot : « A partir de cette date (1749), ce sera sa tâche, moins de résoudre les questions, que d'apprendre à les poser ; moins d'écrire un bon livre que d'en dresser le plan ou la méthode. » *Diderot avant Vincennes, op. cit.*, p. 93-94.

profondes, d'une « anatomie métaphysique », donc à une élaboration des rapports, esquissés déjà à partir des *Pensées philosophiques,* entre physique et métaphysique. Loin d'être un refus des premiers tâtonnements du jeune Diderot, la *Lettre,* en effet, en condenserait plutôt l'orientation philosophique globale. Saisir la continuité de cette pensée, de sa promesse esthétique surtout, tel sera l'objet de ce chapitre.

Certes, la *Lettre sur les aveugles* est-elle adressée à une certaine Madame de P***[1], de qui, en final, l'épistolier va prendre congé en employant les formules de politesse conformes à l'usage de l'époque – « Je suis avec un profond respect, Madame, Votre très humble serviteur » (72); mais ces marques du style épistolaire ne doivent pas masquer les fins propres auxquelles obéit un texte d'une centaine de pages. Par ailleurs, n'oublions pas que la *Lettre sur les aveugles à l'usage de ceux qui voient* parut officiellement le 9 juin 1749, quoique sans indication du nom de son auteur, ni de celui de l'éditeur[2]. Dès le départ, Diderot aurait voulu en faire une *œuvre.*

Ne prenons donc pas trop au sérieux l'indice épistolaire. Ce serait là plutôt l'avertissement du choix effectué par Diderot d'un type de discours fort répandu au dix-huitième siècle, et ce choix n'a rien de surprenant. Tout d'abord, la mise en scène d'une correspondance privée permet l'épanouissement d'un style à double aspiration littéraire et philosophique, assez proche, en fin de compte, de la causerie ou de la rhapsodie de Shaftesbury. En outre, que Diderot s'adresse ici à une *femme,* met symboliquement en relief l'existence et l'essor d'un espace de réflexion qui traduit la nécessité dans laquelle se trouvait alors la vie intellectuelle française d'avoir accès à une scène philosophique qui soit à la fois collective et restreinte, publique et privée. Rappelons, donc, l'importance au dix-huitième siècle des Salons tenus par de charmantes et savantes comtesses, de ces lieux somptueux où, à l'écart des pouvoirs et des autorités, philosophes, libres-penseurs et hommes de science se rencontrèrent et se mesurèrent en prononçant des discours sur les sujets les plus variés, des plus sérieux aux plus frivoles. L'exigence d'éloquence et le goût pour les polémiques invitent le discours savant à adopter un style souple, intelligent et plutôt ludique. Ainsi, lorsque Diderot se trouve en désaccord avec son ami Condillac, il prévoit

1. Selon la biographie de Mme de Vandeul, l'initale « P » renverrait à Mme de Puisieux, la maîtresse de Diderot à l'époque, tandis que F. Venturi et J. Pommier optent pour l'hypothèse de Mme de Prémontval, épouse d'un mathématicien connu et qui aurait porté un vif intérêt aux questions scientifiques. R. Niklaus mentionne la possibilité d'un « personnage de convention », *DPV VI,* p. 3.

2. R. Niklaus renvoie aux archives de la police (B.N., ms.n.a.fr. 10781), *DPV VI,* n. 1, p. 3.

aussitôt le reproche que Madame, symbole du discours salonnier, lui ferait en défendant le primat de l'élégance stylistique : « Au reste, vous remarquerez mieux que moi, Madame, que cet endroit de Mr. l'abbé de Condillac est très parfaitement écrit ; et je crains bien que vous ne disiez, en comparant ma critique avec sa réflexion, que vous aimez mieux encore une erreur de Montagne, qu'une vérité de Charon. » (66) Mais tout en favorisant la réflexion brillante, les Salons encourageaient du même coup le discours, à mi-chemin de la frivolité mondaine et du raisonnement, à donner libre cours aux contradictions de sa pensée. Obéissant au souci de la forme, mais aussi riche en incidents « impertinents », le discours français « privé » se distingue certainement des grands systèmes universitaires venus d'Allemagne. Loin d'être à la recherche de systèmes d'ensemble, le discours salonnier procèderait plutôt par sauts éclectiques, revendiquant sans cesse le droit de s'ouvrir à des discours étrangers à la philosophie[1]. Notamment, il sait estomper les frontières entre poésie et philosophie pour ainsi permettre à la pensée de suivre des arabesques d'associations libres dans lesquelles il lui arrive souvent, aussi, de se perdre.

Même si l'on sait combien Diderot préférait aux Salons de ces Dames les réunions hebdomadaires, entre bavardage et gastronomie, que donnait le baron d'Holbach à Paris ou dans son château de *Grandval*[2], l'écho du discours salonnier se fait entendre partout dans la *Lettre sur les aveugles*. Diderot ne va-t-il pas jusqu'à faire de la digression sa règle et son principe : « Et toujours des écarts, me direz-vous : Oui, Madame, c'est la condition de notre traité. » (66) A vrai dire, le caractère kaléidoscopique du discours salonnier se marie à merveille à la pensée « expérimentale » de Diderot, à son ardent désir de suivre les impulsions d'une pensée sans prétendre conclure. En se calquant sur le genre épistolaire, ce discours a sans doute conféré au texte sur les aveugles quelques-uns de ses traits caractéristiques, il a facilité quelques-unes de ses réflexions et l'a empêché de suivre d'autres voies[3].

L'une des caractéristiques principales de la lettre philosophique s'affirme dès la première lecture de la *Lettre* : celle de son *actualité*. Non seulement la *Lettre* puise son origine, sur la scène mondaine, dans

1. Voir, sur l'éclectisme de Diderot, Francine Markovits, « Diderot, Mérian et l'aveugle », postface à J.B. Mérian, *Sur le problème de Molyneux*, Flammarion, 1984, p. 207.

2. Voir, sur les fréquentations salonnières de Diderot, la biographie de Leif Nedergaard : *Diderot*, Copenhague, Martins Forlag, 1953, p. 124-126. Plus tard, en 1757, Diderot accepte, sous l'influence de son ami Melchior Grimm, de participer aux Salons de Mme d'Epinay.

3. Voir aussi, au sujet de la lettre comme genre philosophique, notre chapitre IV, p. 149-152.

l'événement sensationnel dont parlait le Tout-Paris (M. le Docteur Réaumur[1] venait de soigner la cataracte d'une jeune femme[2]), mais, sur la scène plus proprement philosophique, cette opération en actualisait une autre, celle qu'avait accomplie Chelsenden[3] en 1728, et qui avait suscité le débat sur le *problème de Molyneux.* Ce problème auquel le scientifique irlandais[4] avait donné son nom portait sur la question de savoir si l'aveugle-né, une fois guéri de sa cécité, allait *voir* ce à quoi il n'avait eu accès auparavant qu'à travers le *toucher,* ou plus précisément, selon les prémisses expérimentales de Molyneux, s'il allait, oui ou non, distinguer un cube d'une sphère. Cette question hypothétique avait par la suite fait l'objet d'une attention soutenue, ayant obtenu, outre l'explication de Molyneux lui-même, celles de Locke, de Leibniz, de Berkeley et, sur le sol français, celle de Condillac. Voltaire, maître de la synthèse, en avait donné à ses compatriotes un résumé éclairant. Avec la *Lettre sur les aveugles,* Diderot nous propose sa version du problème de Molyneux.

Aussi divergents que puissent paraître ces divers traitements du problème de Molyneux (voir la troisième partie de ce chapitre), ils s'opposent tous à la conception cartésienne de la vision et à l'idée mécanique du corps comme machine, en décelant un décalage, ou du moins un certain retard, entre voir et savoir, entre la vision et la connaissance des objets. Car si les perceptions ne répondent pas *immédiatement* aux objets dont l'aveugle auparavant avait eu connaissance par les autres sens, cela signifie que la vision n'obéit pas aux lois de la géométrie. En repérant de tels déplacements entre, d'une part, la vision comme acte et, d'autre part, le savoir qu'on peut avoir des objets vus, les empiristes anglais et les sensualistes français affirmaient en revanche l'apport constitutif de *l'expérience* dans le traitement nécessaire des perceptions. Quelles que soient les stratégies de savoir, empiristes ou sensualistes, ces pensées hostiles à l'hégémonie cartésienne qui avait régné sur la philosophie

1. Réaumur (1683-1757), qui croyait en « l'emboîtement des germes », s'oppose à Buffon et à l'idée matérialiste de la génération spontanée, raison supplémentaire pour Diderot de s'en prendre à lui. Voir R. Niklaus, *DPV IV,* n. 4, p. 3. Une autre source du différend entre Diderot et Réaumur était le fait que la préparation de l'*Encyclopédie* coïncidait avec celle de la *Description des divers arts et métiers,* que *l'Académie des Sciences* avait chargé Réaumur de rédiger. Ces projets parallèles, et rivaux, allaient donner lieu à maintes polémiques violentes entre les académiciens et les fidèles du groupe de l'*Encyclopédie.* Voir J. Pommier, p. 92.

2. Réaumur n'effectua pas lui-même l'opération, mais ce fut un certain Hilmer, chirurgien prussien. Voir J. Pommier, *ibid.*

3. William Cheselden (1688-1752) était surtout connu pour son *Anatomy of the human Body* (1730). Voir R. Niklaus, *DPV IV,* n. 11, p. 4.

4. William Molyneux (1656-1699), médecin irlandais, fut un ami de Locke et l'auteur d'une *Dioptrica Nova* (1692). Voir R. Niklaus, *DPV IV,* n. 78, p. 87.

française vont donc esquisser des relations inédites entre la vision et le corps, surtout en considérant l'échange d'informations entre les sens. Repenser la vision à partir de l'expérience, de l'interaction des sens, des pratiques de savoir auxquelles prennent part la société, le langage et les discours, telles sont les conséquences théoriques, immenses, du dossier du problème de Molyneux [1].

On comprend donc mieux l'intérêt que représente aux yeux des philosophes l'opération de Réaumur. Une nouvelle occasion, suscitée par le savant français, va ajouter à la documentation déjà abondante du problème de Molyneux un cas nouveau. Rien de plus décevant donc, pour Diderot, que de n'être même pas admis à assister à l'opération chez Réaumur. La *Lettre sur les aveugles* n'est pas le résultat d'une observation faite sur place, mais d'une polémique née d'une forte déception. Devant le refus de Réaumur, Diderot s'obstine cependant à aller plus loin que l'espoir d'avoir pu assister à l'opération avait déjà fait naître en lui. L'expérimentation scientifique va être remplacée par une réflexion philosophique, laquelle, aussitôt stimulée par son désir de revanche, se veut supérieure à celle-là.

Puisque Diderot est privé de la possibilité de questionner la jeune femme au moment même où celle-ci ouvre les yeux pour la première fois de sa vie, il s'adresse à d'autres aveugles, d'abord à *l'aveugle-né de Puiseaux,* puis à *Saunderson,* un mathématicien anglais aveugle. Il nous fait croire qu'il est allé chercher le premier lui-même, tandis qu'il avoue que la connaissance du deuxième lui a été transmise par une biographie [2]. C'est ainsi que ces deux aveugles vont venir au secours d'un Diderot, frustré et furieux, pour, en effet, occuper la partie majeure de la *Lettre.* S'y rallie, une trentaine d'années plus tard, Mlle de Salignac, cette charmante et intelligente Mélanie consultée par Diderot dans ses *Additions à la Lettre sur les aveugles* [3]. Ecarté de la séance chirurgicale chez Réaumur, Diderot

1. Voir, au sujet de l'interaction des sens avec ces instances non-sensorielles, l'excellent essai de Francine Markovits, *op. cit.*, p. 195*sq.*

2. Nicholas Saunderson (1682-1739), frappé de cécité à l'âge d'un an, fut professeur de mathématiques à l'université de Cambridge à partir de 1711. Après sa mort, dix ans avant la *Lettre sur les aveugles,* son fils publia ses *Elements of Algebra,* qu'il augmenta d'une préface sur la vie de son père. Sans doute cette préface fut-elle l'unique source de Diderot. « *The Life And character of Dr Nicholas Saounderson late lucasian Professor of the Matematicks in the University of Cambridge. By his Disciple and friend William Inschlif, Esq.* » (53), ouvrage auquel renvoie Diderot, demeure inconnu de la postérité. Aussi tous les renseignements que Diderot nous donne sur Saunderson sont-ils conformes à la préface, dans laquelle Diderot, par exemple, a pu lire que le prêtre Gervaise Holmes était présent à la mort de Saunderson, information suffisante pour que Diderot puisse lui-même inventer la scène dramatique de l'agonie de Saunderson. Voir Y. Belaval et R. Niklaus, *DPV IV*, n. 7, p. 4.

3. Les *Additions à la Lettre sur les aveugles* parurent en 1782. Mlle Salignac, le personnage principal de ces *Additions*, était la nièce de Sophie Vollant, avec qui Diderot, dans sa

s'est donc appuyé, rétrospectivement, sur ces trois témoignages d'aveugles.

Tout comme s'il avait eu l'opportunité de tirer les conclusions philosophiques des premières expériences de la femme opérée, Diderot désire s'enrichir du savoir des aveugles dont il utilise les témoignages, visée didactique suffisamment mise en relief par le titre polémique et prescriptif : « à l'usage à ceux qui voient ». On peut donc dire que la *Lettre* emprunte sa *méthode* au procédé qu'aurait suivi Diderot, s'il avait obtenu de Réaumur le droit d'observation. Trouvant dans l'observation expérimentale dont il a été privé son modèle méthodologique, Diderot s'efforce d'établir une situation *analogue* qui lui permet de *comparer* le pathologique avec le normal pour que celui-là fournisse des éclaircissements sur celui-ci : « On en apprendrait comment les choses se passent en lui ; on les comparerait avec la manière dont elles se passent en nous ; et l'on tirerait peut-être de cette comparaison des difficultés qui rendent la théorie de la vision et des sens si embarrassée et si incertaine. » (54)

Par cette méthode comparative Diderot se montre l'enfant de son siècle, bien plus qu'il ne le dépasse. Assurément, le procédé expérimental reflète l'empirisme et son refus des grands « systèmes » spéculatifs. Diderot, comme beaucoup de ses amis, fait l'éloge du *cas* singulier, entièrement observable et, par conséquent, sujet au contrôle scientifique. Mais il est bien évident que le cas ici envisagé, à savoir l'aveugle, doit son existence à une construction spéculative. L'aveugle, comme le fera plus tard le sourd-muet, ne se comporte en sujet d'expérience que grâce à une construction déductive préalable dont les présupposés secrets sont loin d'être empiriques. Comme l'avait fait avant lui Condillac, Diderot parle de l'aveugle comme d'un terrain vierge, ou d'un absolu, et cela en dépit des connaissances dont dispose l'aveugle et que ses autres sens ont dû lui apporter. L'aspect spéculatif finit par organiser le fait empirique, ce qui a amené Jacques Chouillet à évoquer, quant à la démarche de Diderot, la signature d'une « méthode empirico-abstraite »[1].

Ce paradoxe méthodologique reçoit cependant un développement actif chez Diderot. L'analogie avec l'expérience scientifique n'est pas suivie d'un bout à l'autre. Ce qui en fait signe, c'est que Diderot insiste avec force

correspondance avec elle, évoque assez souvent le souvenir de cette jeune femme aveugle. Voir R. Niklaus, *DPV IV*, n. 5, p. 98.

1. J. Chouillet, *La formation...*, p. 179. C'est à propos de la *Lettre sur les sourds et muets* que J. Chouillet propose cette caractéristique, frappante et vraie, mais bien que le sourd-muet soit une figure encore plus construite que celle de l'aveugle, celle-ci doit aussi sa naissance à la structure « empirico-abstraite ». Autant dire qu'il ne faut pas se faire trop d'illusions sur la pertinence empirique des aveugles. Voir aussi notre note suivante.

sur l'intelligence et la supériorité de ses aveugles. Il n'est même pas souhaitable qu'on leur rende la vue, tant est grand le bénéfice qu'on peut tirer des entretiens avec un aveugle à l'esprit bien fait : « On cherche à restituer la vue des aveugles-nés ; mais si l'on y regardait de plus près, on trouverait, je crois, qu'il y a bien autant à profiter pour la philosophie, en questionnant un aveugle de bon sens. [...] Pour moi, j'écouterais avec plus de satisfaction sur la théorie des sens un métaphysicien à qui les principes de la physique, les éléments des mathématiques et la conformation des parties seraient familiers, qu'un homme sans éducation et sans connaissances, à qui l'on a restitué la vue par l'opération de la cataracte. » (54) A la jeune femme de Réaumur Diderot préfère ainsi ses propres protagonistes aveugles qui sont des hommes d'esprit, capables d'une certaine réflexion sur eux-mêmes. Au lieu de déplorer l'occasion scientifique dont il a été écarté – un événement qui maintenant se perd « devant quelques yeux sans conséquence » (17) –, il s'apprête à « philosopher avec [s]es amis ». L'approche du « philosopher » va donc remplacer celui de l'« observer » ; l'aveugle n'est plus un sujet d'expérience, soumis à l'interrogatoire du philosophe, il est son interlocuteur, son ami et son égal. En vérité, la *Lettre* est dialogique, moins par sa nature épistolaire, que par l'attitude d'écoute grâce à laquelle Diderot va à la rencontre de « ses aveugles » et leur confère généreusement la parole.

Ce curieux croisement méthodologique est significatif des deux *case-studies* de la *Lettre*. Les aveugles qui y figurent sont aussi peu des animaux à expérimentation que des entités vraiment empiriques. Mainte « observation » par exemple ne saurait s'autoriser de la réalité des aveugles[1].

1. Dans son article « A propos de la *Lettre sur les aveugles* », *Revue du dix-huitième siècle*, oct.-déc. 1913, Pierre Villey a insisté sur la distinction qu'il convient d'opérer entre, selon ses propres termes, le « Diderot observateur » et le « Diderot fantaisiste ». Ainsi fait-il l'énumération des divergences qui montrent que les observations de Diderot ne correspondraient pas avec le principe de réalité des aveugles, c'est-à-dire avec les aspects moraux surtout (la pudeur, l'inhumanité et l'athéisme des aveugles), mais aussi avec certaines explications physiologiques, par exemple la conception du miroir. Quelques-unes de ces « erreurs » vont d'ailleurs être corrigées par le portrait que Diderot donnera de Mlle de Salignac dans les *Additions*. Rappelons toute même que, quoique Diderot ait le mérite de nous peindre les aveugles comme des êtres raisonnables et même de jeter les bases de la cécographie qui ne va être « inventée » par Braille que quelques années plus tard, l'objectif de la *Lettre sur les aveugles* n'est pas – même si P. Villey y voit un inconvénient scientifique pertinent – d'améliorer la condition sociale des aveugles, mais d'en faire un usage philosophique. Cette visée philosophique, qui parfois entre en contradiction avec la réalité socio-médicale des aveugles, a également été soulignée par R. Niklaus dans son introduction à la première édition de la *Lettre sur les aveugles* (Genève, Droz, 1951) : « Il [Diderot] prend l'aveugle « in vacuo » et non en société. [...] Diderot n'a vraiment pas voulu qu'on lise sa *Lettre* pour résoudre les problèmes de la cécité » (p. XL-XLI). Aussi R. Niklaus écrit-il plus

Figure *philosophique* plutôt qu'objet clinique, source d'inspiration métaphorique plutôt qu'unité socio-physiologique, l'aveugle de Diderot surgit grâce à une construction conceptuelle, dont les frontières entre le fictif et le vrai sont si floues, mais aussi si dynamiques, qu'un espace de réflexion finit par se créer. C'est ainsi que Diderot, entre naïveté excessive et génie, parviendra à des conclusions fort lumineuses, et pourtant fondées sur des paralogismes.

L'autre conséquence de cette méthode substitutive est que Diderot, presque malgré lui, est amené à mettre en cause l'insuffisance philosophique de l'observation purement expérimentale qu'il regrettait tant. D'où sa tentative d'étendre le domaine spécifiquement chirurgical à la philosophie, ou comme il dit lui-même : « pour la philosophie ». En faisant de l'aveugle une *figure de pensée,* infiniment plus intéressante que le cas pathologique que perçoit la médecine, Diderot parvient à faire éclater l'emprise médico-chirurgicale sur la théorie des sens. Il est vrai que, menacée par les trois grands scénarios qui la composent, celui de l'aveugle de Puiseaux, celui de Saunderson et celui du problème de Molyneux, l'unité de la *Lettre* fait problème[1]. L'aveugle de Puiseaux met en lumière surtout les conditions physiologiques de la cécité, tandis que Saunderson s'occupe davantage de la question métaphysique de l'existence de Dieu. Quant à la récapitulation finale, savante et méticuleuse, du problème de Molyneux, elle s'oppose assez sèchement à la mise en scène, vivante et chaleureuse, des deux autres aveugles[2]. Mais si l'approche « triptique » adoptée par Diderot ne cesse de décentrer la lettre, ces trois parties n'en contribuent pas moins, quoique de façon inégale, à une interrogation pluridisciplinaire : à la métaphysique, à la morale, à la phénoménologie de la perception et, comme secrètement, à l'esthétique.

loin : « Les opinions que Diderot attribue aux aveugles sur la beauté, sur l'œil, sur les miroirs, ne sont pas des idées d'aveugle, mais celles d'un philosophe sensualiste donnant libre cours à sa verve raisonneuse. » (p. XXXVII)

1. Dans sa critique de la première édition de la *Lettre sur les aveugles* par R. Niklaus (1951), H. Dieckmann reproche à celui-ci de ne pas avoir suffisamment rendu compte des liaisons internes entre les thèmes principaux de la *Lettre* : « All those who have dealt with the *Lettre sur les aveugles* in their classes know how difficult it is for the students to follow the line of Diderot's argumentation » (*Modern Language Quarterly,* sept. 1953, p. 322). Reste que la caractéristique sommaire que H. Dieckmanns donne lui-même de ces thèmes (les questions épistémologiques, les aspects biologiques et métaphysiques et la situation des aveugles et leurs moyens pour l'améliorer) ne contribue guère à un tel éclaircissement.

2. Lorsque Diderot dans ses *Additions* jettera un œil rétrospectif sur la *Lettre sur les aveugles*, il confirmera sa prédilection pour les parties dialogiques : « Quoique la première partie m'en ait paru plus intéressante que la seconde et que j'aie senti que celle-là pouvait être un peu plus étendue et celle-ci beaucoup plus courte » (95).

DÉPOSER LA MORALE ET LA MÉTAPHYSIQUE CHRÉTIENNES

Priver un sujet d'un sens pour mettre en valeur l'apport des sens en général dans la formation des idées morales et métaphysiques, telle est la visée sensualiste à peine cachée de Diderot. Entraîné par ses variations sur les sens, Diderot semble même aller jusqu'à afficher un déterminisme des sens : « Comme je n'ai jamais douté que l'état de nos organes et de nos sens n'ait beaucoup d'influence sur notre métaphysique et sur notre morale, et que nos idées purement intellectuelles, si je puis parler ainsi, ne tiennent fort près à la conformation de notre corps » (26). Ne soyons cependant pas dupes de ces déclarations et provocations sensualistes. Diderot ne se montrera pas plus l'adepte du sensualisme qu'il ne souscrit à l'athéisme. Nous l'avons déjà annoncé : l'enjeu de la *Lettre,* loin de se réduire au conflit entre le déiste et l'athée[1], consiste à faire participer la théorie des sens à la séparation définitive de la métaphysique et de la religion. Que la métaphysique ne soit plus quelque chose en quoi l'on *croit,* mais qu'elle soit quelque chose dont on *fait l'expérience,* les aveugles de Diderot en porteront témoignage.

A l'égal des personnages du *Neveu de Rameau* et de la peinture de mœurs que dresse ce roman, *l'aveugle-né de Puiseaux* bondit hors du texte, jaillissant comme un diable de sa boîte : têtu, diligent et vif, on le sent capable de ces brusques colères démesurées qui parfois caractérisent les personnes qui sont privées d'un sens ou d'une partie du corps. Autant dire que c'est avec un certain malaise que nous faisons la connaissance de ce personnage. Et même si Diderot fait l'éloge de ses nombreux mérites, il ne peut s'empêcher de rappeler que « le goût du plaisir l'enchaîna dans sa jeunesse » (18), ni de noter l'absence de pudeur dans son état actuel : « Il ne fait pas grand cas de pudeur ; sans les injures de l'air dont les vêtements le garantissent, il n'en comprendrait guère l'usage, et il avoue franchement qu'il ne devine pas pourquoi l'on couvre plutôt une partie du corps qu'une autre ; et moins encore par quelle bizarrerie on donne entre ces parties la préférence à certaines que leur usage et les indispositions auxquelles elles sont sujettes demanderaient que l'on tînt libres. » (27)

Nous voilà presque entièrement revenus au corps. C'est que, de manière générale, l'aveugle est trop près de son corps. Il ne le voit pas et, surtout, il ne voit pas *l'autre* le regardant. Le corps désormais échappe au contrôle et à l'hégémonie de la vue ; il reste insensible à la dialectique du regard

1. F. Venturi est seul à voir dans l'exclamation finale de Saunderson la volonté de Diderot de rompre avec le déisme des Lumières. Voir F. Venturi, *La jeunesse...*, p. 150.

constitutive du corps sexué[1]. Ignorant cet ancrage de la sexualité dans le corps vu par l'autre et, par là même, la hiérarchie qu'une telle sexualité instaure entre les parties du corps, l'aveugle n'éprouve pas naturellement le sentiment de la pudeur jusqu'à mettre en cause le corps des autres, celui des conventions morales. Ne se voyant pas lui-même, ce corps polymorphe, à la fois asexué et obscène[2], fait voir que le corps pudique n'a rien de naturel, ni d'inné, mais qu'il est le résultat de l'enseignement moral[3].

L'immoralité de l'aveugle de Puiseaux se confirme dans bien d'autres domaines. Diderot nous apprend par exemple que, suite à une simple querelle, cet être colérique avait étendu par terre un de ses frères. Aussi son aversion pour le vol s'explique-t-elle par des raisons plutôt pragmatiques que morales : « il avait une aversion prodigieuse pour le vol : elle naissait en lui de deux causes ; de la facilité qu'on avait de le voler, sans qu'il s'en aperçût ; et plus encore peut-être, de celle qu'on avait de l'apercevoir, quand

1. S'intéressant à l'histoire des aveugles, Jacques Derrida a confirmé que le regard constitutif du sujet présuppose que l'œil de l'autre ne soit pas vu. Les yeux de l'autre précisément se dissimulent dans son regard vif et vivant, l'opposition diamétrale de l'organe mort qu'on ne fixe qu'avec malaise chez l'aveugle. Le regard communicatif suppose donc une certaine cécité : « nous sommes d'autant plus aveugles à l'œil de l'autre que ce dernier se montre capable de voir et que nous pouvons échanger avec lui un regard. Loi du chiasme dans le croisement ou le non-croisement des regards ». *Mémoires d'aveugles. L'autoportrait et d'autres ruines*, Réunion des Musées Nationaux, 1990, p. 109.

2. Plus tard, dans les *Additions*, Diderot en tire d'autres conséquences, plus positives, sur la sexualité de l'aveugle, pour autant que l'amour échappe au duel des regards des amoureux. Ainsi, pour Mélanie, l'absence des regards apparaît comme « un des avantages de la privation » et cela même « pour les femmes », car « *jamais*, disait-elle, *un bel homme ne me fera tourner la tête* » (102). Francine Markovits voit dans ces confidences de Mélanie un manifeste presque féministe de Diderot : le désir d'être vu a cédé au désir d'être aimé. Si la vue valorise l'amant face à l'aimé, prisonnier de son regard dominateur, la dépossession de la vue ne serait donc pas perte pour Mélanie, mais la source du ravissement, des surprises et de l'échange. La voix et la musique incarneraient cette fin de la logique de lutte entre les deux sexes et des formes traditionnelles de la jalousie. Voir *op. cit.*, p. 203 et 219. Ce commentaire nous semble fort aimable à l'égard d'un Diderot qui effleure arbitrairement la possibilité d'une autre conception de l'amour sans vraiment en fournir une élaboration profonde.

3. Sur la pudeur, Mlle de Salignac dans les *Additions* semble contredire l'aveugle de Puiseaux, puisqu'elle a « le sentiment le plus délicat de la pudeur » (101). Mais, comme elle le précise elle-même, la cause de cette pudeur serait plutôt « l'effet des discours de [s]a mère » (*ibid.*), donc des conventions morales. P. Villey reproche fortement à Diderot le fait que le manque de pudeur ne représente aucune spécificité particulière chez les aveugles : « comme chez les clairvoyants, tous les degrés de la pudeur peuvent se rencontrer. Ils varient avec le tempérament individuel, avec l'éducation, avec les influences du milieu ambiant », *op. cit.* p. 426. On invoquerait, pour la défense de Diderot, que cette variabilité lui permet de figer l'aveugle dans un degré zéro de la morale, bien qu'anti-empirique, à partir duquel se trahit l'immoralité flagrante de ceux qui voient.

il volait » (26). Immoralité, encore, pour autrui à la souffrance duquel il paraît si peu sensible que Diderot en tire la conclusion générale : « de toutes démonstrations extérieures qui réveillent en nous la commisération et les idées de la douleur, les aveugles ne sont affectés que pour la plainte » (27). La raison en est simple : quand la vue fait défaut, les « signes extérieurs de la puissance qui nous affectent si vivement, n'en imposent point aux aveugles » (24). N'ayant recours qu'à l'ouïe, l'aveugle, ici encore, se désensibilise moralement, car : « Quelle différence y a-t-il pour un aveugle entre un homme qui urine et un homme qui verse son sang ? » (24)

On saisit ici sur le vif « l'usage » assez particulier que Diderot fait de « ses » aveugles. Si, d'une part, il les fige dans l'état artificiel et abstrait d'un seul sens, celui de l'ouïe sans éducation aucune, c'est grâce à cette réduction que, d'autre part, il parvient à révéler avec eux l'inanité de maints principes moraux. Il se sert des aveugles et de leur insensibilité morale, à vrai dire plutôt postulée que fondée sur des faits d'expérience, afin de montrer combien la morale de ceux qui voient se maintient dans un *rapport d'autorité et de pouvoir* avec la vue. Analogie négative (parce qu'ils ne voient pas), les aveugles font découvrir que la morale de ceux qui voient se nourrit de champs de visibilité [1], suscitant émotion ou terreur. Délaissant l'incitation intérieure sur laquelle reposait l'idée de la religion naturelle, cette morale a besoin que l'œil voie l'horreur pour pouvoir ensuite proposer à l'homme une défense, voire le salut, contre ce que l'homme ne peut supporter de voir. Moralité et commisération se révèlent être l'effet d'un ébranlement de nerfs, résonance affective plutôt que raisonnement éthique ; morale faible que, beaucoup plus tard, Nietzsche qualifiera de « trop humaine », puisqu'elle surgit sur fond d'angoisse [2]. Diderot, non plus, ne tarde pas à voir dans l'insensibilité des aveugles la face inversée de l'hypocrisie cachée de ceux qui voient : « Nous-mêmes, ne cessons-nous pas de compatir, lorsque la distance ou la petitesse des objets

1. La pensée de Michel Foucault, notamment, a établi les rapports constitutifs que la vue entreprend avec le pouvoir. D'une part, la vue est *historique*, puisque les angles sous lesquels on voit les choses changent d'une époque à l'autre, et, de l'autre côté, elle entre dans une *analytique du pouvoir*, puisque ces manières de voir historiquement variables fournissent aux discours du savoir des lieux de visibilité. Par exemple, dans *Surveiller et Punir* (Gallimard, 1975), la prison produit en tant qu'institution non-discursive, car disciplinaire, une matérialité visible sur laquelle peut se greffer le discours pénitentaire.

2. Toute la philosophie de la vie passe, chez Nietzsche, par ce mépris de l'homme *charitable*, mépris qui atteint à son expression paradigmatique dans le titre de *Menschlich, all zu menschlich* de 1878. Nietzsche tenait le christianisme pour une morale faible qui extrait de l'homme sa puissance vitale au lieu d'émanciper ses pulsions créatrices. Qu'il ne soit pas suffisant, et loin de là, d'être compatissant pour prendre la pleine responsabilité morale est une pensée que l'on retrouve chez Schopenhauer, Kierkegaard et Adorno. Tous se détournent de la compassion larmoyante et hypocrite.

produit le même effet sur nous, que la privation sur les aveugles ? [...] si nous écrasons une fourmi sans aucun scrupule, n'est-ce pas le même principe qui nous détermine ? » (27)

Si Diderot s'intéresse tant à l'amoralité des aveugles, c'est cependant que la morale est l'occasion pour lui d'aborder le problème de la métaphysique. Ainsi, lorsque l'aveugle de Puiseaux va s'expliquer devant la police après avoir battu son frère, Diderot construit ce petit dialogue entre l'aveugle et le magistrat, dont les « menaces ne l'intimidèrent point » : « Que ferez-vous, dit-il [...] – je vous jetterai dans un cul de basse-fosse, lui répondit le magistrat. – Eh, Monsieur, lui répliqua l'aveugle, il y a vingt-cinq ans que j'y suis. » (24) Echange insolite, car comme l'avoue Diderot à Madame : « quel texte pour un homme qui aime autant à moraliser que moi », mais texte qu'il situe promptement dans le débat du déisme, en affirmant la différence avec ceux qui voient : « Nous sortons de la vie, comme d'un spectacle enchanteur ; l'aveugle en sort ainsi que d'un cachot : si nous avons à vivre plus de plaisir que lui, convenez qu'il a bien moins de regret à mourir. » (24)

Nous voilà, de nouveau, aux prises avec l'attitude insouciante de Diderot à l'égard de ses aveugles. Faisant abstraction des richesses d'une vie aveugle – de ces côtés positifs que l'auteur pourtant n'hésiste pas ailleurs à accorder aux aveugles –, Diderot fait ici un usage purement rhétorique et symbolique de l'aveugle de Puiseaux afin d'évacuer l'argument central du déisme. Car jamais l'œil aveugle ne réflète la beauté de la nature et son « spectacle enchanteur » : « ce grand raisonnement qu'on tire des merveilles de la nature, est bien faible pour des aveugles » (28). Là où il n'y a pas de vue, il n'y aura pas non plus de distance, ni de contemplation de la nature. Aucune illusion ne pousse à voir Dieu, puisque « ce globe lumineux qui s'avance d'orient en occident, les étonne moins qu'un petit feu qu'ils ont la commodité d'augmenter ou de diminuer » (28). On pourrait dire que, là aussi, l'aveugle est trop proche, cette fois-ci non pas de son propre corps, mais de la nature concrète et pratique des choses. Diderot, cependant, précise en même temps que les aveugles « voient la matière d'une manière beaucoup plus abstraite que nous », raison pour laquelle « ils sont moins éloignés de croire qu'elle pense » (28). Donc, soit la matière appréhendée par l'aveugle entre dans un rapport d'utilité (le feu), soit elle se dissout dans la matière amorphe au lieu de former des images, compatibles ou non avec un sens métaphysique. Saunderson, néanmoins, apportera des précisions sur ces rapports ambigus que les aveugles entretiennent avec la matière, donnant aux propos de l'aveugle de Puiseaux une force supplémentaire pour critiquer le déisme tout en ouvrant une nouvelle perspective métaphysique.

C'est encore une fois le dialogue qui permet à Diderot de mobiliser toute sa veine philosophique, lorsqu'il monte la longue scène entre *Saunderson*, moribond, et son ami proche, le pasteur Holmes, qui s'entretiennent sur l'inépuisable question de « l'existence de Dieu » (48). Au commencement, rien n'est plus facile pour l'aveugle savant que de réfuter le premier argument que lui présente Holmes, celui du déisme traditionnel qui trouve la preuve de l'existence de Dieu dans « les merveilles de la nature » (48). Il suffit de répliquer ceci : « ce beau spectacle qui n'a jamais été fait pour moi ! J'ai été condamné à passer une vie dans les ténèbres, et vous citez des prodiges que je n'entends point [...] et qui ne prouvent que pour vous et que pour ceux qui voient comme vous » (48). L'aveugle ne peut être le *destinataire* d'un quelconque message divin, dans la mesure où Dieu s'est décidé à s'adresser à l'homme par l'intermédiaire de l'écriture des chiffres de la belle nature. S'il avait dû faire partie du royaume divin, Dieu aurait dû tenir compte de la restriction de sa réceptivité sensorielle au toucher : « Si vous voulez que je croie en Dieu, il faut que vous me le fassiez toucher. » (48)

Cette revendication parfaitement compréhensible, Holmes pense pouvoir la satisfaire en invitant l'aveugle à retrouver « les merveilles de la nature » au niveau de l'organisation de son propre corps pour y reconnaître « la divinité admirable de [n]os organes » (48), que Saunderson peut, sinon voir, du moins toucher. Ce dernier cependant n'est dupe de rien : « tout cela n'est pas aussi beau pour moi que pour vous » (49). Le beau, et le plaisir esthétique qui mène à son jugement, sont exclus de l'horizon d'expérience du toucher, semble vouloir dire Saunderson, et, partant, les conditions d'une esthétique téléologique aussi[1]. Et non seulement Saunderson refuse l'offre que lui fait Holmes de remplacer la nature extérieure par la nature intérieure, mais il s'en sert pour dénoncer la vanité prodigieuse par laquelle l'homme, également orgueilleux et naïf, désigne Dieu, à son image bien sûr, comme créateur de l'univers. Tel l'indien s'imaginant le monde porté sur le dos d'un éléphant qui à son tour, et faute de mieux, s'appuie sur une tortue : « Cet Indien vous fait pitié ; et on pourrait dire comme à lui : M. Holmes mon ami, confessez d'abord votre ignorance et faites moi grâce de l'éléphant et de la tortue. » (49)

Mais si les aveugles n'ont pas vu eux-mêmes, d'autres auront vu pour eux. Ainsi, face à la critique virulente de l'anthropocentrisme chrétien, Holmes, visiblement ébranlé, recourt aux témoignages de Newton, de

1. Dans les *Additions à la Lettre sur les aveugles*, Diderot modifie l'idée selon laquelle seule la vue puisse éveiller le plaisir esthétique. Ainsi Mélanie, qui était d'ailleurs « folle de musique », dit-elle au sujet de la musique : « Pour moi c'est la plus belle des langues que je connaisse » (100).

Clark et de Leibniz, tous grands génies qui, « frappés des merveilles de la nature », y « reconnaissent un Etre intelligent pour son auteur », argument qui, selon Diderot, « était sans contredit ce que le ministre pouvait objecter de plus fort à Saunderson » (49). Or, sans porter atteinte à la probité des philosophes invoqués, Saunderson refuse de croire par simple analogie : « le témoignage de Neuton n'était pas aussi fort pour lui, que celui de la nature entière pour Neuton ; [...] Neuton croyait sur la parole de Dieu, au lieu que lui, il en était réduit à croire sur la parole de Neuton » (49-50). Voilà donc que, quoi qu'on fasse, quoi qu'on dise, l'aveugle ne cesse de *buter sur la vue.* Le témoignage n'est que parole et donc lui aussi constitutivement « aveugle ». Intégré dans un récit qui aura quitté le vu au profit du dit, il est de nature narrative, et non perceptive, raison pour laquelle il serait vain de s'en servir comme preuve.

Plus original que sceptique cependant, Saunderson va plus loin en lançant à ceux qui voient un défi qui ne va pas tarder à leur révéler leur propre et profonde cécité : « Je vous le [l'ordre admirable] cède sur l'état actuel de l'univers, pour obtenir de vous en revanche la liberté de penser ce qu'il me plaira ; de son ancien et premier état sur lequel vous n'êtes pas moins aveugles que moi. Vous n'avez pas ici de témoins à m'opposer, et vos yeux ne vous sont d'aucune ressource. » (50) Voilà une proposition par laquelle le complice de Diderot en vérité se montre digne du titre de la *lettre,* car Saunderson met en pleine lumière le fait que ceux qui voient soient aussi aveugles que lui-même. D'une perception actuelle ceux qui voient déduisent des entités fort abstraites et peu perceptives, telle l'origine de l'univers qu'ils n'ont – pas plus que les aveugles – jamais vue. Opération dénoncée par Saunderson : ceux qui voient substituent l'invisible au visible, en voyant une finalité à la fois humaine et divine dans un spectacle qui, strictement, n'est que la perception instantanée d'un moment. Mais si Saunderson reproche ainsi à ceux qui voient des visions qu'ils ne fondent pas sur la vue, il revendiquait à son tour, dans le passage que nous venons de citer, le droit d'avoir des visions aveugles. Parce que, précisément, il est privé de la vue, il renonce à la tentation d'avancer des interprétations bizarres de ce qu'on peut voir, mais par cette *privation* même il fait acte d'une destination *autre* des aveugles. Au delà des imperfections des yeux, il découvre une « *liberté de penser* ».

Deux « intuitions physiques » bénéficient de cette libération de la pensée aveugle. L'une est de type évolutionniste, comme lorsque l'aveugle plonge dans les ténèbres initiaux de l'univers pour y retrouver son semblable : « si nous remontions à la naissance des choses et des temps, et que nous sentissions la matière se mouvoir et le chaos se débrouiller, nous rencontrerions une multitude d'êtres informes, pour quelques êtres bien organisés. [...] dans le commencement où la matière en fermentation faisait éclore l'univers, mes semblables étaient fort communs » (50-51). Cette vision de l'univers débarrasserait d'ailleurs le déisme de ces « monstres », aveugles ou non, qui étaient fort inopportuns, car injustifiables, pour les partisans de « l'ordre admirable », parce qu'elle met ces « êtres informes » au compte, non pas de la volonté d'un Dieu capricieux et injuste, mais d'une évolution qui procède par destruction. Mais à quel prix les déistes ne souscriraient-ils pas à cette théorie d'une « dépuration générale de l'univers » (51) ? Ils seraient forcés d'accepter qu'aucune volonté supérieure ne se manifeste dans le processus lent qui va du « chaos » aux « êtres de plus en plus organisés », l'homme étant lui-même réduit à la simple hypothèse d'« une symétrie passagère » ou d'« un ordre momentané » (52) qui, à un moment donné, et pour des raisons impénétrables, est passé d'un état virtuel à l'état actuel. Aucune finalité, donc, dans ce passage, sans lequel « cet être orgueilleux qui s'appelle homme, dissous et dispersé entre les molécules de la matière, serait resté, peut-être pour toujours, au nombre des possibles » (51).

Saunderson, cependant, n'érige pas en doctrine ses vues à forte tendance évolutionniste; plus audacieux encore, il les double d'une deuxième « intuition physique ». Ainsi, se référant aux espaces dans lesquels ni l'aveugle ne touche, ni le voyant ne voit, il s'écrie : « [...] combien de mondes estropiés, manqués, se sont dissipés, se reforment et se dissipent peut-être à chaque instant, dans des espaces éloignés, où je ne touche point et où vous ne voyez pas ; mais où le mouvement continue et continuera de combiner des amas de matière jusqu'à ce qu'ils aient obtenu quelque arrangement dans lequel ils peuvent persévérer. » (51) Ce qui revêt de l'intérêt dans cette nouvelle « intuition physique », c'est bien que le virtuel et l'actuel représentent des points de voisinage évoquant, sinon une « pluralité des mondes »[1], du moins une vision épicurienne de l'univers fait d'atomes et hétérogène[2]. D'où le fait que Saunderson convie les

1. Voir *Entretiens sur la pluralité des mondes* (1686). Fontenelle est le plus souvent associé à l'argument déiste de l'univers comme l'ouvrage de Dieu, ainsi aussi par R. Niklaus (*DPV IV*, n. 65, p. 84). La pensée de Fontenelle est néanmoins tellement riche en métaphores, qui souvent dépassent ou contredisent le déisme, que l'on peut se demander si Diderot n'a pas été sensible surtout aux images ambiguës qui peuplent la pensée de Fontenelle. Voir aussi notre note 1 à la page suivante.

2. R. Niklaus attire l'attention sur la signature de Lucrèce dans cette partie obscure des pensées de Saunderson (*DPV IV*, n. 72, p. 86). Dans *De rerum natura*, Lucrèce prône le matérialisme hédoniste d'Epicure selon qui le monde, gouverné par des forces aveugles (les Dieux étant définitivement détrônés), était composé d'atomes qui tombent dans un mouvement perpétuel, mais hasardeux, pour entrer dans des configurations matérielles

philosophes, non à la résignation sceptique, mais à un « gai savoir » : « O philosophes, transportez-vous donc avec moi, sur les confins de cet univers, au delà du point où je touche et où vous voyez des êtres organisés ; promenez-vous sur ce nouvel océan, et cherchez à travers ses agitations irrégulières, quelques vestiges de cet être intelligent dont vous admirez ici la sagesse ! » (51-52)

Ne nous méprenons pas ici : l'élan de Saunderson est bien trop sincère pour n'être qu'au service polémique de la réfutation du déisme. Certes, il dit aux philosophes d'oublier les illusions de la vue. Mais, en même temps, il leur suggère de faire avec lui (« avec moi ») un voyage jusqu'aux confins de l'univers, où, faute de visibilité, le Dieu des déistes n'a pas pu laisser de traces (« au-delà du point où je touche et où vous voyez »). Car c'est là, dans ces territoires vagues et aveuglants, que l'univers devient *mer* (« ce nouvel océan »). Et non seulement Saunderson veut dépasser les limites de la vue en multipliant les mondes à évolution inégale, mais il opère aussi une fragmentation de temporalités différentes en invoquant, et cette fois-ci explicitement, Fontenelle : « Le monde est éternel pour vous, comme vous êtes éternel pour l'être qui ne vit qu'un instant » (52)[1]. Mais tout en fragmentant aussi bien l'espace que le temps, Saunderson parvient à faire correspondre les temps multiples et les espaces infiniment locaux avec un seul point métaphysique : « Cependant nous passerons tous, sans qu'on puisse assigner ni l'étendue réelle que nous occupions, ni le temps précis que nous aurons duré. *Le temps, la matière et l'espace ne sont peut-être qu'un point.* » (52, nous soulignons)

Voilà que, paradoxalement, l'« intuition physique » de l'homme comme simple parenthèse dans un processus d'évolution, qui le déborde et auquel l'homme est subordonné (« nous passerons tous »), finit par se prolonger dans l'« intuition métaphysique » du Temps, de l'Espace et de la Matière. Saunderson défie ceux qui voient depuis le point où ces instances sont devenues pures formes, saisies selon une échelle cosmique et non plus humaine. Désormais, l'actuel et le virtuel se rejoignent dans un sens presque réel, puisque sont hypostasiés, non seulement l'espace et le temps,

provisoires. Sans doute cette obsession du combinatoire chez Epicure a-t-elle exercé sur Diderot une force d'attraction.

1. Dans ses *Entretiens sur la pluralité des mondes* (5e soir) Fontenelle avait écrit : « De mémoire de rose, on n'a jamais vu mourir un jardinier » (voir R. Niklaus, *DPV IV*, n. 72, p. 86), citation qui atteste donc elle aussi une pensée fortement métaphorique dépassant les limites doctrinaires du déisme. Soulignons d'ailleurs, avec Francine Markovits (*op. cit.*, p. 254-256), l'intérêt de l'idée de la pluralité des soleils par rapport au sujet optique. Car, selon Fontenelle, il y aurait autant de temps que de soleils, et si le temps est fonction de chaque soleil individuel, il ne peut exister de temps universel. Objet et œil qui voit seraient donc déjà chez Fontenelle, non pas simultanés, mais décalés.

mais aussi la matière. Comme le grand océan, cette réalité se fige dans un seul instant en même temps qu'elle se spatialise dans une infinité d'espaces non-localisables et qu'elle se temporalise dans une infinité de temporalités non-mesurables.

Il est vrai que l'ultime exclamation de Saunderson expirant – « *ô Dieu de Clark et de Neuton prends pitié de moi* » (52) – semble s'opposer à cette vision immanentiste née du multiple et, surtout, à l'insensibilité au christianisme qui y a conduit. Surprise, aussi, lorsque Diderot à partir de la scène de l'agonie de Saunderson conclut à l'authenticité de sa dévotion : « Ainsi finit Saounderson. Vous voyez, Madame, que tous les raisonnements qu'il venait d'objecter au ministre, n'étaient pas même capables de rassurer un aveugle [...] La voix de la nature se fait entendre suffisamment à lui, à travers les organes qui lui restent, et son témoignage n'en sera que plus fort contre ceux qui se ferment opinâtrement les oreilles et les yeux. » (52-53) Notons toutefois dans cette synthèse la référence, à peine dissimulée, à *De la suffisance de la religion naturelle,* à cette « voix de la nature [qui] se fait entendre suffisamment à lui ». Saunderson, précisément, assume la relation *minimale,* mais *suffisante* à la nature. Toujours est-il que Diderot s'engage sur deux fronts, et s'il peut sembler réaffirmer ici une position déiste, cela est dû aux distances qu'il s'empresse de prendre vis-à-vis des athées. Car ces derniers ne sont-ils pas la cible de la description de « ceux qui se ferment opinâtrement les oreilles et les yeux » ? Saunderson, en tout cas, insiste sur l'apport du corps là où les athées, par simple acte de volonté, auraient « anesthésié » leurs sens. Au fond, Diderot leur reproche de ne même pas se servir de leurs yeux : « Ils ont des yeux dont Saounderson était privé [...] Aussi vivent-ils en aveugles, et Saounderson meurt, comme s'il eût vu. » (53)

Renversement assez surprenant : au témoignage précaire du christianisme s'est substitué un autre témoignage qui est d'autant plus crédible que le corps aveugle s'y réduit à un minimun tout en offrant le seul point d'ancrage possible. Comme dans le sentiment sublime, qui surgit sur un fond négatif, il y a pour Saunderson une « privation » des sens : la saisie du suprasensible *dans* le sensible passe par la défaillance de l'imagination[1].

1. Signalons que ce n'est pas seulement le message de Saunderson, mais aussi la composition stylistique de la scène de l'agonie qui répond à la structure du sublime. Elément dramatique par excellence, l'agonie a justement une fonction stylistique dans la mesure où elle règle les réflexions de Saunderson par rapport à l'aggravation rapide de son état de santé. Au commencement, Saunderson « fut sur le point de mourir » (48), étape relativement paisible qui encadre une réfutation sereine de l'argument déiste de « l'ordre admirable ». Après s'être moqué de la naïveté des déistes, surtout de leur anthropocentrisme mal dissimulé, l'état précaire du moribond fait que « Saounderson s'arrêta un moment » (49), irruption qui ne sert cependant qu'à aiguiser son scepticisme, maintenant dirigé contre le

Lorsque la vue fait défaut, Saunderson éprouve la douleur et la souffrance de ne pas voir la belle nature, mais ce déplaisir semble être la condition pour qu'il prenne acte du « vrai Dieu », et c'est avec ironie que Diderot de nouveau ridiculise les athées en demandant « si le vrai Dieu n'était pas encore mieux voilé pour Socrate par les ténèbres du paganisme, que pour Saounderson par la privation de la vue et du spectacle de la nature » (53). Pour dévoiler ce Dieu, les yeux de toute manière ne suffisent pas ; il faudrait un esprit cultivé et vertueux pour voir là où il n'y a que des formes informes. Rien de surprenant donc à ce que Saunderson se distingue par « une pureté de mœurs »[1]. A l'égard des Idées de l'esprit, le corps aveugle s'installe dans un rapport de force d'autant plus délicat qu'il offre une ouverture au monde en forme d'impasse.

Même s'il priait le Dieu de Newton de prendre pitié de lui, Saunderson aura donc déjà montré une autre voie à la métaphysique. Certes, il provoquait Holmes en disant qu'il croirait uniquement au Dieu qu'il pourrait toucher. Mais ses intuitions à mi-chemin de la physique et de la métaphysique témoignent du fait que l'aveugle aurait effectivement commencé à toucher Dieu. Ses sensations tactiles ne servent pas seulement à géométriser et à maîtriser la matière, elles tombent parfois dans des véritables béances métaphysiques. Pour Saunderson, le concret semble contenir son propre mystère, d'une part puisqu'il voisine avec des éléments moins concrets qui se dissipent vers l'infiniment lointain, d'autre part parce qu'il est pénétré par les instances absolues que sont l'Espace, le Temps et la Matière. Ce paradoxe explique pourquoi ses réflexions d'aveugle à la fois débordent et figent l'univers dans des termes tantôt organiques, tantôt discontinus. De là, cette co-existence des mondes, des mondes perdus, des

Dieu de Newton lui-même. Ce nouvel élan critique l'affecte si fortement – « Saounderson avait l'air si vrai et si pénétré » (51) –, que la mort se précipite sur lui. Néanmoins, il met ses dernières forces à aller plus loin encore, car, « reprenant un ton un peu plus ferme » (51), il avance l'Idée que « le temps, la matière et l'espace ne sont peut-être qu'un point » (51). Par cette illumination finale la mort s'approche – « Saounderson s'agita dans cet entretien un peu plus que son état ne le permettait » (52) –, et « il lui survint un accès de délire qui dura quelques heures et dont il ne sortit que pour s'écrier, "ô Dieu de Clark et de Neuton, prends pitié de moi", et mourir » (52). La scène de mort monte ainsi au rythme d'un crescendo, allant d'une désillusion métaphysique à l'autre pour cependant prendre, dans ses derniers spasmes, un élan métaphysique. La mort de Saunderson est sublime, surtout grâce à cette ultime « subreption » par laquelle Saunderson s'adresse au Dieu des croyants.

1. Kant accorde à l'aspect de *culture* une importance constitutive du sublime : « nous ne pouvons pas nous permettre que notre jugement sur le sublime en la nature sera aussi bien reçu par autrui. En effet il semble qu'une culture […] soit indispensable […]. […] En fait sans développement des Idées éthiques, ce que, préparé par la culture, nous nommons sublime ne paraîtra qu'effrayant à l'homme inculte. » § 29, *op. cit.*, p. 189-190, trad. par A. Philonenko (Vrin, 1984, p. 102).

mondes non-réalisés et, surtout, de ces mondes virtuels que Diderot décrit avec une nostalgie envieuse : « combien de mondes estropiés, manqués, se sont dissipés, se reforment et se dissipent peut-être à chaque instant, dans des espaces éloignés ». Rarement, chez Diderot, les intuitions physiques se sont si facilement métamorphosées en pensées métaphysiques comme dans le testament intellectuel laissé par Saunderson.

L'aveugle-né de Puiseaux et Saunderson, on l'aura compris, n'ont fait qu'aggraver la crise métaphysique ouverte par les *Pensées philosophiques*. Avec eux se séparent, de façon définitive, les domaines de la morale, de la religion et de la métaphysique. Certes, cette dernière demeure-t-elle marquée par le nom de Dieu, mais sans cesse les aveugles ont fait voir l'inhumanité radicale de Dieu. Non pas qu'ils réhabilitent le Dieu tyrannique des fanatiques ; il s'agit plutôt d'un Dieu qui depuis toujours aura tourné le dos à l'homme, abandonné l'aveugle comme à lui-même sans promesse de vie éternelle. Notons cependant que les aveugles de Diderot ne se transforment pas en machines, comme chez La Mettrie, ni, dans une perspective moderne, en existentialistes athées qui, comme ceux de Sartre, feraient de l'abandon initial de l'homme par Dieu une religion en érigeant leur condition misérable en une exaltation de l'humanisme[1]. Ce qui fait l'originalité des aveugles de Diderot, c'est que, étrangement, leurs réflexions anti-chrétiennes ouvrent à nouveau à la métaphysique. Ainsi, lorsque Diderot souligne lui-même l'insensibilité et l'amoralité des aveugles en disant qu'« [il] les soupçonne en général d'*inhumanité* » (27), cette inhumanité, répétons-le, n'affirme aucune doctrine philosophique, athée ou matérialiste ; elle ne dit rien d'autre que *l'inhumanité de la métaphysique elle-même.* Saunderson le montrait avec toute l'évidence nécessaire. Car quand le temps, l'espace et la matière, hétérogènes et multiples, se résolvent dans un seul point, l'homme en est littéralement aveuglé, et la métaphysique s'installe radicalement en dehors de lui. Il y a perte, non pas du thème métaphysique, mais du Dieu des hommes, du Dieu personnifié à l'image duquel l'homme ne fait que se contempler et s'adorer lui-même. N'oublions pas que depuis les *Pensées philosophiques* Diderot a mis toutes ses forces à rompre avec l'anthropocentrisme chrétien pour revendiquer l'humilité nécessaire de l'homme face à une nature qui dans le temps et dans l'espace, dans sa matérialité même, dépasse le fini. Comme disait Saunderson : « Si la nature nous offre un nœud difficile à délier, laissons-le pour ce qu'il est, et n'employons pas à le couper la main d'un Etre qui devient ensuite pour nous un nouveau nœud plus indissoluble que le premier. » (49)

1. Voir J.P. Sartre : *L'existentialisme est un humanisme*, Nagel, 1947.

Que la nature donc demeure énigme, voilà ce que demande humblement Saunderson : « ne pourrions-nous pas mettre dans nos discours un peu moins d'orgueil et un peu plus de philosophie ? » (49) Purger la métaphysique de son orgueil anthropocentrique afin de lui redonner sa vraie destination philosophique, telle est l'extrême simplicité de son message. Et c'est bien pourquoi l'univers des aveugles ne sombre dans aucun athéisme défaitiste ; bien au contraire, il se peuplera d'expériences tactiles qui ne vont pas tarder à approfondir l'ouverture métaphysique ébauchée par Saunderson. Car les aveugles de Diderot sont avant tout des êtres qui, d'une façon particulièrement frappante, font usage de leurs sens. Si les dernières visions de Saunderson étaient portées par une espèce de logique de l'infini qui lui révèle un vide métaphysique où les aveugles ne touchent pas, son expérience d'aveugle lui aura déjà enseigné que c'est le toucher lui-même qui confine, voire « touche » à ce vide. La critique par les aveugles de la métaphysique et de la morale chrétiennes opère non seulement au cœur même de la métaphysique une transformation radicale, mais celle-ci se nourrit aussi, et peut-être davantage, des nombreuses observations « quasi-empiriques » que Diderot fait de la perception des aveugles et de leurs rapports pratiques au monde.

Poser le corps sentant

C'est probablement la théorie de la vue qui, tout en fournissant à la *Lettre* son thème principal, constitue aussi sa difficulté majeure. Peu soucieux des leçons théoriques à tirer, Diderot se contente largement d'exposer côte à côte ses observations sur la perception des aveugles. Comme souvent chez lui, l'anecdote, avec toute sa force suggestive, nous raconte ce dont les aveugles sont capables ou incapables. Ainsi, l'aveugle de Puiseaux enfile des aiguilles, distille, estime la proximité du feu, la plénitude des vaisseaux et le voisinage des corps, monte et démonte des machines, juge de la durée du temps, tandis que Saunderson, inventeur d'une arithmétique palpable, construit ses machines à calculer, distingue les médailles fausses des vraies, reconnaît les lieux où il a été introduit une fois, est sensible à la proximité des corps, etc. Diderot cependant ne se borne pas à dresser le bilan de la réalité des aveugles, un mérite d'ailleurs de pionnier à l'époque. Il relate aussi, et avec une ardeur égale, les réflexions que les aveugles font eux-mêmes à propos du sens qui leur fait défaut. L'aveugle de Puiseaux, par exemple « discourt si juste de tant de choses qui lui sont absolument inconnues » (20), et Diderot va jusqu'à faire de

Saunderson, plus enclin aux abstractions spéculatives, un théoricien, voire un vrai penseur de la vue : « Il donna des leçons d'optique, il prononça des discours sur la nature de la lumière et des couleurs, il expliqua la théorie de la vision. » (42) Reste que ces réflexions n'obéissent à aucune hiérarchie conceptuelle, s'insérant, sans démarche systématique aucune, dans les observations concrètes. La dispersion discursive qui en résulte constitue cependant pour nous le signe d'une dispersion analogue dans le corps que Diderot est invité à penser par le biais des aveugles. Une fois libéré des entraves de l'ancienne théorie cartésienne de la vue, le corps va être envisagé selon les ouvertures sensorielles, celles des « trois portes » (34) du toucher, de la vue et de l'ouïe, qui reçoivent et traitent les données sensorielles chacune de manière bien différente. C'est ce corps hétérogène qui va permettre à Diderot d'amorcer une nouvelle pensée de la vue.

La tradition y oblige : aucune théorie de la vision à l'époque de Diderot ne saurait se dérober à celle du père de la mécanique qui le premier avait pensé la vue sur le modèle du toucher. Sans doute Diderot fut-il inspiré par les « modèles mécaniques » qui étaient en vogue à l'époque avec Buffon et Condillac qui s'intéressaient, respectivement, à une « géométrie universelle de la main » et à une « anatomie métaphysique »[1], mais ces modèles mécaniques remontaient aussi à Descartes qui avait assimilé le corps à une machine, de même qu'il avait parlé de cet « homme-statue » qui allait tant séduire les sensualistes, jusqu'à donner à Condillac l'idée de son *Traité des sensations.*

Rien d'étonnant, donc, si Diderot dans sa *Lettre sur les aveugles,* à plusieurs reprises, fait référence au modèle géométrique de la *Dioptrique.* Cartésiennes, par exemple, sont la définition que l'aveugle de Puiseaux donne du miroir (« une machine [...] qui met les choses en relief » (20)), sa conception de la vue comme « une espèce de toucher qui ne s'étend que sur les objets différents de notre visage et éloignés de nous » (20) et la définition des yeux comme « un organe sur lequel l'air fait l'effet de mon bâton sur ma main » (21). Rappelons ainsi comment Descartes pense la lumière dans la *Dioptrique* : « Je désire que vous pensiez que la lumière n'est autre chose, dans les corps lumineux, qu'un certain mouvement, ou une action fort prompte et fort vive, qui passe vers vos yeux, par l'entremise de l'air et des autres corps transparents, en même façon que le mouvement ou la résistance des corps, que rencontre cet aveugle, passe vers sa main, par

1. Voir Francine Markovits, *op. cit.*, p. 204.

l'entremise de son bâton. »[1] En effet, le bâton de l'aveugle offre à cette théorie son image conceptuelle privilégiée, d'autant plus qu'il permet de penser la lumière comme une opération *instantanée.* Ainsi Descartes écrit-il : « Ce qui vous empêchera d'abord de trouver étrange, que cette lumière puisse étendre ses rayons *en un instant*, depuis le soleil jusques à nous : Car vous savez que l'action, dont on meut l'un des bouts d'un bâton, doit ainsi passer *en un instant* jusques à l'autre »[2].

Même si Descartes s'était servi massivement des aveugles pour conceptualiser les phénomènes optiques, Diderot évoque avec ironie la *Dioptrique* et ses « planches d'optiques pleines de figures d'hommes occupés à voir avec des bâtons » (21). Diderot va même jusqu'à qualifier Descartes d'« aveugle-né »(20), comme s'il suffisait à celui-ci d'être au monde par la règle et le compas. Plus pluraliste que l'auteur de la *Dioptrique,* dont la première ligne promouvait la vue comme « le plus universel et le plus noble [de nos sens] »[3], Diderot se méfie de l'absolutisme de la vue. Certes, lui, à son tour, se propose-t-il de penser la vue à partir du toucher des aveugles, mais il refuse, contre Descartes, d'assimiler la vue au toucher. Il s'agit, selon son propre vocabulaire polémique, de « barricader » (34) la vue, non pas de la remplacer par le toucher. Au moins, les aveugles évoluent fort bien sans le secours de la vue, tel l'aveugle de Puiseaux qui aurait même préféré « qu'on perfectionnât en [lui] l'organe qu'[il a], que de [lui] accorder celui qui [lui] manque » (23). C'est effectivement en pensant le toucher comme sensation *autonome* qu'il se montrera capable de jeter une lumière nouvelle sur la vue. Ruiner le vieux primat de la vue et explorer sans préjugés la richesse du toucher, tels semblent être les deux faces inséparables d'une nouvelle pensée de la vue.

Ainsi, lorsque Diderot dit que « l'aveugle-né rapporte tout à l'extrémité de ses doigts » (29), il prend cette idée-image beaucoup plus au sérieux que Descartes, à savoir comme « la sensation non interrompue d'un corps qui passe entre ses doigts » (29). Peu convaincu par les bâtons que Descartes a tranformé en des bras auxiliaires (et prothétiques), il leur substitue des zones infiniment plus organiques, mais plus complexes aussi, que sont les *doigts.* Grâce à ces extrémités de chair, la sensibilité des aveugles peut même atteindre un niveau supérieur à celui de ceux qui voient : « le tact peut devenir plus délicat que la vue » (46). Voilà donc que, sensibilisé et vivifié, le bâton de Descartes a subi une première métamorphose. Mais le tact, plus fin que la vue, ne se limite pas à l'organe sensoriel restreint des

1. Descartes, *Dioptrique* (1636), *Discours de la méthode* (établi et présenté par Geneviève Rodis-Lewis), Flammarion GF, 1966, p 101.

2. *Op. cit.*, *ibid.*, (nous soulignons).

3. *Op. cit.*, p. 99.

mains, il active la superficie entière du corps, dotée d'une porosité sensible remarquable. Ainsi Diderot conclut-il que « Saounderson *voyait donc par la peau ;* cette enveloppe était donc en lui d'une *sensibilité si exquise* » (47, nous soulignons). Deuxième métamorphose, plus radicale encore : le bâton des aveugles a désormais l'extension, non seulement des doigts habiles, mais du corps entier. Aux bâtons inflexibles se sont substituées des prises plus directes, plus organiquement confuses, sur le monde.

C'est ainsi avec enthousiasme que Diderot expose les nombreux exemples de la facilité surprenante avec laquelle les aveugles remplacent par le toucher et les autres sens celui qui leur manque. L'exemple le plus frappant en est probablement celui de l'aveugle de Puiseaux enfilant des aiguilles, opération symbolisant la tâche qui nécessite un bon œil et une bonne lumière : « Il dispose l'ouverture de l'aiguille transversalement entre ses lèvres, et dans la même direction que celle de sa bouche ; puis à l'aide de sa langue et de la succion il attire le fil qui suit son haleine, à moins qu'il ne soit beaucoup trop gros pour l'ouverture ; mais dans ce cas, celui qui voit n'est guère moins embarrassé que celui qui est privé de la vue. » (22) Les aveugles surpassent également ceux qui voient par une mémoire accrue de l'ouïe, et cela jusqu'aux vibrations atmosphériques qui composent les sons. Ainsi, de l'aveugle de Puiseaux : « Il estime la proximité du feu, aux degrés de la chaleur ; [...] le voisinage des corps, à l'action sur son visage. Il est si sensible aux moindres vicissitudes qui arrivent dans l'atmosphère, qu'il peut distinguer une rue d'un cul-de-sac. » (24) Saounderson, de même, était « affecté de la moindre vicissitude qui survenait dans l'atmosphère » (47), ce qui le mettait en état de prédire les heures favorables à l'observation des phénomènes astronomiques. Talents que confirmeront d'ailleurs les *Additions,* puisque Mélanie, elle aussi, « jugeait à l'impression de l'air de l'état de l'atmosphère » (101).

En dépit du caractère exceptionnel, et quelque peu comique, des cas relatés, remarquons que Diderot s'installe *en-deçà* de la perception des aveugles pour en souligner le caractère *médié.* En mettant par exemple l'accent sur la pression atmosphérique – au lieu de parler de l'air comme d'une évidence absolue –, il parvient à dynamiser l'univers statique cartésien. Par opposition à Descartes, qui comprenait la lumière comme, selon la formulation déjà citée de la *Dioptrique,* une transmission *« fort prompte »* Diderot se réfère à une physique beaucoup moins géométrisante[1]. Les rapports perceptifs que les aveugles ont au monde ne

1. Francine Markovits pense que Diderot s'inspira des théories optiques de Huygens et de Newton. Déjà Rømer et Huygens avaient conçu la lumière comme l'effet des vibrations ondulatoires et non comme une propagation rectiligne et instantanée. Dès lors, on comprenait que la vitesse de la lumière, beaucoup plus rapide que l'ouïe, ne pouvait être

résultent pas d'une mécanique linéaire, ils constituent un fond de médiations invisibles inlassablement tracées, et retracées, par les aveugles eux-mêmes. La perception par le toucher ne se donne pas immédiatement, en un instant, elle engage le corps entier.

Diderot, en fin de compte, n'aura fermé les yeux avec les aveugles que pour mieux ouvrir le corps ; un corps qui, aussitôt libéré de ses entraves mécaniques, commence à se mouvoir. L'univers des aveugles de Diderot n'est pas gouverné du dehors, selon des volontés absolues, divines ou autres ; leur monde ne prend sens qu'à condition qu'ils agissent sur lui. De là les infatigables occupations de l'aveugle de Puiseaux, toujours en train de construire et, surtout, de reconstruire l'espace dans lequel il se trouve : « La difficulté qu'ont les aveugles à recouvrer les choses égarées, les rend amis de l'ordre » (19). Ainsi pour éviter le désordre, il préfère vivre la nuit et « [s]on premier soin est de mettre en place tout ce qu'on a déplacé pendant le jour » (18-19). C'est qu'un faux pas risque d'être fatal, lorsqu'on voit avec cette « main qu'il ne faut pas que je pose à côté d'un objet pour le sentir » (20). Le moindre détail peut être d'une importance vitale, et il vaudrait mieux prendre fort au sérieux l'invisible. A son insu, l'aveugle de Puiseaux prouve que Saunderson avait raison : on peut toucher, sinon Dieu, au moins l'invisible.

Sans cesse les aveugles poussent ainsi Diderot à prendre acte des conditions les plus élémentaires de la perception, de ces « petites attentions » qu'il compare avec « une monnaie courante qu'on a toujours à la main » par opposition aux « grosses pièces d'or ou d'argent qu'on a rarement occasion d'employer » (19). Mais cette découverte d'une « infrastructure » du champ perceptif est donc redevable à celle de l'apport de plus en plus constitutif du corps dans la perception et la sensation en général. Diderot n'a pas clos le cercle des substitutions des sens en présupposant le primat de l'œil (comme si, dans une sorte de court-circuitage, il fallait revenir à la vue) ; bien au contraire, il brise ce même cercle en orientant le toucher vers le corps en tant que tel. Tout se passe comme si le toucher devenait corps, un corps que la philosophie moderne ne tarderait pas à qualifier de pré-phénoménologique[1]. Car jamais l'aveugle n'*est* son corps, il n'est qu'en vertu des « mouvements de son corps » (29). Or le « corps propre » dont parlera Maurice Merleau-Ponty se définit précisément par sa mobilité. Il n'est pas, comme les autres corps physiques, configuration de l'étendue ; il est étrangement porté par un « je » qui pense, tandis que le

perceptible. Newton, encore plus fermement, insista sur le phénomène vibratoire de la lumière. Voir *op. cit.*, p. 242-244.

1. Le corps, ou plus précisément « le corps propre » constitue le pivot conceptuel de la *Phénoménologie de la perception* (Gallimard, 1954) de Maurice Merleau-Ponty.

corps lui-même ne pense pas : il est pur « je peux ». Son savoir est acquis grâce à cet « ici » et ce « là », par ce proche et ce lointain, à travers lesquels le corps apprivoise une partie du monde. Comme l'aveugle, son égal, il est contraint à construire et à reconstruire son micro-espace en se mouvant, tantôt avec habileté, tantôt à tâtons, à travers l'espace et autour des choses. Ce corps n'a donc pour échelle de mesure que lui-même, éperdument décentré par rapport à un monde sur lequel il n'a pas de prises en survol. Tel l'aveugle de Puiseaux se servant de son propre corps comme unité de mesure précaire : « il s'est fait de ses bras des balances [si] justes » (24)[1].

Autant dire que les aveugles mettent en cause la propriété subjective du corps. Leur attitude à la fois plus sensible, plus prudente et plus systématique, ruine l'illusion d'une volonté de connaissance souveraine face aux objets de la connaissance. Lorsque l'œil ne survole plus le monde, le sujet connaissant n'occupe plus le centre optique. L'espace à la fois se rétrécit et s'élargit dans un système de points et de surfaces qui ne s'accordent pas par rapport à un seul point de vue, fixe et stable. C'est que le corps de l'aveugle n'est ni pure extériorité, comme le voulait Descartes, ni pure intériorité. Renvoyé au toucher, l'aveugle fait voir que le corps en général comporte deux faces, l'une visible du dehors, l'autre sensible du dedans, mais que ces deux faces se croisent en un point aveugle et muet. Parce que l'aveugle perçoit par le biais du toucher, il met certes l'accent sur *l'échange* d'un moment actif et d'un moment passif, de la main qui touche et de l'autre touchée, mais il révèle en même temps la profonde imperméabilité de ces opérations simultanées. Car le sujet connaissant semble s'éclipser entre ces deux fonctions de son corps, dans la mesure où il oscille sans cesse entre le « je » qui touche et le « je » qui est l'objet du toucher sans jamais pouvoir trouver sa place propre[2]. C'est probablement dans ce croisement de l'auto-affection que réside le secret du corps sensible : le corps constitue un obstacle à la connaissance du sujet tout en fournissant à celle-ci son seul point d'ancrage. Se dessinent ainsi, entre l'aveugle et le monde, des rapports équivoques et complexes. La relation en tout cas ne saura être oppositionnelle, puisque corps et monde se recouvrent, empiétant l'un sur l'autre.

1. Bien que Pierre Villey soit critique vis-à-vis de la possibilité réelle qu'aurait l'aveugle de se servir des bras comme poids (voir *op. cit.*, p. 423), cet exemple illustre parfaitement la nécessité qu'éprouve l'aveugle de faire usage de son propre corps, de son « corps propre », comme mesure.

2. Diderot cependant ne va pas jusqu'à penser la vision comme l'effet même d'un tel croisement entre le corps qui voit et le corps vu – ainsi que Merleau-Ponty le fera avec la notion de chiasme entre le visible et l'invisible. Voir *Le visible et l'invisible*, Gallimard, 1964.

Ce corps phénoménologique d'ailleurs réapparaît dans la théorie de la représentation inspirée par les aveugles et que nous propose Diderot. Or il n'est guère surprenant qu'en l'absence de l'intuition et de l'évidence la formation d'images par les aveugles se fasse de façon infiniment plus laborieuse. Pour l'aveugle, aucune image n'émerge d'elle-même : « il n'imagine point ; car pour imaginer, il faut colorer un fond, et détacher de ce fond des points, en leur supposant une couleur différente de celle du fond » (29). Que l'aveugle ne puisse colorer veut donc dire qu'il ne dispose pas de l'imagination spontanée qui, pour former des images synthétiques, demeure redevable à la vue. Faute de ce sens, l'aveugle procède de manière analytique, s'exerçant et s'étalant méticuleusement dans l'espace, puisqu'il « n'a mémoire que de sensations prises par le toucher qu'il rapporte à différents points, lieux ou distances, et dont il compose des figures » (28). Il s'agit, non pas de la « mémoire fugitive » de ceux qui voient, mais d'une « mémoire de la main » : « l'aveugle-né fixe, rappelle et combine les sensations du toucher » (30). Diderot ne dit donc pas que les aveugles soient incapables de former des images synthétiques [1], puisque la faculté combinatoire fait partie de leur perception substitutive, mais il insiste sur la distinction, originale, entre d'une part une perception *non-médiée* et *en couleur*, réservée à ceux qui voient, et d'autre part, dans le cas des aveugles, d'une perception *médiée* qui serait en quelque sorte *en noir et blanc*. Distinction qui, de nouveau, attire l'attention sur les couches les plus refoulées dans la formation des images. Car si la vue d'une certaine manière voit trop vite, et pour cela reste une énigme, le toucher, opération plus pénible, témoigne de ce qu'une image ne peut apparaître que grâce à un repérage méticuleux de *ce qu'on ne voit pas* dans le champ perceptif. La théorie de la représentation confirme ainsi ce que l'aveugle de Puiseaux nous a déjà enseigné : l'aveugle touche aux intervalles, à ce « nobody's land », nuit invisible au fond de laquelle le visible se fait jour. Paradoxalement, seul l'aveugle « voit » l'invisible dans le visible, puisqu'il en fait expérience quotidienne.

Partout, donc, les aveugles ont récréé un visible troué et menacé d'invisibilités. Certes, le toucher dont ils disposent leur apprend-il à mobiliser le corps pour explorer l'espace-temps abandonné par la vue. Mais ce faisant, ils ont révélé, au sein même du corps sentant, une cécité

1. Pierre Villey objecte à Diderot que l'aveugle, au moyen des opérations tactiles successives, peut effectivement penser en images grâce à la pensée comme instance synthétique (*op.cit.*, p. 424-425). Diderot cependant ne prétend point que l'aveugle ne serait pas en mesure de penser en images ; il ne fait qu'affirmer que les conditions de la formation des images chez lui sont infiniment plus abstraites – car médiées par le toucher – que chez ceux qui voient, pour qui la vue coïncide avec l'illusion d'une perception immédiate.

profonde. Pénétré de toutes parts de non-identité et d'invisibilité, ce corps opère dans un monde qui lui est, tour à tour, étranger et familier, inaccessible et accueillant. Lorsque l'optique manque, la perspective s'écroule pour laisser place à un corps qui apparaît comme un ensemble d'opérations médiatrices. Ou plutôt, le corps participerait, au sein de l'espace-temps, à la construction d'une perspective parmi d'autres. Par là-même, la perception, comme activité autonome d'un sujet face aux objets du monde, s'estompe. C'est pourquoi Diderot est amené à accorder aux *médiations* du perceptible un rôle de plus en plus important. Inlassablement, ses aveugles sont occupés à inventer leurs propres médiations, dont l'élaboration est rendue possible essentiellement par les disciplines géométriques et mathématiques.

Récapitulons : lorsque le monde de l'aveugle n'émerge pas aussi vite que celui donné en un seul instant par et dans l'évidence optique, son caractère construit se fait plus apparent. L'aveugle doit tracer dans l'espace-temps des frontières sans bénéficier du secours de l'intuition, mais pour ce faire il construit, faute de repères sûrs, ses propres paramètres, travail qui incite à une certaine activité spéculative. Voilà pourquoi Diderot va comparer l'aveugle avec le *mathématicien*.

La *Lettre sur les aveugles* fourmille en effet de médiations théoriques, dont la plus frappante est bien sûr celle des machines à calculer que Saunderson avait construites à l'aide d'aiguilles à deux têtes différentes. Dans ces dispositifs tactiles et, surtout, dans l'esprit analytique qui les a conçues, Diderot voit affirmé le penchant qu'ont les aveugles pour la *pure spéculation* : « si l'imagination d'un aveugle n'est autre chose que la faculté de se rappeler et de combiner des sensations de points palpables [...] il s'ensuit que l'aveugle-né aperçoit les choses d'une manière beaucoup plus abstraite que nous, et que dans les questions de pure spéculation, il est peut-être moins sujet à se tromper » (32). Egal à lui-même, Diderot poursuit son étrange dialectique en se donnant comme point de départ une « observation » douteuse pour arriver à une pensée originale sur la construction du sensible. Car en dotant des aveugles d'aptitudes particulières à la spéculation, Diderot est amené à souligner le fait que l'ancrage de l'aveugle dans l'espace-temps ne soit pas seulement concret, mais comporte également un processus d'*abstraction.* Les qualités analytiques du toucher favorisent curieusement le développement d'un processus d'abstraction, parce qu'au sein même de l'expérience tactile l'aveugle bute sur un tout indivisible et homogène allant vers l'infini. De là cette complicité étrange, déjà ressentie par Saunderson, entre d'une part le contact au sens le plus concret et physique du terme, puisque tactile, et d'autre part l'abstraction qui découpe le monde « *par la pensée* » afin d'y mettre de l'ordre : « l'abstraction ne consiste qu'à séparer par la pensée les qualités sensibles des corps » (32). Le procédé le plus analytique, celui du toucher, conduit paradoxalement à l'expérience métaphysique du vide. De l'abstraction mathématique, « celle par laquelle tout se réduirait à des unités numériques », Diderot dit ainsi qu'elle est « réservée aux intelligences pures » (32), pureté de l'esprit qu'il retrouve dans la métaphysique, car : « Un moyen presque sûr de se tromper en métaphysique, c'est de ne pas simplifier assez les objets dont on s'occupe » (32).

Mais ce n'est qu'en apparence que Diderot met mathématiques et métaphysique sur le même plan. Il se méfierait plutôt du formalisme des mathématiques, discipline qu'il n'invite nullement à reprendre la place laissée vacante par l'ancienne métaphysique chrétienne. Car les mathématiciens ne rompent pas avec celle-ci, dans la mesure où eux aussi géométrisent dans la matière : « cette manière de philosopher est trop approchante de celle de l'Etre suprême qui [...] *géométrise* perpétuellement dans l'univers » (33). Sur ce point donc, Diderot anticiperait plutôt sur la critique que les *Pensées sur l'interprétation de la Nature* dirigeront explicitement contre la métaphysique sèche des géomètres et que les *Pensées philosophiques* avaient déjà annoncée[1]. Si les aveugles sont « grands géomètres », c'est précisément que leur monde en noir et blanc est à la fois plus concret et plus abstrait que celui constitué par les illusions colorées et perspectivistes de ceux qui voient. Mais à peine Diderot s'est-il écrié « aussi les plus grands physiciens, Galilée, Descartes, Neuton, ont-ils été grands géomètres » (43), qu'une nuance critique se mêle à son admiration. L'essentiel, pour le philosophe de l'expérience, c'est malgré tout d'obtenir « un résultat confirmé par les phénomènes » ; c'est « le phénomène à expliquer » (43). Les « suppositions » (43), préoccupation première des mathématiciens, sont fausses, si elles ne peuvent trouver dans la nature leur preuve, et seulement possibles, si elles se rapportent à un phénomène. Au moyen des formules mathématiques, les aveugles peuvent fixer par calcul à peu près tous les objets actuels et virtuels (« Il faut convenir que les résultats de cette géométrie seraient bien exacts, et ses formules bien générales ; car il n'y a point d'objets, soit dans la nature, soit dans le possible, que ces unités ne pussent représenter des points, des lignes, des surfaces, des solides, des pensées, des idées, des sensations » (32-33)) ; mais ce passage à la physique se fait au dépens du monde sensible : « le passage de la physique est franchi, et la question devient purement mathématique » (43). Auparavant plein d'admiration pour le mathématicien, Diderot ne tarde pas à en dénoncer l'isolement vis-à-vis du monde et il clôt

1. Voir Chapitre premier, p. 52.

la réflexion par ces mots ironiques : « voilà toute la certitude à laquelle il peut arriver » (44). Aussi Diderot dénonce-t-il l'élément idéaliste des prestations intellectuelles si louables des *Eléments d'algèbre* de Saunderson : « Nous y aurions trouvé les définitions du point, de la ligne, de la surface, du solide, de l'angle, des intersections des lignes et des plans, où *je ne doute point qu'il n'eût employé des principes d'une métaphysique très abstraite et fort voisine de celle des idéalistes* ». (44, nous soulignons)

A y voir de plus près, Diderot ne fait que reprendre sa critique, virulente, de la métaphysique idéaliste en faisant coïncider le mathématicien avec l'adepte de ce « système extravagant qui ne pouvait [...] devoir sa naissance qu'à des aveugles : système qui, à la honte de l'esprit humain et de la philosophie, est le plus difficile à combattre, quoique le plus absurde de tous » (44). Encore Diderot se sert-il des aveugles, non pas comme auparavant pour démontrer la cécité de la croyance chrétienne, mais pour affirmer que les mathématiciens à leur tour sont aveuglés par les calculs mathématiques qui ne sont pas liés aux phénomènes. Science par conséquent « *difficile à combattre* », mais « *absurde* » aussi, parce qu'elle ne repose que sur sa propre logique interne, non sur les phénomènes du multiple. Diderot se voit d'ailleurs conforté dans cette conclusion par les philosophes aussi opposés que Berkeley et Condillac, parce que aussi bien l'idéaliste que le sensualiste affirment qu'on ne peut jamais sortir du « je pense »[1].

Or, puisque Diderot, grâce aux aveugles, s'intéresse beaucoup moins au « je pense » qu'au »je peux » du corps, il amorce en réalité l'esquisse d'un nouveau modèle mécanique du toucher, un modèle qui n'adhère pas non plus, soulignons-le, à celui des sensualistes pour qui toute connaissance provient des sens. Certes, puisque la transmission du sensible ne saurait être immédiate ou gouvernée par l'esprit, les médiations sont-elles nécessaires dans le traitement du sensible, telles les mathématiques qui satisfont au besoin de conceptualiser et d'apprivoiser l'espace invisible à travers lequel le monde sensible apparaît et devient connaissance, mais elles attestent en même temps qu'il doit y avoir quelque chose, plutôt que rien, qui se prête à la médiation et qui, par conséquent, ne peut pas être réduit aux sphères stériles des formules. Que le sensible soit impur, qu'il

1. Diderot cite assez librement (voir R. Niklaus, *DPV IV*, n. 56, p. 45) l'*Essai sur l'origine des connaissances humaines* de Condillac : « soit que nous nous élevions jusqu'aux cieux, soit que nous descendions jusque dans les abîmes, nous ne sortons jamais de nous-mêmes, et ce n'est que notre propre pensée que nous apercevons » (45). Il est évident que cette déclaration s'accorde davantage avec l'idéalisme de Berkeley, qui niait l'existence du monde extérieur, qu'avec Condillac lui-même. Mais précisément au sujet du problème de Molyneux, il importe à Diderot de montrer une certaine cécité idéaliste chez Condillac.

émane d'une matérialité si épaisse qu'il ne saurait être l'effet des calculs, ce serait là la véritable leçon métaphysique des aveugles. C'est en tout cas au nom de cette réalité, multiple et opaque, que Diderot a combattu les mathématiciens et les géomètres. Et les mathématiciens aveugles sont deux fois aveugles, pour autant qu'ils font abstraction de cette empreinte métaphysique d'un dehors vertigineux, de cette « autre métaphysique » que le toucher pourtant leur aurait enseignée dans et par l'expérience tactile elle-même. A leur tour, les médiations mathématiques révèlent le paradoxe du sujet connaissant, puisque celui-ci ne peut, pas même avec les mathématiques, se défaire du corps sentant. Cette impossibilité vaut également pour une autre structure médiatrice, celle de la *langue* qui met le monde en signes.

Lorsque Diderot et son ami, après s'être entretenus avec l'aveugle de Puiseaux, lui font part de leur surprise, l'aveugle ne peut s'empêcher de donner libre cours à son irritation croissante : « je m'aperçois bien, Messieurs, [leur] dit-il, que vous n'êtes pas aveugles : vous êtes surpris de ce que je fais, et pourquoi ne vous étonnez-vous pas aussi de ce que je parle ? » (25) Diderot cependant ne tarde pas à s'intéresser à cette réaction spontanée qui contiendrait « plus de philosophie [...] qu'il ne prétendait y en mettre lui-même » (25). Car, quant à la question du langage même, ceux qui voient peuvent tirer bénéfice de l'expérience des aveugles. On peut parler de ce qu'on n'a jamais vu, mais peut-on voir ce dont on n'a jamais parlé ?

Nous venons d'apprendre que l'aveugle, comme Saunderson, maîtrise souvent le signe le plus abstrait de tous, le signe mathématique – cette « unité pure et simple » à laquelle Diderot reproche d'être « un symbole trop vague » (33) pour les hommes en général. Mais il ne dispose pas d'un langage dont les signes seraient fondés sur des sensations tactiles. Soit l'aveugle se sert du langage des mathématiques et s'éloigne de la réalité matérielle, soit il baigne, par le toucher et l'ouïe, dans celle-ci sans langage qui lui soit propre. La première leçon des aveugles en ce qui concerne le langage sera ainsi de définir le langage de ceux qui voient comme système institué de signes distincts, tout en constatant que les aveugles au niveau du toucher ne disposent pas d'un tel système linguistique : « Nous en [signes qui servissent d'entrepôt au commerce mutuel de nos idées] avons institué pour les yeux, ce sont les caractères ; pour l'oreille, ce sont les sons articulés ; mais nous n'en avons aucun pour le toucher » (33).

Nos linguistes d'aujourd'hui seraient certainement plus prudents quant à la question de savoir si, oui ou non, le toucher donne matière à une structuration linguistique. Diderot affirme que le toucher, ne possédant ni de syntaxe, ni de grammaire, ne joue aucun rôle constitutif dans l'organisation du signe porteur de sens. Mais n'a-t-il pas lui-même, et parmi les premiers, fait connaître les principes de la cécographie en réclamant l'invention d'un langage du toucher : « Il ne s'agit donc que de le [le langage] fixer et d'en faire une grammaire » (34). Certes, ce langage des aveugles n'appartiendrait pas, au sens strictement linguistique, au toucher, mais à la vue et, beaucoup plus constitutivement que Diderot ne le dit, à l'ouïe. Aussi bien les machines à calculer de Saunderson que les caractères en relief dont se servent l'aveugle de Puiseaux et Mélanie traduisent deux systèmes linguistiques, celui des nombres et celui de l'alphabet. Bien sûr, les aveugles savent lire, encore leur faut-il y parvenir au moyen d'opérations analogiques qui permettent au toucher d'assimiler ce système de différences formalisées qu'est le langage.

Heureusement, pour nous, Diderot ne se limite pas à des considérations rigoureusement linguistiques, qui à vrai dire souffrent d'inconsistance, quelle que soit leur avance sur les idées qu'on se faisait alors du langage. Comme auparavant, lorsqu'il s'aventurait à avoir des « intuitions physiques » au nom de Saunderson, Diderot va se permettre quelques « intuitions linguistiques », scientifiquement peu fondées, mais néanmoins susceptibles d'engager une réflexion sur la nature du langage. En fin de compte, le langage comporterait, lui aussi, une certaine cécité ; et voilà les aveugles aussitôt convoqués pour attester l'immatérialité alarmante du langage, dans la mesure où, même pour ceux qui voient, les termes semblent s'éparpiller dans un réseau subtil de différences et d'analogies sans correspondre à des « objets sensibles » : « Nous ne parvenons à attacher une idée à quantité de termes qui ne peuvent être représentés par des objets sensibles, et qui, pour ainsi dire, *n'ont point de corps,* que par une suite de combinaisons fines et profondes des analogies que nous remarquons, entre ces objets non sensibles ; et les idées qu'ils excitent. » (25, nous soulignons) Les aveugles, mettant ainsi en évidence la réduction sémiotique que représente le langage par rapport au monde sensible, font voir que le langage, parsemé de « trous » non-sensibles, opère lui aussi en-deçà du sensible et du visible.

Diderot cependant n'en reste pas à ces définitions plutôt restrictives. Car les mots, aussi peu sensibles soient-ils, peuvent également donner lieu à une matérialité linguistique nouvelle et active ; ils sont parfois riches en images. Autrement dit, le langage est doté d'une capacité métaphorique, et le mérite des aveugles ne consiste pas moins à mettre en valeur cette magie. Il est frappant, par exemple, lorsque Diderot souligne que Saunderson « était fécond en expressions heureuses » (41), qu'il définisse celles-ci de la manière suivante : « ce sont celles qui sont propres à un sens, au toucher par exemple, et qui sont métaphoriques en même temps à un autre sens, comme aux yeux, d'où résulte une double lumière pour celui à qui l'on parle ; la lumière vraie et directe de l'expression, et la lumière réfléchie de la métaphore » (41). Conçue ainsi, la métaphore est, conformément à son étymologie grecque, *transport*, non seulement du propre au figuré, mais d'un registre sensoriel à un autre[1]. Et tout comme il n'y a pas identité entre le propre et le figuré, les énoncés portés par ces registres sensoriels différents sont incompatibles. C'est cependant au moyen de cette différence même qu'ils entrent dans un jeu signifiant les uns avec les autres. Diderot avait déjà effleuré l'idée d'une telle harmonie conflictuelle des sens, lorsque, quelques pages plus haut, il s'était proposé une véritable théorie des correspondances : « Ajouter le toucher à la vue quand on a assez de ses yeux ; c'est à deux chevaux, qui sont déjà fort vifs, en atteler un troisième en arbalète, qui tire d'un côté, tandis que les autres tirent de l'autre. » (26) Analogues à cet attelage de chevaux, les expressions de Saunderson sont heureuses, parce qu'elles sont parlantes pour ceux qui voient, même si sa connaissance du monde ne s'appuie que sur le toucher. Elles vibrent autour d'une signification, que les autres sens n'attendent que de « co-produire » en prenant le relais du toucher, participation multiple qui rend difficile, sinon illusoire, l'hypothèse d'une signification propre et première. Et à peine Diderot a-t-il ainsi constaté que « Saounderson ne s'entendait qu'à moitié », qu'il reconnaît dans cette défaillance une condition épistémologique qui vaut pour tous : « qui est-ce qui n'est pas de temps en temps dans le même cas ? » (41)

Cette question fait entrevoir que les problèmes linguistiques confinent en réalité à l'esthétique et, au fond, appellent une pensée esthétique. De même, plus tard, dans la *Lettre sur les sourds et muets,* Diderot a du mal à se tenir aux questions purement linguistiques sans constamment se laisser glisser vers le champ, plus vaste et incertain, de l'esthétique. Ce glissement s'opère ici, dès que les aveugles ont réussi à faire comprendre que l'insuffisance des mots leur préexiste, car elle est constitutive de la métaphore. Faute de noyau propre, la métaphore n'est rien d'autre que transports de sens perpétuels, d'où sa force créatrice, presque ontologique. Par opposition aux médiations mathématiques, il n'y aura donc jamais, dans le cas des médiations linguistiques, équité entre signe et sens, mais un déséquilibre difficile à gérer. Voilà pourquoi Diderot compare les aveugles à deux cas linguistiques extrêmes, d'une part avec les idiots, qui, à leur insu, parviennent à trouver le terme vrai et original, d'autre part avec les savants dont les mots sophistiqués se révèlent parfois complètement vides de sens. Semblable à *l'étranger,* l'aveugle se hasarde dans une langue

1. R. Niklaus rappelle l'origine grecque de la métaphore (*DPV IV,* n. 49, p. 41). Par sa conception de la métaphore, Aristote invite, en effet, à privilégier le transport et le mouvement d'un terme à l'autre, et non pas les termes comme entités positives. Voir Ricœur, *La métaphore vive*, Gallimard, 1975.

étrangère, mais par cette audace même il préfigure *l'écrivain* qui avec son « imagination vive » alimente les termes d'une force nouvelle : « toute langue en général étant pauvre de mots propres pour les écrivains qui ont l'imagination vive, ils [les aveugles] sont dans le même cas que les étrangers qui ont beaucoup d'esprit » (42).

Ces pensées peuvent en effet être vues comme un prologue esthétique à la *Lettre sur les sourds et muets*, ouvrage qui de manière plus profonde traite de la relation entre signe et sens. Il est vrai que Diderot aborde l'esthétique dans des termes plus explicites, lorsqu'il constate, chez l'aveugle de Puiseaux, une application purement pratique du jugement esthétique de ceux qui voient : « quand il dit, *cela est beau,* il ne juge pas, il rapporte seulement le jugement de ceux qui voient » (19). Mais cette observation reflète les théories esthétiques de l'époque plutôt qu'elle ne les dépasse[1]. Bien plus originales sont les réflexions sur le langage, parce qu'elles anticipent, répétons-le, sur l'invention artistique de mots capables de remédier à l'insuffisance structurelle du langage. La langue esthétique transformerait l'insuffisance des mots en une expressivité autre sans pour autant, comme dans le cas des mathématiques, s'enfermer dans un univers logique dans lequel règne, entre le signe et son sens, une équivalence inébranlable. Bien au contraire, cette langue ferait de la défaillance linguistique et des tensions sémantiques sa possibilité et sa richesse mêmes.

Ces ambitions esthétiques, Diderot semble curieusement les relier au toucher et aux expériences tactiles exposées dans la *Lettre sur les aveugles.* Quoique la vue et l'ouïe possèdent chacune une langue artistique (la peinture et la musique), elles existent aussi comme langues au sens strictement sémiologique, tandis que le toucher manque les compétences linguistiques les plus fondamentales. Cette absence, Diderot l'a déjà soulignée en soutenant que, des trois sens, le toucher est celui qui est laissé sans langage propre. Il n'abandonne néanmoins jamais l'idée selon laquelle le toucher disposerait d'une forme de langue, admettant la possibilité qu'« il y ait une manière propre de parler à ce sens, et d'en obtenir des réponses » (33). Ainsi Diderot nous rappelle-t-il que Saunderson déchiffrait des images créées par les mouvements d'une ligne dessinée sur sa peau et qu'en général la sensibilité corporelle oriente le plaisir esthétique de l'aveugle vers les formes les plus éthérées de l'art (« haleine », « voix ») : « La beauté de la peau,

1. Derrière la distinction entre le jugement esthétique des clairvoyants et le simple repérage des proportions, réservé aux aveugles, R. Niklaus note l'influence du Père André. Dans son *Essai sur le beau* (1741), celui-ci avait ainsi établi une distinction entre « *le beau naturel* », atteint par l'observation des formes de la nature, et « *le beau essentiel* », qui, en dehors des formes concrètes, serait issu d'un élément inimitable, voire idéaliste. Voir *DPV IV*, n. 11, p. 78.

l'embonpoint, la fermeté des chairs, les avantages de la conformation, la douceur de l'haleine, les charmes de la voix, ceux de la prononciation sont des qualités dont il fait grand cas dans les autres. » (25) Il existerait ainsi, malgré tout, une langue du toucher, une espèce de peinture intime pour les aveugles : « Il y a donc une peinture pour les aveugles ; celle à qui leur propre peau servirait de toile. » (47) Voilà pourquoi les statues fourniraient aux aveugles une mémoire plus vivante que celle de l'image de la personne aimée : « Quelle douceur pour un amant qui aurait bien tendrement aimé, de promener ses mains sur des charmes qu'il reconnaîtrait, lorsque l'illusion qui doit agir plus fortement dans les aveugles qu'en ceux qui voient, viendrait à les ranimer ; mais peut-être aussi plus il aurait de plaisir dans ce souvenir, moins il aurait de regret. » (46)

Ces observations sur la réceptivité du toucher font voir que Diderot malgré ses déclarations issues d'une première approche s'imagine le toucher comme une langue en-deçà des langues véritables. Le tact opère à un niveau si refoulé, mais si fondamental aussi, qu'on en fait trop facilement abstraction. Si le toucher n'a donc pas donné lieu à un art particulier, comme la vue à la peinture et l'ouïe à la musique, ce serait peut-être qu'il représenterait l'art le plus commun à tous : l'amour et l'érotisme[1]. Comme toute langue comporte une réciprocité, l'aveugle lui aussi entend au moyen de sa propre superficie sensible.

Voilà que le toucher, domaine de la précision géométrique par excellence et, pour cette raison même, enclin aux mathématiques, finit par symboliser la langue esthétique, langue à la fois aveugle et douée de vue. Et, du même coup, s'opère un retour au corps, car après avoir mis en relief chez ceux qui voient la réduction sémiotique du monde sensible, les aveugles se montrent capables, par une sensibilité raffinée, d'appréhender le monde comme une infinité de nuances délicates. En tant que guides linguistiques, les aveugles confirment donc le rôle primordial des médiations dans la construction du sensible sans pour autant élever celles-ci en théorie de la vue. Quelles soient de nature mathématique ou linguistique,

1. Il est frappant de constater que même la théorie esthétique moderne préfère renoncer à penser le toucher dans l'art. Mikel Dufrenne, pourtant, a tenté récemment d'inclure le toucher dans une théorie des sens en le rapprochant de l'art de l'érotisme : « Oui, l'érotisme est un art, un art proprement populaire, qui n'est pas, Dieu soit loué, réservé à des spécialistes ou à des génies, que chacun réinvente pour son propre compte avec plus ou moins de bonheur, sans qu'il s'identifie jamais au système de recettes ou de techniques auquel se réduit la pornographie. » Et Dufrenne continue en faisant référence explicitement à Merleau-Ponty : « Art dont la matière est la chair, à laquelle il faut garder ici le sens que lui donne Merleau-Ponty : chair d'un corps qui est tout entier zone érogène, chair qui s'éprouve en s'illimitant dans le don qu'à la fois elle offre et reçoit ». *L'œil et l'oreille,* Éditions Jean-Michel Place, 1991, p. 104-105.

les médiations traduisent des *possibilités* du sensible et du visible, non pas des vérités absolues.

Reposer le problème de Molyneux

De nombreuses informations ont été données à Diderot par ses aveugles, fidèles et loquaces. Avec lucidité, ils ont démontré à quel point ceux qui voient entretiennent des rapports profonds avec la cécité. Le métaphysicien est aveugle, parce qu'il croit voir Dieu sans jamais le voir en réalité. Le mathématicien est aveugle, parce que ses calculs obéissent aux lois formalistes et logiques, non pas au monde sensible. Le linguiste à son tour est aveugle, parce qu'il bute sur des mots qui ne sauraient trouver de visibilité entière. Mais plus radicalement encore, les aveugles ont laissé entrevoir que la vue elle-même est traversée par une cécité fondamentale, par une armature de médiations invisibles. Tels sont en résumé les résultats auxquels le problème de Molyneux s'offre comme le lieu privilégié d'une conclusion.

Le problème de Molyneux posait, nous l'avons déjà indiqué, la question de savoir si un aveugle-né, ayant bénéficié d'une opération de la caratacte, allait être capable de distinguer un cube d'un globe par le seul sens de la vue[1], question qui par la suite avait donné lieu à un débat épistémologique particulièrement vif à l'époque. Au centre de ce débat se voyait posée une série de questions concernant l'apport des sens dans le travail général de la connaissance : quels sont les rapports qu'entretiennent entre eux les sens ? Les données enregistrées par des sens différents sont-elles identiques ou bien incompatibles ? Et quelle place l'expérience occupe-t-elle dans le jeu entre les sens et la connaissance ? Le concept d'*expérience* constituait en effet la base des réponses données d'abord par Molyneux lui-même, ensuite par Locke, étant donné que ces deux philosophes pensaient que l'« ex »-aveugle ne serait pas en mesure de désigner les figures exposées à distance. Diderot cite à peu près littéralement leur position dans les termes suivants : « Il n'y a que l'expérience qui puisse m'apprendre s'il y a conformité de relation entre la vue et le toucher » (58).

1. Locke, d'après Molyneux, avait formulé le fameux problème dans les termes suivants : « Supposez un aveugle de naissance qui soit présentement homme fait, auquel on ait appris à distinguer par l'attouchement un cube et un globe du même métal, et à peu près de la même grosseur, en sorte que lorsqu'il touche l'un ou l'autre, il puisse dire quel est le cube, et quel est le globe. Supposez que, le cube et le globe étant posés sur une table, cet aveugle vienne à jouir de la vue : on demande, si en les voyant sans les toucher, il pourrait les discerner, et dire quel est le globe, et quel est le cube. » Cité de Mérian, *op. cit.*, p. 6.

Locke, surtout, avait souligné l'échange nécessaire entre les sens qui, pris séparément, travaillent de façon si différente qu'ils conduiraient à des connaissances aussi différentes, si l'expérience ne les avait pas soumis à une communication inter-sensorielle. Si par exemple le toucher ne fournissait pas à la vue une investigation préalable, sinon simultanée, du champ de la vision, celle-ci ne serait pas correctement informée de ce qu'elle perçoit : « peut-être même croirais-je que ce qui se présente actuellement à ma vue, n'est qu'une pure apparence, si l'on ne m'avait informé que ce sont là les mêmes corps que j'ai touchés. » (58)

Diderot complète la réponse négative des empiristes anglais avec les idées de Condillac. Quoique ce dernier ait souligné lui aussi le rôle décisif de l'expérience – « c'est l'expérience seule qui nous apprend à comparer les sensations avec ce qui les occasionne » (62) –, et qu'il ait donc renoncé à sa position nettement affirmative dans l'*Essai sur l'origine des connaissances humaines* [1], Condillac semble radicaliser la réflexion de Locke. Car, selon lui, l'aveugle ne verrait pas, quelque objet que ce soit. Dans de longues citations, légèrement retouchées, Diderot expose ainsi l'idée de Condillac selon laquelle « on ne voit rien la première fois qu'on se sert de ses yeux », mais seulement une « multitude de sensations confuses » (61) [2]. L'important est cependant que le sensualiste français se rallie aux empiristes anglo-saxons et à leur refus de l'explication rationaliste, celle avec laquelle Leibniz avait soutenu que *l'idée,* pure instance spirituelle, assure à la sensation son identité [3].

1. Diderot renvoie au *Traité des sensations* et non pas à l'*Essai sur l'origine des connaissances humaines.* Même si celui-là ne fut publié qu'en 1754, Condillac avait déjà achevé son manuscrit en 1749. Condillac fait d'ailleurs lui-même le commentaire de son changement d'avis dans la préface au *Traité :* « J'étois dans ces préjugés, lorsque je publiai mon Essai sur l'origine des connoissances humaines. Je n'avois pu en être retiré par les raisonnemens de Locke sur un aveugle-né, à qui on donneroit les sens de la vue ; et je soutins contre ce philosophe que l'œil juge naturellement des figures, des grandeurs, des situations et des distances. » Fayard, 1984, p. 10.

2. Condillac traite de l'aveugle opéré par Cheselden sous le titre suivant : « *Il ne discerne ni à la forme, ni à la grandeur* ». Et il constate entre autres ceci : « Il apercevoit tous les objets pêle-mêle et dans la plus grande confusion, et il ne les distinguoit point, quelques différentes qu'en fussent la forme et la grandeur », *op. cit.,* p. 197. Nous allons voir que Diderot prendra plus au sérieux cette description que Condillac lui-même.

3. J.B. Mérian résume la position rationaliste de Leibniz ainsi : « M. Leibniz ne pense pas que cela se fasse si vite. Il croit cependant que par les principes de la Raison, aidés des connaissances que le Toucher lui a fait acquérir, l'aveugle-né pourra discerner les deux corps », *op. cit.,* p. 21-32. Mérian insiste sur l'instance organisatrice de l'idée en se référant à un autre partisan de la réponse affirmative : « l'idée du cube ou du globe vu, et l'idée du globe touché, quoique modifiées par diverses perceptions accessoires, sont essentiellement la même idée », *op. cit.,* p. 22-23. Que les perceptions soient accessoires et l'idée essentielle, voilà l'argument rationaliste.

Pour Diderot, cependant, l'affaire n'est pas close : « Il semblerait qu'après avoir été maniée par des Mrs. Molyneux, Locke et l'abbé de Condillac, elle [la question] ne doit plus rien laisser à dire ; mais il y a tant de faces sous lesquelles la même chose peut être considérée qu'il ne serait pas étonnant qu'ils ne les eussent pas toutes épuisées » (57) ; et, égal à lui-même, Diderot prévoit une réconciliation des modèles négatif et affirmatif : « vous allez voir par l'examen que j'en ferai, combien ceux qui ont prononcé que l'aveugle-né verrait les figures, et discernerait les corps étaient loin de s'apercevoir qu'ils avaient raison, et combien ceux qui le niaient, avaient de raisons de penser qu'ils n'avaient pas tort. » (59) Autrement dit, Diderot estime nécessaire de *reposer* le problème de Molyneux. Il n'en reste pas moins que son élaboration se calque sur la réponse de Condillac. Sur des pages entières, Diderot cite Condillac, mais à regarder de plus près cette paraphrase développée on verrait qu'il ne le cite que pour mieux se détacher de lui. Ainsi, après avoir mis au net, avec Condillac, le fait que les mécanismes constitutifs de la vision se rapportent à l'expérience en général et au toucher en particulier, Diderot avance-t-il une hypothèse diamétralement opposée à celle de Condillac en affirmant *l'autonomie de la vue*. L'œil peut voir de lui-même, déclare-t-il, et il apprend à voir de et par lui-même. Des images se dessinent sur la rétine sans l'aide du toucher, sans parler du fait que le toucher entre peu dans la perception des couleurs. Si le toucher jusqu'à présent a occupé le devant de la scène, certainement afin de prendre des distances par rapport à Descartes qui privilégiait la vue, il s'agira donc maintenant de réhabiliter la vue en lui assurant, à elle aussi, une autonomie légitime.

Ce brusque tournant est redevable à la fragmentation en plusieurs questions du problème de Molyneux effectuée par Diderot. Premièrement, Diderot demande si « l'aveugle-né verra *aussitôt* que l'opération de la cataracte sera faite » ; deuxièmement « s'il verra *suffisamment* pour discerner les figures » ; troisièmement « s'il sera en état de leur appliquer *sûrement* en les voyant, les mêmes *noms* qu'il leur donnait au toucher » ; et finalement « s'il aura *démonstration* que ces noms leur conviennent » (59, nous soulignons). Quatre questions qui, allant des premiers moments incertains de la perception au repérage d'abord suffisant et ensuite certain du champ de vision, permettront à Diderot de penser l'effet du *temps* dans la vision.

L'originalité de la réponse de Diderot au problème de Molyneux résulte surtout des deux premières questions qui attirent l'attention aux tout premiers moments au cours desquels l'œil opéré subit l'impact des données sensorielles : cet œil, verrait-il « aussitôt » après l'opération et saurait-il se former une esquisse *suffisante* des figures exposées ? Car c'est en projetant ainsi la perception en avant, vers son socle premier, que Diderot peut soutenir que l'œil voit de lui-même et qu'il a ses propres processus d'apprentissage : « Je pense que la première fois que les yeux de l'aveugle-né s'ouvriront à la lumière, il n'apercevra rien du tout ; qu'il faudra quelque temps à son œil pour s'expérimenter, *mais qu'il s'expérimentera de lui-même et sans le secours du toucher,* et qu'il parviendra non seulement *à distinguer les couleurs,* mais à *discerner au moins les limites grossières* des objets. » (66-67, nous soulignons) Cette réponse commence par le constat selon lequel l'aveugle « n'apercevra rien du tout », résumé assez fidèle de cet « amas confus de figures qu'il ne sera pas en état de distinguer les unes des autres » (57) sur lequel Condillac avait insisté. Mais après une certaine accoutumance à la situation nouvelle, qui n'est peut-être, précise Diderot, que « l'ouvrage d'un moment » (64), l'œil guéri discernerait les figures, sinon « distinctement » (63), au moins leurs « limites grossières ».

Tout se passe comme si Diderot était en train d'isoler le *voir* en tant que tel pour repousser l'analogie, néfaste, de la vue avec la langue. Alors que Condillac avait dit qu'« il faut que l'œil apprenne à voir, comme la langue à parler » (59), Diderot dirait qu'il faut que l'œil apprenne, non pas à lire, mais, précisément, à *voir.* Car les premières impressions confuses et floues ne sont précisément pas *rien.* Toujours est-il que les yeux voient ce qui apparaît ; qu'il y a *quelque chose là plutôt que rien.* On pourrait donc dire que Diderot attire l'attention dans la perception sur cette partie de son activité qui n'est pas encore liée à la signification de la chose vue. Et dans ce domaine d'une vision projetée, il ne convient pas d'accorder au toucher une part constitutive. Il suffit à Diderot d'évoquer la nature peu tactile des couleurs – « [j]e demanderai, si c'est le toucher qui apprend à l'œil à distinguer les couleurs ? » (63) – pour donner lui-même la réponse : « Je ne pense pas qu'on accorde au tact un privilège aussi extraordinaire » (63). Certes, le toucher demeure-t-il indispensable à la connaissance de certaines propriétés des choses, telles leurs distances et leurs solidités, mais, même dans ce contexte plus cognitif, la vue doit aussi souvent avertir le toucher de l'existence des choses. Du moins faudrait-il dire que « ces services sont réciproques » (62), et que rien ne permet de conclure à « une dépendance essentielle » (62). Reste que c'est la vue seule qui permet de distinguer les couleurs, raison pour laquelle Diderot d'ailleurs objecte à Molyneux qu'il aurait dû se servir de figures de couleurs différentes.

C'est donc l'œil lui-même qui fait don de la vue. Diderot parle même d'une « destination des organes » (63). La vue demeure miraculeuse, parce qu'elle procure la meilleure de toutes les représentations : « il n'y a point de peintre assez habile pour approcher de la beauté et de l'exactitude des miniatures qui se peignent dans le fond de nos yeux » (63). Faisant ainsi l'éloge d'une vue « naturelle », dont la représentation serait le modèle premier de toute représentation artistique, la vue s'éloigne de ses anciennes déterminations géométriques. D'ailleurs, ce n'est guère un hasard si, à plusieurs reprises, Diderot emprunte à la peinture des analogies pédagogiques. Car le peintre n'est-il pas celui qui sait créer de la profondeur là où il n'y que surface[1] : on voit la profondeur d'un tableau sans pour autant pouvoir la toucher sur la toile plane. De même, le perroquet de Madame sait parfaitement se regarder dans la glace, si bien qu'il lui faut faire le tour du miroir pour se convaincre de l'illusion de l'existence de son semblable, petite anecdote qui a la valeur méthodologique d'« une expérience animale où le préjugé ne peut avoir de part » (65). L'homme primitif, à son tour, ferait la même confusion entre l'image et la réalité : « la peinture fit le même effet sur les sauvages, la première fois qu'ils en virent : ils prirent des figures peintes pour des hommes vivants ; les interrogèrent, et furent tout surpris de n'en recevoir aucune réponse : cette erreur ne venait certainement pas en eux du peu d'habitude de voir » (61). Si Diderot, donc, s'intéresse non seulement à l'aveugle-né auquel on a rétabli la vue, mais aussi au peintre, à l'animal et à l'homme primitif, c'est bien que ces êtres, soit par infirmité, soit par maladresse, soit encore par naïveté ou à l'inverse par maîtrise des techniques de l'illusion, se rejoignent dans une remise en cause des intuitions intellectuelles de la raison. L'animal et l'homme primitif voient ce qu'il n'y a pas, l'aveugle guéri voit quelque chose dont il ne connaît pas encore la nature exacte, tandis que le peintre s'efforce d'unir le matériel du visible (couleurs, lignes, etc.) à l'illusion de l'image ; c'est-à-dire que tous ne voient pas forcément ce que la raison a défini, mais qu'*ils voient*. Grâce à la vue, ils bénéficient d'un accès direct au monde.

Le temps qu'il faut pour que l'œil guéri puisse voir plus que ce rien qui sous la plume de Diderot n'est jamais tout à fait rien, ce n'est donc pas seulement le temps du toucher, ni celui de l'expérience, ni celui du langage (c'est certainement aussi cela, mais plus tard) ; c'est le temps *propre à l'œil*, un temps de nature *physiologique* : « tout le temps nécessaire aux humeurs de l'œil pour se disposer convenablement ; à la cornée pour prendre la convexité requise à la vision, à la prunelle pour être susceptible de la dilatation et du rétrécissement qui lui sont propres ; aux filets de la rétine pour n'être ni trop ni trop peu sensibles à l'action de la lumière ; au cristallin pour s'exercer aux mouvements en avant et en arrière qu'on lui

1. L'observation de Diderot sur la peinture n'est pas dépourvue d'intérêt pour la phénoménologie moderne. Ainsi, selon Merleau-Ponty, la tâche de l'art consiste-t-elle à recréer le vu. Lui aussi souligne que « la peinture nous fait voir l'espace là où il n'y en a pas », *L'Œil et l'Esprit* (1960), Gallimard, 1964, p. 44.

soupçonne ; ou aux muscles pour bien remplir leurs fonctions ; aux nerfs optiques pour s'accoutumer à transmettre la sensation ; au globe entier de l'œil pour se prêter à toutes les dispositions nécessaires, et à toutes les parties qui le composent, pour concourir à l'exécution de cette miniature dont on tire si bon parti, quand il s'agit de démontrer que l'œil s'expérimentera de lui-même. » (63-64) Toutes ces conditions que Diderot énumère avec un enthousiasme anatomico-poétique, qui lui est propre, renvoient à la physionomie des yeux, à leurs nerfs, à leurs muscles, etc., conditions dont il convient par conséquent de dire qu'elles sont, non pas hors, mais *dans* l'œil (« ces conditions qu'on exige dans l'œil » (64)) et que « ce n'est point le toucher qui les lui donne », mais l'œil qui « les acquiert de lui-même » (64).

La divergence entre Condillac et Diderot surgit donc au moment où ce dernier découvre que voir prend du temps. Désormais, voir appartient moins à l'immédiat et à l'expérience qu'au *devenir,* à ce qui est en train de prendre forme, de se dessiner. C'est « l'expérience de l'organe » (65) qui compte, non l'expérience *in abstracto.* Voilà pourquoi Diderot attache tant d'importance aux précautions à prendre pour que l'aveugle ne subisse aucun choc. Par exemple, « il faudrait traiter le malade dans l'obscurité [...] Je ne voudrais pas qu'on l'exposât au grand jour » (55). Mais il serait en même temps injuste de limiter la perspective de l'aspect physiologique à de telles mesures pratiques. La découverte originale de Diderot, c'est précisément que l'œil apprend à voir *en voyant*[1]. La vue offre une ouverture sensorielle particulière qui, de manière immanente, met le sujet au contact du monde.

Cependant, une chose était d'établir les conditions physiologiques, une autre était de savoir si l'aveugle, une fois ayant recouvré la vue, allait nommer les figures correctement. Pour répondre à cette dernière question, qui rejoint la formulation classique du problème de Molyneux, Diderot introduit et fait fonctionner une variation, non plus sur les organes sensoriels, mais sur les personnes à observer et, particulièrement, sur leurs niveaux d'esprit. S'agit-il, par exemple, « des personnes grossières, sans éducation, sans connaissances, et non préparées » (67), il y aura peu de chances que l'aveugle combine ce dont il a eu une connaissance par le toucher avec ce qu'il verra. C'est que, tout simplement, les concepts lui

1. Sur cette question de l'apprentissage de l'organe une parenté d'esprit avec Merleau-Ponty se décèle, dans la mesure où pour lui aussi l'artiste apprend fondamentalement à dessiner *en voyant :* « Précoce ou tardive, spontanée ou formée au musée, sa vision en tout cas n'apprend qu'en voyant, n'apprend que d'elle-même. » *Op. cit.*, p. 25. Aussi décrit-il l'œil comme l'« instrument qui se meut lui-même, moyen qui s'invente ses fins, l'œil est *ce qui* a été ému par un certain impact du monde », *op. cit.*, p. 26.

manqueront. Diderot remarque d'ailleurs que l'aveugle de Chelsenden, sur qui Molyneux et Locke avaient appuyé leurs commentaires, appartenait plutôt à cette catégorie de personnes peu éduquées, et que d'autres individus plus éclairés auraient certainement été plus aptes à nommer les figures, même « sans trop savoir pourquoi » (67). S'agirait-il par contre des véritables savants, tels le métaphysicien (Diderot s'imagine Locke aveugle) et le géomètre Saunderson, il serait probable qu'ils devineraient les rapports entre les figures vues et celles précédemment touchées. Là aussi, Diderot prévoit pourtant une divergence. Empiriste farouche, Locke maintiendrait jusqu'à la fin l'incompatibilité des sensations de nature différente : on ne peut prouver que le cube qu'on voit soit effectivement le même que celui qu'on a touché. Saunderson, plus pragmatique, ferait référence à une tierce instance de nature extra-sensible : à celle du jugement des *autres.* Ainsi l'expérience avait-elle appris à Saunderson que ses étudiants, à qui le professeur enseignait les lois géométriques du cercle, comprenaient fort bien, lorsqu'il leur montrait un cercle que lui-même ne pouvait que toucher. Les choses ne changent pas d'apparence à volonté, puisque tout le monde voit la même chose : « tous les hommes voient donc les uns comme les autres » (69). L'expérience doit inclure « le raisonnement et l'expérience des autres » (70).

En laissant ainsi apparaître des variations chez les aveugles à observer, Diderot parvient à montrer que c'est en réalité, là aussi, une instance *invisible* qui organise les sensations. Il faut *savoir* pour nommer, mais savoir n'appartient pas lui-même à l'ordre du visible. Les noms, les idées et les concepts pénètrent de toutes parts la matière vue et les sensations pour y mettre de l'ordre. Or, ce *temps sémantique* de la vue ne peut pas ne pas entrer en conflit avec les considérations physiologiques, qui accordaient à la vue une expérience autonome. En fait, la *Lettre sur les aveugles* se maintient dans et par cette tension entre la perception et la nomination. L'incertitude de Diderot face à la sémantique logique de Saunderson en est le signe le plus frappant. Certes, ce grand mathématicien aveugle semblait prouver l'identité entre les sensations du toucher et celles de la vue, mais, à y voir de plus près, les sens ne jouaient ici qu'un rôle subordonné. Car lorsqu'il s'agit de « la démonstration de quelque proposition d'éternelle vérité » – telle la définition du cercle dont il était question – les sens ne sont nullement autonomes, mais subordonnés au concept du cercle, puisque la définition, extra-sensible, vaut aussi bien pour l'aveugle que pour celui qui voit : « la proposition est vraie pour aveugle, comme pour lui » (71).

Tous ces déplacements nous laissent entendre que Diderot, en effet, ne saurait trahir le monde sensible du multiple et de l'hétérogène. Inlassablement à la recherche d'une réalité tellement plus complexe qu'on ne saurait la ramener à une formule univoque, il se refuse à s'installer dans les concepts. Rien d'étonnant, donc, si sa réflexion sur le problème de Molyneux se clôt sur une caricature. Car ce problème, ne se poserait-il pas tout différemment si l'on avait choisi « tout autre objet plus composé » (69) ? Bien peu de choses, naturelles comme artificielles, obéissent à la logique géométrique. L'aveugle, bien sûr, pouvait essayer de deviner un rapport entre forme et usage, par exemple entre la forme d'un chapeau et celle d'une tête. Mais l'ornementation particulière a rarement des causes pratiques, tel le bonnet académique de Saunderson : « eût-il pensé des angles et de la houppe de son bonnet carré ? à quoi bon cette touffe ? pourquoi plutôt quatre angles que six » (70) ?

Il est de plus en plus clair que l'élaboration par Diderot du problème de Molyneux a opéré un élargissement considérable du concept d'*expérience.* Ce n'est plus l'expérience empiriste, à forte charge idéologique, des sensualistes, mais l'expérience du corps et des sens *s'expérimentant eux-mêmes* qui attire l'attention du jeune philosophe. De plus, le toucher ne peut monopoliser le concept d'expérience, parce que Diderot n'accepte pas qu'une conception trop « géométrisante » du toucher détermine celle de la vue. Au lieu de concevoir la vue sous l'angle de l'empirisme, il assume une position infiniment plus délicate en la pensant dans un lieu, fort incertain, entre le physiologique et le sémantique.

Cette confrontation de la fonction sémantique (quand on nomme) avec la préparation physiologique (quand on perçoit sans trop savoir quoi) est peut-être à l'origine de l'attitude résignée, voire sceptique, avec laquelle Diderot abandonne le problème de Molyneux. Diderot ne pose-t-il pas la question favorite de Montaigne – « que savons-nous ? » – pour y répondre à la manière de Montaigne : « ce que c'est que la matière ? nullement. Ce que c'est que l'esprit et la pensée ? encore moins. Ce que c'est le mouvement, l'espace et la durée ? point de tout. » (72) Même les prétendues « vérités géométriques » ne sont que des formules qui, non sans une certaine tautologie, renvoient à elles-mêmes.

Cette déclaration n'est cependant pas, aussi peu que chez Montaigne lui-même, le reflet d'un scepticisme insouciant. Bien au contraire, elle rend implicitement hommage aux instances énigmatiques qui demeurent opaques à la raison humaine : à la matière, à l'esprit, au mouvement, à l'espace et au temps. Ces instances sont des conditions de possibilité de toute connaissance en même temps que celle-ci ne peut s'en affranchir. Ces « plis aveugles » de l'expérience et de la connaissance, n'est-ce donc pas cela même dont Diderot invite les aveugles à témoigner ? Du moins fallait-il que l'aveugle opéré se prêtât à « comparer les deux *conditions* par lesquelles *il a passé* » (65, nous soulignons). Or, ce qui s'est donné à voir dans le passage d'un sens à l'autre, du toucher à la vue, c'est ce qui les caratérise tous deux : dans la perception nous voyons et nous touchons plus (ou moins) que nous savons dans le « nominalisme ». Au lieu de rendre les sens prisonniers des mondes construits par l'esprit, Diderot s'est attaché à repenser l'assise transcendentale des sens. Qu'il ait commencé à penser le Toucher et la Vue avec une majuscule, telle est la double leçon de la *Lettre sur les aveugles* : la main ne touche pas seulement l'objet qu'elle touche, mais les conditions de possibilités infinitésimales du toucher ; de même, l'œil ne voit pas seulement l'image visible, mais les conditions de possibilités invisibles de la vue. Le savoir conceptuel, l'image finie, l'espace circonscrit et le temps mesuré sont tous redevables à une perception pour ainsi dire antérieure qui aura fourni au sujet des formes non-liées par l'esprit. Le Toucher et la Vue opèrent dans le sujet connaissant aussi bien une limitation conceptuelle qu'une ouverture esthétique.

Opuscule fort polémique, la *Lettre sur les Aveugles* mène pour autant une critique de la métaphysique dont la visée demeure spécifique. Même si l'on a voulu voir dans l'univers tactile des aveugles le déclin nécessaire et précipité de la métaphysique tout court, Diderot s'attache principalement à la métaphysique chrétienne et au déisme le plus naïf, sans que le thème métaphysique en tant que tel soit renié. D'ailleurs, il faut bien l'avouer : la critique de la métaphysique n'est guère le point fort de la *Lettre,* ni son occupation principale. Là où les aveugles ont apporté du nouveau, c'est dans cette manière par laquelle ils prêtent leur corps, privé du sens de la vue, à une réflexion philosophiquement plus ample sur le corps percevant. Et c'est bien au moyen du corps sentant de l'aveugle que la perception et la métaphysique finissent par se rejoindre sur un seul et même plan. Dès lors, on comprendra que ni l'évolutionnisme, ni l'athéisme sceptique, ne peuvent représenter une réponse valable aux yeux de Diderot. Penser, maintenir et sauvegarder la différence entre *croire* et *sentir,* voilà le souci principal de la *Lettre.* En revanche, et ce serait là l'innovation apportée par son message, la sensation elle-même, qu'il s'agisse du toucher ou de la vue, s'est entre-temps ouverte à l'expérience d'un monde qui comporte de surprenantes failles métaphysiques.

Malgré le nombre des sujets abordés avec ses amis aveugles, et bien qu'ils aient constitué ou non des prétextes, Diderot s'est avant tout frayé un chemin à travers le monde objectif et visible pour trouver, au-delà de l'évidence, un monde dans lequel il faut avancer à tâtons. Il s'agit, non pas du monde constitué et fini, mais, par l'enjeu du corps vulnérable des aveugles, de la constitution même, longue et pénible, du monde. Ainsi lorsque le toucher avait dû s'arranger de la difficulté que représente la privation de la vue qui survole l'espace, son unité s'était décomposée, selon l'expression de Fontenelle, en une pluralité d'espaces-temps. Mais, et voilà ce qui est remarquable, cela vaut aussi pour la vue. Lorsqu'à son tour la vue, suivant le problème de Molyneux, devait s'expérimenter sans le secours du toucher, elle aussi a pris conscience de ses premières perceptions confuses d'un monde qui ne connaît ni objectivité, ni universalité, ni nécessité. A l'exemple du toucher, la vue finit aussi par rejeter l'idée de l'immédiat.

Ce qui fait l'originalité de la *Lettre,* c'est bien cette tension formidable que Diderot instaure, et qu'il maintient, entre le toucher et la vue. Grâce à la démonstration, à l'aide des aveugles, de ce que peut le toucher, l'idée plus vaste du corps sentant pouvait se mettre en place. Le toucher mis en valeur comme sensation à la fois spécifique et autonome n'en était que la conséquence la plus visible. Mais le traitement du problème de Molyneux atteste à quel point la vue aussi a bénéficié de cette réhabilitation du toucher, parce que Diderot ne succombe pas, non plus, à la tentation de subordonner la vue au toucher ; il ne fait pas de la vue, comme Descartes l'avait fait, une mécanique ou une géométrie, qui au fond ne reposerait que sur la projection du « je pense ». Bien au contraire, en soulignant que *l'œil voit avant que l'esprit ne juge,* il redécouvre la vue comme sensation propre, irréductible, énigmatique. La vision devient connaissance *pré-objective* des choses en train de naître, non pas des choses toutes faites.

Ce déplacement majeur à l'intérieur de la théorie des sens ne peut que susciter certains pressentiments esthétiques. Car, en insistant sur l'expérience du corps et sur l'auto-expérimentation des sens, Diderot saisit la sensation, qu'il s'agisse du toucher ou de la vue, à l'état naissant pour ainsi attirer l'attention sur un travail de la connaissance qui ne relève pas de l'entendement ou de l'esprit, mais d'une réceptivité sensorielle qu'il convient de qualifier, au moins à partir de Kant, d'esthétique. Surtout, les nombreuses références ambiguës à Descartes témoignent, chez Diderot, d'une réflexion secrètement esthétique qui se dresse contre l'espace géométrique au nom d'une infinité de virtualités, au nom de ces possibles qu'expérimente le corps percevant. Certes, il faut des médiations pour bâtir et apprivoiser le monde, mais Diderot ne va jamais jusqu'à admettre que les constructions médiatrices puissent se défaire de leur ancrage matériel pour prétendre à une positivité absolue en dehors de tout point de vue. De même, le manque de mots sensibles n'est remédiable que par la métaphore et la langue artistique. Saunderson, quant à lui, prévoyait que le virtuel est *ici et maintenant.*

C'est donc en prêtant attention à de tels indices qu'on peut se demander si, face à l'obligation de penser les formes préobjectives du sensible, la *Lettre sur les Aveugles* n'envisage pas, de loin et de près, le nécessaire recours à l'esthétique, discipline qui, en principe, serait plus propre à explorer la réalité précaire de telles formes. De toute manière, le souci esthétique de Diderot ne tardera pas à s'articuler ouvertement, puisque la *Lettre sur les sourds et muets* lui sera entièrement consacrée.

CHAPITRE IV

UNE PENSÉE DE L'OREILLE
OU L'EXPRESSIVITÉ DU LANGAGE MUET

La *Lettre sur les sourds et muets à l'usage de ceux qui parlent et qui entendent*[1] parut en 1751, deux ans seulement après que la lettre au titre voisin avait donné aux autorités l'occasion tant attendue d'arrêter cet « auteur de livres contre la religion et les bonnes mœurs »[2]. De retour de Vincennes, Diderot, alors âgé de trente-sept ans, se trouve encore aux débuts de sa carrière intellectuelle et, abstraction faite de la réputation que le scandale de Vincennes lui avait value, le Paris mondain et philosophique le connaissait moins par les opuscules philosophiques, dont nous avons traité ici, que par ses activités de rédacteur à l'*Encyclopédie* et de traducteur de plusieurs ouvrages anglo-saxons[3].

L'énorme labeur que représentait pour lui l'*Encyclopédie* a certainement dû occuper la majeure partie de son temps durant ces premières années de la

1. Nous nous appuierons ici sur le texte établi et présenté par Jacques Chouillet, dans les *Œuvres complètes, DPV IV* (Hermann, 1978), p. 134-191. Sans autre indication, les chiffres entre parenthèses dans ce chapitre renvoient à cette édition. Le même procédé s'applique aux textes qui entourent la *Lettre*, c'est-à-dire d'une part à la « Lettre de l'auteur à M. B, son libraire » (131-133), qui par son adresse préliminaire à l'éditeur tient lieu de prologue, d'autre part aux dites « Additions pour servir d'éclaircissements à quelques endroits de la Lettre sur les sourds et muets », publiées pour la première fois en avril 1751, alors que la *Lettre* proprement dite était datée de « ce 20 janvier 1751 ». Aussi le dossier « officiel » de Diderot sur les sourds-muets s'augmente-t-il de trois « documents » : « L'auteur de la *Lettre précédente* à M. B, *son Libraire* » (192-193), l'importante « *Lettre à Mademoiselle...* » (194-208), et les moins importantes « *Observations* sur l'extrait que le journaliste de Trévoux a fait de la Lettre sur les Sourds et Muets... » (209-228).

2. Cité par F. Venturi, *La jeunesse...*, p. 187. Déjà les *Pensées philosophiques* avaient été condamnées par le Parlement.

3. Hors la traduction de Shaftesbury, Diderot avait participé aux traductions de l'anglais de l'*Histoire de Grèce* (1743) par Tempel Stanyan et du *Dictionnaire de médecine* (1746-48) par Robert James.

décennie 1750. Or, malgré ce fardeau, déjà pénible, il s'est senti poussé à écrire la *Lettre sur les sourds et muets* qui coïncide avec la mise au point du premier tome de l'*Encyclopédie.* Cette publication est d'autant plus remarquable que la *Lettre* s'éloigne, par sa forme comme par son contenu, du programme idéologique de l'*Encyclopédie.* Passant allégrement d'une idée à l'autre, traitant d'une multiplicité de thèmes (de l'histoire des langues, de l'âme, de l'expression poétique), Diderot retrouve sa liberté d'écrivain, sans avoir à penser aux conditions de systématicité et d'argumentation logique imposées par le travail collectif de l'*Encyclopédie.* De cette « infidélité » surgit une pensée empreinte de la personnalité de Diderot, mais aussi une œuvre assez labyrinthique et difficile à survoler. En revanche, une bonne partie des paradoxes de la *Lettre,* qui parfois sont de véritables illogismes, peut probablement être attribuée aux idées qui, sous l'influence du cercle encyclopédique, ont pénétré dans cette pensée plus « intime » de Diderot.

Apparition étrange, donc, au beau milieu des engagements massifs et pesants de l'*Encyclopédie,* la *Lettre sur les sourds et muets* fait signe d'un autre engagement de Diderot ; engagement dont le caractère singulier le rapproche, répétons-le, moins du contexte encyclopédique du moment que des courants de pensée soit antérieurs, soit plus refoulés. A peine sorti de prison, il ose publier une lettre dont le titre est une variation fidèle de celle qui lui avait coûté l'enfermement, si douloureux et décourageant, au donjon de Vincennes. Qu'en est-il donc de l'urgence de cette lettre ? Autre fait curieux : la critique de la religion, omniprésente dans les écrits antérieurs, se fait totalement absente dans la *Lettre sur les sourds et muets.* Bien sûr, cette extrême discrétion pourrait traduire la prudence d'un Diderot qui, suite à l'affaire de Vincennes, ou bien masque l'enjeu, ou bien traite de sujets moins nuisibles à l'ordre social. Mais loin de se sentir brimé, Diderot semble plutôt soulagé d'abandonner enfin la philosophie de la religion pour aborder les sujets qui lui tiennent infiniment plus à cœur. Or, ces sujets ont justement trait à *l'esthétique* : pour la première fois dans l'œuvre de Diderot, l'intérêt esthétique apparaît au grand jour. Car aussi dispersées soient-elles, les nombreuses discussions que Diderot aborde, et surtout les liens plus ou moins labiles qu'il établit entre elles, s'organisent autour du thème de *l'usage non-linguistique que l'art en général et la poésie en particulier font de la langue.*

Certes, la réflexion linguistique, fort bizarre, sur les inversions (c'est-à-dire sur l'ordre du discours) s'impose au premier plan, et c'est également à sa demande qu'est consulté le sourd-muet censé fournir, grâce à son non-savoir sur le langage, une approche sans préjugés, mais toutes ces interrogations ne vont pas tarder à mettre Diderot en contact avec le thème vital de la *Lettre,* thème bien plus esthétique que linguistique, dans la mesure où les inversions buteront sans cesse sur les expressions du langage artistique qui, par opposition à la *succession* du discours, procède par *instantanéité.* Précisément : comment maintenir face au tableau et au poème le principe d'un ordre langagier, à faire respecter ou non, que présupposent les inversions ? La signification en art ne se fait-elle pas *dans un seul instant* ? C'est en effet au nom d'une telle *simultanéité des perceptions* que la démarche de Diderot lance un défi aussi bien aux linguistes qu'aux esthéticiens de son époque. Car comment saisir l'incommensurable unité de l'expression artistique ? Aussi Diderot ne recule-t-il pas devant la question épistémologique de savoir quel serait *l'esprit* capable de saisir les expressions condensées et syncopées de l'art pour traiter, dans ce domaine de l'épistémologie, du thème de l'unité de l'esprit. C'est ainsi que Diderot va en réalité tracer des liens inédits entre l'expression de l'art et le sujet qui sent et qui pense, voire entre esthétique et épistémologie, pour aboutir à son premier concept esthétique vraiment original : *l'hiéroglyphe poétique.* En tant que figuration en quelque sorte *transitoire,* l'hiéroglyphe relèvera précisément, dans l'ordre de la signification, du signe non-linguistique.

Diderot, partant de la question linguistique des inversions, arrive donc aux problèmes profondément esthétiques que sont d'une part le caractère « hiéroglyphique » du langage poétique et, d'autre part, l'intraduisibilité des expressions sonores, picturales ou autres de l'art. A suivre ce cheminement, parsemé de détours, la *Lettre sur les sourds et muets* va se donner à lire comme la synthèse des nombreuses ébauches esthétiques qui, des passions au corps sentant, se sont accumulées dans les écrits antérieurs. Le caractère complexe de la *Lettre* impose cependant au lecteur de la prudence, parce que le « prétexte » linguistique ne cède pas si commodément le pas au « texte » esthétique[1]. Autre difficulté : avec ses nombreuses sources et citations cachées, la *Lettre* se présente sous la forme d'un murmure incessant de voix contemporaines – celles de Concillac, de Locke, de Hume, de Leibniz et de bien d'autres encore – sans qu'il soit pour autant

1. La supériorité du propos esthétique sur celui des inversions est soulignée par R. Lewinter : « [...] plus encore, Diderot choisit Batteux comme cible de ses sarcasmes parce que celui-ci avait publié [...] un ouvrage d'esthétique autrement important. » Voir Lewinter, *Œuvres Complètes*, Club français du livre, 1969-73, t. II, p. 514. J. Chouillet caractérise également le problème des inversions en termes de « préface », de « prétexte » et d'« aliment », mais aussitôt pour préciser son utilité comme une « sorte d'outil de forage au moyen duquel on traverse des couches de plus en plus profondes ». *La formation...*, p. 152. Il convient en outre de rappeler que la réflexion esthétique se rapporte aussi bien au débat sur les inversions qu'au débat sur les arts. Il serait donc injuste de vouloir réduire la discussion linguistique à un simple prétexte à la discussion esthétique.

possible de désigner parmi elles une influence philosophique vraiment décisive et, cas plus grave, sans qu'on puisse conclure à la conformité de la source avec la pensée de Diderot[1]. C'est pourquoi il nous faudra tout d'abord reconstituer les débats dans lesquels Diderot puise ses points de départ et de repère.

La *Lettre sur les sourds et muets* est adressée à un certain abbé *Charles Batteux*[2], auteur de deux ouvrages qui ont eu le mérite d'inciter Diderot à prendre la plume. L'un est mentionné par Diderot lui-même, d'une part dans la *lettre à l'Editeur* (« Je vous envoie, Monsieur, la Lettre à l'auteur des *Beaux-arts réduits à un même principe*[3] » (131)), d'autre part à la fin de la *Lettre* elle-même (182), alors que Diderot ne nomme pas l'autre ouvrage, bien qu'il le cite abondamment. Que Diderot s'attaque d'emblée à des questions linguistiques ne laisse ainsi aucun doute sur le fait qu'il se réfère avant tout aux *Lettres sur la phrase française comparée avec la phrase latine,* que Batteux avait laissées publier à partir de 1747[4]. A consulter la manchette, placée sous le titre de la *Lettre,* on confirmerait la double référence faite à Batteux, puisque celle-ci annonce des thèmes aussi bien linguistiques (« de l'origine des inversions » et « de quelques avantages du français sur le grec, le latin, l'italien etc. » (134)) qu'esthétiques (« de l'harmonie du style », « du sublime de situation », et, « par occasion », « de l'expression particulière aux beaux-arts » (134)). Mais même à l'égard de ces derniers sous-titres, la connotation rhétorique (« harmonie », « style », « sublime », « expression ») semble accorder le primat à l'interrogation

1. L'inspiration la plus massive de la *Lettre* provient incontestablement de Condillac et de son *Essai sur l'Origine des Connaissances Humaines* (1746). Pas moins de trente-quatre paragraphes, dont huit relèvent de la pure paraphrase, doivent ainsi être rapprochés de cet ouvrage majeur du sensualisme français (voir J. Chouillet, *La formation...*, p. 167 et l'appendice p. 191-192). Rappelons que c'est de Condillac que Diderot a retenu l'idée même d'enrichir sa réflexion philosophique au moyen de l'étude sur l'infirme. Beaucoup de connaissances philosophiques de Diderot viennent probablement de Condillac (par exemple celles de Locke, de Hume et de Leibniz), même si Diderot fait souvent d'elles un autre usage que celui que Condillac lui enseigne. La source d'inspiration ne permet donc pas forcément de conclure à l'influence philosophique univoque.

2. L'abbé Charles Batteux, de l'âge de Diderot, était déjà renommé pour ses compétences linguistiques et littéraires. Peu avant la publication de la *Lettre,* il avait été nommé à la chaire de philosophie grecque et latine du Collège de France, nomination qui avait suscité l'objet de l'indignation et, pas moins, la jalousie de Diderot. Voir P.-H. Meyer : « The Lettre sur les Sourds et Muets and Diderot's Emerging Concept of the Critic », *Diderot-Studies VI*, Genève, Droz, 1964, p. 133.

3. Cet ouvrage le plus célèbre de Batteux avait été publié en 1746 chez Durand.

4. Les lettres de Batteux sur les inversions figurent dans les *Cours de Belles Lettres,* Desaint et Saillant, 1747-48, t. II. Elles furent initialement destinées à « M. l'abbé d'Olivet de l'Académie française ».

linguistique. Les chaînes argumentatives de la *Lettre* ne favorisent cependant aucune prise d'ensemble sur le texte, caractérisé, au contraire, par une dispersion déconcertante. Sans doute la lettre en soi, en tant que genre philosophique, permet-elle une liberté nécessaire à l'entreprise d'un Diderot en quête, par détour plutôt que par application, d'une véritable pensée de l'oreille.

Proche du discours salonnier, la lettre, au dix-huitième siècle, désigne un genre littéraire reflétant les conditions semi-privées auxquelles se trouvait soumise la production intellectuelle de l'époque. Comme nous avons pu le constater dans le chapitre précédent, la plasticité du genre épistolaire donne en effet le droit à son auteur de choisir un style assez personnel. Cette liberté a certainement convenu merveilleusement au tempérament d'écrivain de Diderot, à son penchant pour le dialogue et la mise en scène, talents qui d'ailleurs se manifestent dans l'ensemble des genres dans lesquels, du roman à la critique d'art, il s'aventure. Assurément, la lettre mobilise une série de tournures stylistiques et rhétoriques par lesquelles l'auteur saura poser des questions incongrues ou des questions limites pour faire éclater les cadres de la logique. Mais aussi en tant que genre philosophique, la lettre a sur d'autres types de discours quelques avantages que Diderot commente explicitement dans la *Lettre sur les sourds et muets*, si bien qu'une véritable autoréflexion s'intègre au texte. Les manifestations d'un tel métadiscours indiqueraient d'ailleurs un premier trait caractéristique du genre épistolaire : l'aptitude à assujettir ses propres modes d'écriture et d'argumentation à un examen critique. Diderot relève lui-même bien d'autres avantages.

Ainsi, lorsqu'à la fin de la lettre il prend congé de son destinataire, épuisé, il décrit le chemin parcouru ensemble par des métaphores intéressantes : « Ce sera, Monsieur, presque ma dernière réflexion. Nous avons fait assez de chemin ensemble, et je sens qu'il est temps de se séparer. Si je vous arrête encore un moment à la sortie du labyrinthe où je vous ai promené, c'est pour vous en rappeler en peu de mots les détours. » (187-88) « Chemin », « se séparer », « arrêter », « sortie », « labyrinthe », « promener » et « détour », voilà des expressions qui toutes évoquent l'idée de la *promenade* à laquelle Diderot a invité son lecteur. Cette promenade, cependant, n'est pas si agréable, étant proche des égarements du « labyrinthe » et des *détours* sur lesquels Diderot désire attirer l'attention de son lecteur. Aussi Diderot avait-il souligné, dans sa lettre à l'éditeur, le rythme saccadé du genre épistolaire : « Quant à la multitude des objets sur lesquels je me plais à voltiger, sachez et apprenez à ceux qui vous conseillent, que ce n'est point un défaut dans une lettre, où l'on est censé converser librement, et où le dernier mot d'une phrase est une transition suffisante. » (133)[1] La conversation libre et les vagabondages de la pensée se conjuguent pour qu'une pluralité de sujets soient abordés sans que le passage d'un sujet à l'autre soit logique, « transitions suffisantes » qui font penser aux associations libres de la psychanalyse. S'expliquant plus tard dans sa *Lettre à Mlle...*, Diderot avoue aussi qu'il « jette [s]es idées sur le papier, et elles deviennent ce qu'elles peuvent » (204). La lettre encourage son auteur, dans un élan, à se projeter là où la maîtrise cède le pas à la parole de l'incertitude et de la recherche, mais, par là même, elle le pousse à ridiculiser la logique et à destabiliser les champs qu'elle a déjà balisés.

Si la distraction, les détours et les associations libres ne sont pas condamnés, ce n'est pas seulement par commodité ou au nom de l'aventure ; c'est qu'*ils servent la philosophie.* Lorsque Diderot par exemple justifie le saut d'une réflexion à l'autre, cette dernière ayant le caractère de la digression, il insiste sur *l'utilité* de l'écart : « Cette réflexion, Monsieur, me conduit à une autre. Elle est un peu éloignée de la matière que je traite ; mais *dans une lettre les écarts sont permis,* surtout lorsqu'ils peuvent conduire à des *vues utiles.* » (139, nous soulignons) Les écarts sont permis, à condition qu'ils conduisent à des vues qu'on n'aurait pas eues, si l'on était resté sur le droit chemin de l'argumentation logique[2]. De même, la lettre

1. Diderot avait déjà dans la *Lettre sur les aveugles* relevé la forme abrupte et spontanée du genre épistolaire : « Et toujours des écarts, Madame, me direz-vous : Oui, Madame, c'est la condition de notre traité. » *DPV II,* p. 66. Voir aussi notre Chapitre III, p. 101-102.

2. La *Lettre sur les sourds et muets* fourmille de digressions de type fort différent avec des « utilités » philosophiques respectivement différentes. Une catégorie regrouperait par exemple les digressions ayant une fonction nominaliste, comme lorsque Diderot ferme une parenthèse en déclarant ceci : « Que de réflexions ne pourrais-je pas faire ici, Monsieur, sur le sublime de situation, si elles ne me jetaient pas trop hors de mon sujet ! » (143) Or, cette phrase pleine de coquetterie ne permet pas seulement à Diderot de regagner le droit chemin, mais aussi de *nommer* ce qu'il n'avait en réalité qu'effleuré dans une digression sur la supériorité du geste par rapport au langage. L'usage philosophique consisterait donc ici en la formation d'un élément théorique, « le sublime de situation » saisi en marge du texte principal pour qu'il puisse, ensuite, accéder au sous-titre même de la *Lettre.* De façon analogue, la digression est utile, lorsqu'elle prend la forme de petites vérités isolées, qui, non loin de l'aphorisme, servent de passage entre digression et la réflexion de premier plan. En s'excusant, auprès de *Mademoiselle,* de ses connaissances lacunaires sur les sourds-muets, Diderot profite de l'occasion pour dénoncer le dogmatisme et ses systèmes, avant de revenir aux « choses sérieuses » (« J'en viens ») : « Il ne faut qu'un instant pour former un système ; les expériences demandent du temps. J'en viens donc toute suite à [...] » (198-199). Un autre type de digression s'organise en série digressive servant à faire progresser la réflexion philosophique du texte principal. Lorsque Diderot par exemple saute de son propos principal aux associations, les sauts en avant et en arrière sont marqués par une série de « mais » : « Mais je reviens à nos muets de convention [...] Mais il me vient un scrupule » [...] Mais je m'écarte toujours. Je reviens donc au sourd et muet de naissance. (140-141) Diderot

tolère qu'on expose *l'incertitude* au lieu de la cacher, d'où le portrait d'un philosophe brumeux, assez socratique, que Diderot donne de lui-même : « moi, qui m'occupe plutôt à former des nuages qu'à les dissiper, et à suspendre les jugements qu'à juger » (162)[1]. *L'auto-ironie* est une autre manifestation de ce mélange de modestie et de franchise chez l'épistolier : « N'allez pas vous imaginer à cette comparaison que c'est un grand musicien qui vous écrit : il n'y a que deux jours que je commence à l'être ; mais vous savez combien l'on aime à parler de ce qu'on vient d'apprendre. » (167-68) Cette ouverture d'esprit résulte certainement de l'intimité avec laquelle l'auteur se livre à son lecteur, comme si le ton de la conversation que toute lettre tend à mimer l'invitait à faire davantage de confidences et de concessions que ne l'auraient autorisé des genres plus « sérieux ».

Diderot, en même temps, a raison d'objecter que l'horizon d'une lettre philosophique ne s'arrête pas à son destinataire, mais celui-ci ne coïncide pas non plus avec les lecteurs virtuels de la *Lettre,* parce que Batteux, à qui Diderot l'a adressée, est aussi érigé en modèle du lecteur exemplaire : « Je n'ai point écrit pour le commun des lecteurs. Il me suffisait d'être à la portée de l'auteur des *Beaux-arts réduits à un seul principe*, du journaliste de Trévoux[2], et de ceux qui ont déjà fait quelques progrès dans l'étude des lettres et de la philosophie. » (209) Diderot, en tout cas, ne se fait pas d'illusions quant au nombre de ses lecteurs : « Si vous vous souciez fort peu qu'un ouvrage soit bon, pourvu qu'il se lise ; ce dont je me soucie, moi, c'est de bien faire le mien, au hasard d'être un peu moins lu. » (131) Adressée à Batteux et à ses égaux, c'est-à-dire aux beaux-esprits pour qui les références philosophiques dont elle fourmille sont familières, la *Lettre*

s'efforce continuellement de revenir, mais à y regarder de plus près on s'aperçoit qu'il ne revient pas à la même chose. Il fut d'abord question du sourd-muet de convention, mais entre temps, grâce à quelques détours ou « scrupules », la validité philosophique de cette figure est mise en cause, ce qui fait que Diderot revient en réalité à une figure modifiée, à celle du sourd et muet de naissance.

1. Que le genre épistolaire rende moins pesante la responsabilité d'auteur ne déplaît certainement pas à la personnalité de Diderot. On pourrait en effet se demander si sa manie de réécrire les pensées et les ouvrages signés par d'autres auteurs ne traduit pas un problème de légitimité qui, de façon vitale et permanente, hante son activité d'écrivain et de philosophe. Il y aurait une relation profonde entre l'incertitude de Diderot et la lettre en tant que mode d'écriture qui lui permet d'exposer ses doutes et de réfléchir ouvertement.

2. Le journaliste non nommé par Diderot est le Père Berthier, ce jésuite qui avait mené une polémique virulente contre l'*Encyclopédie* dans l'important *Journal de Trévoux.* Sa critique de la *Lettre sur les Sourds* parut dans les *Mémoires de Trévoux,* dont l'influence n'était pas moindre. Cet arrière-fond expliquerait en partie que la réponse de Diderot est moins un approfondissement des aspects substantiels de la *Lettre* qu'un document qu'il convient de classer dans la bataille de l'*Encyclopédie.* Voir F. Venturi, *La jeunesse...*, p. 269, de même que J. Pommier, *op. cit.*, p. 267.

répond, là encore, à l'ambition essentiellement *philosophique* de Diderot : « Il y a [...] des lecteurs dont je ne veux ni ne voudrais jamais ; je n'écris que pour ceux avec qui je serais bien aise de m'entretenir. J'adresse mes ouvrages aux philosophes ; il n'y a guère d'autres hommes au monde pour moi » (211). Aussi élitaire que cette restriction puisse paraître, elle se justifie par le fait que Diderot s'adresse moins au savoir qu'à la disposition au savoir de son lecteur : « Les personnes qui ne lisent point pour apprendre, ou qui veulent apprendre sans s'appliquer, sont précisément celles que l'auteur de la *Lettre* [...] ne se soucie d'avoir ni pour lecteurs ni pour juges. » (212)[1] A l'image de *l'entretien philosophique,* Diderot attend du lecteur sa participation à la réflexion. Autant dire que l'on n'abordera pas ce texte polémique sans efforts, car il demande une contribution active. Il faut que l'on *s'applique*, si l'on désire en faire « usage ».

En tant que méthode, la lettre philosophique renvoie donc à un genre de discours dont la forme spontanée relève aussi bien de la réflexion libre et associative que d'une situation de légitimation relativement ouverte. Elle jette une lumière réconciliatrice sur l'échange des idées, même quand l'interlocuteur coïncide avec l'adversaire. Le vagabondage n'empêche cependant pas la lettre d'aspirer à une validité universelle. Que Diderot veuille que la *Lettre* et ses *Additions* forment un tout « afin qu'ils subsistent ou qu'ils soient oubliés ensemble » (193) met justement en évidence le souci qu'a l'auteur de mettre les fragments épistolaires au service d'une pensée qui ait son unité, mais dont la nature profonde a résisté aux formes d'écriture plus synthétisantes.

Compte tenu de la difficulté que représente le genre de discours employé par Diderot (celui de la lettre) et la réception restreinte (pour le petit nombre), il n'est pas étonnant que la *Lettre sur les sourds et muets* sollicite un commentaire détaillé et approfondi. Il faudrait s'appliquer, comme le disait Diderot, afin de débrouiller les nombreux fils qui font de la *Lettre* un tissu multicolore. C'est peut-être pour faciliter ce travail que Diderot a eu la bonté de proposer plusieurs résumés[2] de la *Lettre.* Le

1. Voir aussi ce que Diderot en dit dans sa lettre à l'éditeur : « Je conviens que ce titre est applicable indistinctement au grand nombre de ceux qui *parlent sans entendre ;* au petit nombre de ceux qui *entendent sans parler,* et au très petit nombre de *ceux* qui savent *parler et entendre ;* quoique ma Lettre ne soit guère qu'à l'usage de ces derniers. » (131) Tout en jouant sur les termes de son titre sinueux, Diderot renverse le rapport entre normalité et handicap : ce serait en réalité une minorité qui serait capable d'écouter et de parler, tandis que la grande majorité préfère bavarder sans écouter ni entendre.

2. En dehors de l'annonce du sous-titre des sujets qu'il va traiter, Diderot donne deux résumés de sa *Lettre* : le résumé, le plus important, à la fin de la *Lettre*, et, dans la lettre au Père Berthier, la liste des dix-huit points censés répondre à la question posée par le journaliste de Trévoux : « *Quels traits de lumière et d'érudition ces considérations ont-elles laissés à leur*

caractère déductif de ceux-ci (« *J'ai inféré* », « *j'ai démontré* », « d'où *j'ai conclu* » (188-89)) correspond cependant mal aux associations de pensée qui relèveraient, elles, plutôt d'une démarche inductive et expérimentale. Diderot prétend ainsi instaurer un ordre qui non seulement n'existe pas dans la *Lettre,* mais qui néglige les glissements et déplacements subtils par lesquels les questions linguistiques vont susciter des réponses esthétiques. Au lieu de remédier au clivage entre réflexion linguistique et réflexion esthétique, ces résumés, quelque peu trompeurs, donc exposent et accentuent l'écart.

Il est incontestable que le problème des inversions, fournissant à Diderot ses points de départ et d'aboutissement (l'éloge de la langue française), constitue un sujet transversal de la *Lettre.* Mais il est aussi indéniable que les questions linguistiques ne cessent de faire appel à des approfondissements qui s'éloignent du contexte rigoureusement linguistique. Lorsque, par exemple, la généalogie de la langue est abordée, le sourd-muet fait son entrée pour attirer aussitôt l'attention de Diderot sur les signes corporels ou « naturels », donc en quelque sorte non-linguistiques, qui composent le langage des gestes. Ce rapport étrange entre le langage et le non-langage – ou plus précisément entre langage verbal et langage non-verbal – est redevable aux trois principales approches – l'une linguistique, l'autre esthétique et la troisième (ou l'intermédiaire) « anatomico-métaphysique » du sourd-muet –, au moyen desquelles Diderot tisse « l'intrigue » philosophique de la *Lettre.* Mais chacune de ces grilles thématiques sort en même temps d'un contexte savant fort complexe à l'époque, de sorte qu'il nous faut d'abord éclaircir leurs arrière-plans respectifs. Ainsi faudra-t-il faire référence, en premier lieu, à la discussion sur les inversions entre, d'une part, les philosophes-grammairiens (pour lesquels la langue française est la langue universelle, car sans inversion) et, d'autre part, les sensualistes (pour lesquels la langue française représente au contraire une inversion par rapport aux langues anciennes). Deuxièmement, la réflexion esthétique nous renverra à la discussion portant sur un éventuel principe d'unité valable pour tous les domaines de l'art. Et troisièmement, la discussion sur le sourd-muet en tant que « porte-parole », au même titre que l'aveugle, nous rappellera le projet d'une anatomie métaphysique de Diderot.

suite ? » (209) Les récapitulations mettent cependant l'accent sur les problèmes linguistiques au détriment des sujets esthétiques annoncés en tête de la *Lettre.* Ainsi, dans le resumé fait à l'attention de Batteux, les considérations sur l'harmonie, la musique et l'hiéroglyphe ne sont-elles mentionnées que brièvement à la fin, regroupées sous le geste du « J'ai fait plus » (189). De même, sur les dix-huit points de l'énumération faite à la demande du père Berthier seuls les trois derniers touchent à l'esthétique.

Le problème des inversions [1]

L'attention massive prêtée par Diderot au problème des inversions témoigne de l'actualité philosophique de la *Lettre sur les sourds et muets*. Car les érudits discutaient alors vivement pour savoir s'il y avait inversion dans la langue française ou dans les langues antiques. Et les éléments grammaticaux qui fournissaient à ce débat son terrain d'application ne furent pas moins étonnants, puisqu'il fut question surtout de la position particulière qu'occupe en français l'adjectif, placé après le substantif, par opposition aussi bien aux langues antiques (grec et latin) qu'aux langues modernes (italien, anglais et allemand), langues dans lesquelles l'adjectif précède le substantif[2]. La dimension esthétique n'était pourtant pas absente de cette interrogation, puisqu'on accordait aux exceptions permises en poésie, aux dites inversions poétiques, un intérêt tout particulier.

La formulation même du problème des inversions fait d'autant plus événement que les grammairiens-philosophes de Port-Royal, du moins depuis la publication de la *Grammaire générale et raisonnée* en 1660, avaient su faire régner la conception rationaliste selon laquelle la langue, relevant d'une structure logique indépendamment de ses formations historiques, est universelle. Au moyen de la théorie des *universalia* du langage, la langue française se distingue comme celle qui s'approche le plus de la langue universelle. D'où son appellation sous la formule d'« ordre admirable ». Le primat que cette langue accorde aux substantifs se conjugue tout simplement avec l'ordre de la raison.

La résistance contre la logique de Port-Royal avait eu du mal à se mobiliser, puisque, même s'il fut en apparence question d'un problème spécifiquement linguistique, on se heurtait en réalité en bloc à toute la philosophie rationaliste du XVIIe siècle. Et ce n'est pas d'un jour à l'autre qu'on peut admettre que ce qui est « naturel » n'est pas forcément « raisonnable », ou commencer à appeler inversion ce que les logiciens avaient pris pour l'ordre jusqu'à présent. C'est paradoxalement l'un des partisans de Port-Royal, le brillant grammairien et collaborateur à l'*Encyclopédie* Du

1. En vue de cette présentation sommaire du débat des inversions, nous nous sommes appuyée sur J. Chouillet, *La formation...*, p. 151-179.

2. Cette manière de définir l'adjectif est caractéristique des suppositions grammaticales, fort problématiques, dont Diderot a hérité sans les constester, du débat sur les inversions. L'adjectif en français a droit, somme toute, aux deux positions antérieure ou postérieure par rapport au nom, de même que la grammaire latine accorderait à l'adjectif une place assez libre. Voir aussi, sur ces confusions grammaticales, notre avertissement qui introduit à la première partie, celle sur les inversions, de ce chapitre, p. 160-161.

Marsais, qui va mettre en cause la conception idéaliste du langage[1]. Car en soumettant les unités grammaticales à une analyse historique, Du Marsais commence en réalité à distinguer ce qui se passe empiriquement dans le langage de ce qui se passe dans la tête du grammairien. Son article sur l'adjectif dans l'*Encyclopédie* repose ainsi sur une approche largement *évolutionniste* selon laquelle l'adjectif et le substantif se seraient mutuellement donné vie.

On aurait pu s'attendre, de la part des sensualistes, à une critique plus poussée – et plus consciente des nouveaux engagements philosophiques à prendre – de l'ancienne philosophie du langage, mais il convient, et plutôt qu'à Condillac[2], à personne d'autre qu'à Batteux d'avoir mené à bout cette critique. L'abbé Batteux, en effet, est le premier, qui de façon systématique, incite à penser l'inversion par rapport à l'évolution concrète, empirique et historique, du langage, ce qui l'amène à la conclusion diamétralement opposée à celle de Port-Royal, à savoir qu'il y a inversion en français, et non pas dans les langues antiques, parce que celles-ci respectent bien davantage les processus sémantiques « naturels » du langage. Il y a donc inversion chez Batteux là où il n'y a plus conformité entre l'organisation grammaticale des unités langagières et la manière dont celles-ci ont été formées dans l'histoire, lente et tâtonnante, de la langue humaine.

C'est dans le contexte de ce conflit entre les grammairiens-philosophes, qui érigent la langue française en langue universelle, et Batteux, qui la considère en revanche comme inversion, que la position de Diderot s'expose avec maladresse et originalité. En se servant visiblement de Batteux, à qui il doit beaucoup plus qu'il ne le dit[3], sans pour autant

1. Du Marsais (1676-1756) avait précisément, à titre de collaborateur à l'*Encyclopédie*, rédigé dans le premier volume de celle-ci l'article intitulé ADJECTIF. Mentionnons, parmi ses autres contributions à ce volume, les articles ABSTRACTION et AUXILIAIRE.

2. Bien qu'il défende contre la thèse de l'existence des idées innées l'idée de l'origine de l'esprit dans les sens, Condillac demeure étrangement timide dans le domaine linguistique et se rallie en réalité, tout comme le fait Diderot « officiellement » ici, à Port-Royal en affirmant le primat de la langue française. Voir, sur ce conservatisme de Condillac, J. Chouillet, *La formation...*, p. 171-172. Jacques Derrida montre cependant, dans « L'archéologie du Frivole », article qui constitue l'introduction à l'édition Galilée (1973) de l'*Essai*, que Condillac relativise au lieu d'universaliser en construisant les concepts de « la plus grande liaison » et du « génie de la langue » pour désigner l'aptitude qu'a une langue pour actualiser un maximum de ses potentialités *historiquement* déterminées qui, par conséquent, sont *variables*.

3. Le ton polémique de Diderot correspond mal avec le fait que son traitement de la question des inversions emprunte tant, arguments et exemples, à Batteux lui-même. J. Chouillet rappelle par exemple que l'idée même « d'opérer la jonction entre le problème des inversions et celui des beaux-art pourrait [...] venir de Batteux » (*DPV IV*, p. 113). Les attaques contre Batteux sont sans doute envenimées par l'indignation de Diderot à l'égard de

renoncer à l'idée du primat de la langue française, Diderot semble affirmer aussi bien l'universalisme que l'évolutionnisme. Mais face à cette apparente contradiction, nous allons voir que Diderot traite en réalité de plusieurs formes d'inversion, et se livre à une sorte d'opération de multiplication vertigineuse, au moyen de laquelle le problème des inversions ne cesse de se déplacer et de se reformuler pour finir par se dissoudre dans d'autres perspectives, plus épistémologiques et esthétiques que proprement linguistiques.

Un principe d'unité des beaux-arts ?

La discussion linguistique parvient ainsi, petit-à-petit, à se dégager de son horizon strictement linguistique, parfois fort brouillé, pour aboutir aux problèmes esthétiques qui animent les dernières pages de la *Lettre*. Ici, donc, apparaissent l'autre ouvrage de Batteux, celui des *Beaux-arts réduits à un même principe*, et la vive discussion qu'il avait suscitée en défendant l'idée d'un principe d'unité à la base de tous les arts. A l'égard de ce principe, qui selon Batteux n'est autre que le fameux critère antique de « l'imitation de la belle nature », la position de Diderot semble plus claire et moins redevable aux esthéticiens de l'époque que ses vues linguistiques ne l'étaient aux grammairiens (bien que Du Bos et le Père André ne soient pas absents de sa réflexion). Plutôt que de récuser l'idée même d'une « belle nature », Diderot tentera de comparer entre eux les modes d'expression propres à chaque art. Cet approfondissement est surtout rendu possible par l'invention de l'hiéroglyphe poétique, concept à partir duquel précisément Diderot s'interrogera sur les différences et sur les similitudes entre les arts.

L'intérêt de l'hiéroglyphe ne se limite cependant pas au débat esthétique sur la belle nature et sur la spécificité des arts, il se rapporte tout autant aux spéculations sur le langage et les inversions. C'est que l'hiéroglyphe donne accès à cette unité des expressions qui s'intégrait si difficilement au formalisme linguistique de Batteux[1]. Il est certain que, face au langage artistique qui parle « à vingt bouches » (158) dans un même instant, l'idée de l'inversion est difficile à maintenir. Au delà de la

la nomination de Batteux au *Collège de France*. Voir, sur le mépris et la jalousie mal cachée de Diderot, J. Pommier : « Autour de la Lettre sur les sourds et muets », *Revue d'histoire littéraire de la France*, 1951, p. 262-263.

1. Si Diderot souscrit aux principales thèses de Batteux sur le langage, il ne peut cependant tolérer les schémas formalistes que Batteux impose aux inversions. Voir J. Chouillet, *La formation...*, p. 174-176, et ci-dessous, p. 174.

polémique contre l'ouvrage esthétique de Batteux, la discussion esthétique est donc déjà préparée et imposée par celle des inversions, au moment où celles-ci butent sur les expressions poétiques dans lesquelles, précisément, « le discours n'est plus seulement un enchaînement de termes énergiques qui exposent la pensée avec force et noblesse, mais [...] un tissu d'hiéroglyphes entassés les uns sur les autres qui la peignent » (169). La double émergence de l'esthétique, par rapport au débat du principe d'unité et par rapport aux inversions, ne ferait que renforcer l'intérêt essentiellement esthétique que revêt la *Lettre.*

Les sourds-muets, un projet continu ?

Mais quel rôle jouerait le sourd-muet par rapport à ces deux grands axes l'un linguistique, l'autre esthétique de la *Lettre,* et par rapport à la *Lettre sur les aveugles* à laquelle la référence est fort évidente ? Se présentant comme une copie, ou plutôt comme une variation fidèle du titre polémique de la lettre condamnée, la nouvelle lettre pourrait en être l'analogie ou, du moins, le complément. Sur le *plan méthodologique,* les deux lettres relèvent en effet d'une seule et même stratégie : la perte d'un sens est supposée produire une connaissance « augmentée » de ce sens et des sens en général. Tout comme les aveugles, qui tenaient avec une clarté surprenante des discours savants sur les phénomènes de la vision, les sourds-muets sont consultés par Diderot en vue d'une compréhension profonde du langage, de son origine et de son évolution. Certes, les sourds-muets sont ignorants du fait de leur infirmité, mais cette ignorance est saine, parce qu'elle « est moins éloignée de la vérité que le préjugé et qu'un sourd et muet de naissance est sans préjugé sur la manière de communiquer la pensée » (142). Aussi contraditoire que paraisse cette méthode[1], le sourd-

1. La méthode délibérément sensualiste n'est pas, bien sûr, sans contradictions, et Diderot semble bien le soupçonner. Aussi bien les aveugles de la lettre précédente que les sourds-muets sont des figures construites par la spéculation éloignée de toute étude empirique. Parce que l'empirisme s'entête au nom de l'expérience, il tend à oublier, voire à occulter, le fait que les critères méthodologiques à travers lesquels il traite les données empiriques ne relèvent pas eux-mêmes de l'expérience, mais des opérations universalisantes et organisatrices de l'esprit. En fin de compte, le concept sensualiste de l'expérience est hanté par autant de fantômes idéalistes qu'il prétend réfuter. Et s'il se contemplait dans le miroir, il verrait dans les traits de son visage son ennemi déclaré, l'idéalisme, comme son double. Que Diderot soit sensible aux paradoxes du sensualisme et de l'empirisme se voit cependant plus clairement dans la *Lettre à Mlle...*, dans laquelle il avoue l'impossibilité d'observer l'esprit qui observe. Ainsi son « dessein d'examiner ce qui se passait dans [s]a tête, et de *prendre [mon] esprit sur le fait* » (197-198), a-t-il échoué (« ces efforts n'ont rien produit » (198)). Car on ne peut « être tout à la fois au-dedans et hors de soi, faire en même

muet se transforme donc, lui aussi, en une sorte de figure archétypique sur laquelle la philosophie du langage peut s'appuyer. Le philosophe le prend au sérieux et le considère, sur certains points, comme son maître [1].

Sur le *plan du contenu,* les liens entre les deux lettres semblent moins évidents. Diderot ne s'explique pas lui-même sur leur éventuelle pensée commune, quoiqu'il défende fermement le nouveau titre contre les inquiétudes de son éditeur : « Je conviens encore qu'il [ce titre] est fait à l'imitation d'un autre qui n'est pas trop bon : mais je suis las d'en chercher un meilleur. Ainsi, de quelque importance que vous paraisse le choix d'un titre, celui de ma Lettre restera tel qu'il est. » (131) L'authenticité de ces propos n'est pas convaincante : la mauvaise excuse ne réussit par à effacer l'impression d'un Diderot inquiet de voir son éditeur changer un titre auquel il tient énormément [2]. Néanmoins, la *Lettre sur les sourds et muets* ne donne que peu d'échos à la théorie des sens commencée avec la réflexion sur les aveugles. Diderot n'y traite que sommairement « cette espèce d'anatomie métaphysique », qui se préoccupe de « ce qu'il [un homme] tient de chacun des sens » (140) [3]. Et pourtant, les sourds-muets ne mettent-

temps le rôle d'observateur et celui de la machine observée » (198). C'est pourquoi l'esprit est comparable à la vue : « il en est de l'esprit comme de l'œil ; il ne se voit pas » (198). Et d'où les fantaisies grotesques d'un « monstre à deux têtes emmanchées sur un même cou », de ce « dicéphale qui se contemple lui-même, et dont une des têtes fasse des observations sur l'autre ». Car seule une telle absurdité « nous apprendrait peut-être quelque nouvelle » (198).

1. Avec cette attitude « d'écoute » à l'égard des sourds-muets, Diderot s'écarterait des expérimentations contemporaines qui tendaient à réduire le sourd-muet à un simple « cobaye ». Aussi bien La Mettrie (dans *L'Histoire naturelle de l'Ame* (1745)) que Condillac (dans l'*Essai sur l'Origine des connaissances humaines* (1746)) considèrent « le sourd de Chartres » comme un animal qui s'offre sans résistance à l'observation du savant. Voir J. Chouillet, *La formation...*, p. 183. Diderot semble au contraire renouer avec une tradition bien plus ancienne, qui exalte l'infirme comme témoin et porteur de présages religieux. Voir à ce sujet Jacques Derrida qui dans *Mémoires d'aveugles* (Réunion des Musées nationaux, 1990) rappelle les grands aveugles bibliques transis d'une vision intérieure et d'une lumière divine.

2. L'attachement de Diderot au titre de sa lettre est d'autant plus acharné que l'éditeur lui avait déjà une fois renvoyé le manuscrit avec des commentaires sceptiques sur le titre et l'usage des citations grecques. Voir J. Pommier, *op. cit.*, p. 261. La persévérance de Diderot se révèle également dans la manière dont il qualifie sa nouvelle lettre, au début da sa lettre à l'éditeur, de « revue, corrigée et augmentée sur les conseils de mes amis, *mais toujours avec son même titre* » (131, nous soulignons).

3. Les pensées détachées de Diderot sur l'expérience anatomico-métaphysique sont reprises, et de façon plus cernée, dans *Lettre à Mlle...* (p. 194-197). Diderot y confirme sa méthode consistant à distribuer les sens en autant d'êtres pensants pour conclure que tous les sens un par un « sont capables des mêmes progrès scientifiques » (195), mais qu'ils se disputeraient entre eux, puisqu'ils seraient « ramenés [...] sans cesse par nos besoins et par nos plaisirs de la sphère des abstractions, vers les êtres réels » (195).

ils pas en scène, eux aussi, le « corps propre », certes non plus le corps voyant, mais, *celui qui parle ?* Ils sont producteurs de signes par leurs gestes qui engagent le corps entier. A son tour, l'oreille est obstruée pour faciliter une pensée sur le sens auditif de même que la cécité libérait une pensée sur la vue.

L'aveugle occupait pourtant une place à laquelle n'accède jamais le sourd-muet. Celui-ci demeure en réalité subordonné aux questions linguistiques et esthétiques, sur fond desquelles Diderot l'interpelle à son gré. Diderot a beau distinguer « le sourd de convention », résultat d'une expérience purement spéculative, du « sourd et muet de naissance », la figure du sourd-muet demeure artificielle. L'emploi répandu du mode conditionnel dans la plupart des passages où apparaissent les sourds-muets[1] renforce l'impression de la méconnaissance chez Diderot de la réalité des sourds-muets. Aussi avoue-t-il, plus tard, ses lacunes en la matière[2]. Mais comment l'usage des sourds-muets saurait-il être autre chose qu'une expérience par la pensée ? La surdi-mutité représente une impasse dont la nature dépasse la cécité, parce que *le langage fait la différence*. De façon déconcertante, le langage avec sa capacité à s'interroger sur lui-même (comme métalangage) fait défaut, tandis que l'aveugle avait au moins la possibilité de s'exprimer sur son infirmité. Et puisque Diderot n'évoque jamais la langue écrite, comme un moyen de communication possible entre le philosophe et ses interloculeurs sourds-muets, l'usage qu'il fait du langage des gestes est plutôt arbitraire, tant il subit l'influence des conclusions tantôt linguistiques, tantôt esthétiques que le philosophe s'empresse de tirer.

Si la relation qui s'établit entre les sourds-muets à une pensée anatomico-métaphysique semble limitée et arbitraire, il n'empêche que la figure du sourd-muet – métaphoriquement parlant – signale les « hiatus », cette forme d'arrêts de la parole qui permettent à Diderot de faire entendre ce qui se soustrait à l'éloquence des discours savants. Ce qui nous intéresse ici, c'est bien sûr que cette attitude, née d'un malaise dans le système des sens, prenne la forme d'un *souci esthétique*. Répétons, tout de même, que les sujets esthétiques de la *Lettre* émergent sur des plans forts différents, se situant tantôt dans le débat des inversions, comme ce qui fait obstacle à celles-ci, tantôt dans la discussion plus proprement esthétique sur un critère d'unité artistique, tantôt au niveau du langage gestuel des sourds-

1. J. Chouillet soumet à une analyse grammaticale les passages sur les sourds-muets pour y relever, précisément, l'usage fréquent du conditionnel. Voir *La formation...*, p. 180, 183-84.

2. Voir la *Lettre à Mlle... :* « Je vous avoue que je ne suis pas en état de répondre aux questions que vous me proposez sur les sourds et muets de naissance. » (198)

muets. Mais ces niveaux inégaux de la réflexion esthétique existent dans le texte comme des perspectives parallèles, si bien qu'une véritable intertextualité se crée. Un certain mouvement progressif est pourtant décelable dans la lente désintégration que subiront les inversions jusqu'à ce que Diderot, dans la dernière partie de la *Lettre,* insiste ouvertement sur l'irréductibilité du langage poétique. Le point de départ linguistique, qui se limite à des sujets grammaticaux et rhétoriques, cède ainsi le pas aux « élaborations inattendues », d'une part sur « l'âme » comme siège épistémologique d'une « communication » poétique et, d'autre part, sur l'hiéroglyphe poétique comme signe particulier des arts. Et si Diderot ne mène rigoureusement à bout ni le débat linguistique, ni le débat esthétique, la cause en est peut-être que ces deux réflexions naissent de leur faiblesse respective. Comme dans la *Lettre sur les aveugles,* Diderot raisonne sur un fondement scientifique imparfait, mais aussi incohérentes et impertinentes que soient ses vues, l'insuffisance même de sa réflexion va de pair avec la pensée à laquelle aspire la *Lettre*. S'affirmerait, du même coup, l'affinité entre le genre de discours et l'objet philosophique de la *Lettre,* entre méthode et structure, puisque le genre épistolaire aura permis à Diderot de traiter d'un sujet qui résiste à une exposition logique.

Le cheminement des inversions vers leur propre perte

Avant d'aborder tout commentaire sur la contribution de Diderot au débat sur les inversions, il convient de préciser que, si « inversion » dans la grammaire moderne renvoie à un phénomène grammatical relativement précis, l'usage qu'en fait Diderot souffre d'une grande confusion dans la définition. Tandis que l'inversion, pour nous, ne renvoie à rien d'autre qu'à celle de l'ordre des mots, prescrit par la grammaire, il est difficile de déceler, chez Diderot et ses contemporains, quelles sont au fond les unités discursives à inverser[1]. Au début de la *Lettre,* la question des inversions se limite à la position de l'adjectif par rapport au nom, ensuite elle introduit d'autres éléments grammaticaux, mais, au-delà du niveau grammatical, Diderot ne cesse de faire allusion à la conception plus générale, et bien plus

1. A la différence de Diderot, Condillac traite de l'inversion dans des termes plutôt comparables à la grammaire moderne. Pour l'auteur de l'*Essai sur l'origine des connaissances humaines,* il y a inversion là où l'ordre du discours diffère de celui prescrit par la syntaxe. Il est normal par exemple que dans la langue française « le verbe soit précédé de son nominatif et suivi de son régime », tandis que plusieurs possibilités existent en latin. Voir *op. cit.* (Galilée, 1973), p. 247.

vague, d'un « ordre des idées » et, surtout, à « l'idée principale » qui s'articule en lui. L'indécidabilité de ce critère est probablement à l'origine des nombreux paralogismes linguistiques que le linguiste moderne repérerait dans la *Lettre*.

Il faudrait, de même, rappeler le fait que généalogie et évolutionnisme ne sont pas, aux yeux du philosophe du XVIIIe siècle, des termes identiques. Que Diderot puisse affirmer que ni le français, ni le grec et le latin ne sont des langues à inversion – et ainsi déjà au départ formuler un paradoxe – relève d'une méthode qui se réfère en réalité à deux généalogies différentes et les combine : d'une part à la généalogie *logique* de Port-Royal qui envisage les inversions sous l'angle de l'origine des langues [1], d'autre part à la généalogie à tendance *sensualiste* de Batteux, qui distingue, dans l'évolution « naturelle » de la langue, deux ordres, à savoir l'ordre naturel et l'ordre scientifique. C'est d'ailleurs par ce curieux mélange d'emprunts aussi bien à l'ancienne logique qu'au sensualisme en pleine expansion que Diderot parvient à remédier à l'antinomie, si déchirante pour le siècle des Lumières, entre le rationalisme et l'empirisme. Car tout en acceptant les deux ordres de Batteux, Diderot ne les inscrit pas moins dans le schéma généalogico-logique qui nierait toute historicité. L'important, c'est cependant que grâce à cette première opération relativisante (ce qui est inversion selon un ordre ne l'est pas forcément selon l'autre [2]) Diderot ne tardera pas à s'imaginer d'autres ordres d'inversion, jusqu'à les faire buter, tous, sur un obtacle commun. Essayons, donc, de dresser le bilan des différents critères d'inversion évoqués par Diderot.

Inversion selon l'ordre naturel

Le critère de « l'ordre naturel » s'appuie sur l'histoire linguistique de *l'adjectif* [3]. Si l'adjectif, donc, précède le substantif selon ce critère, c'est

1. Le thème de l'origine des langues ne relève donc pas forcément d'une pensée évolutionniste. Car, rechercher l'origine de la langue coïncide pour les « grammairiens-philosophes » avec le retour aux structures logiques de la langue universelle. On pourrait par conséquent dire que Diderot a mis du sensualisme dans la logique et de la logique dans le sensualisme, si l'on ne s'était pas déjà convaincu du peu d'impact qu'ont les divers « ismes » sur la pensée de Diderot.

2. Derrière cette approche évolutionniste se cache le schéma à trois phases que Diderot propose plus loin et qu'il a emprunté, comme bien d'autres éléments théroriques, à Condillac. Les trois phases sont « l'état de *naissance*, celui de *formation*, et celui de *perfection* » (166).

3. Pour sa conception de l'adjectif, Diderot doit beaucoup à Du Marsais. J. Pommier fait d'ailleurs observer que l'occurrence relativement importante dans la *Lettre sur les sourds et muets* des mots-clef qui commencent avec « a » coïncide avec la publication du premier

que, dans la formation de la langue humaine, les adjectifs renvoient à une phase primitive, antérieure à celle des substantifs : « Les objets sensibles ont les premiers frappé les sens, et ceux qui réunissaient plusieurs qualités sensibles à la fois ont été les premiers nommés ; ce sont les différents individus qui composent cet univers. On a ensuite distingué les qualités sensibles les unes des autres, on leur a donné des noms ; ce sont la plupart des adjectifs. Enfin, abstraction faite de ces qualités sensibles, on a trouvé ou cru trouver quelque chose de commun dans tous ces individus, comme l'impénétrabilité, l'étendue, la couleur, la figure, etc., et l'on a formé les noms métaphysiques et généraux, et presque tous les substantifs. » (135) Même si Diderot introduit ici une nouvelle unité, celle des « objets sensibles » que l'homme aurait nommés avant aussi bien les adjectifs que les substantifs [1], il affirme clairement que c'est la sensation de la matière concrète qui mène à la substance, et non l'inverse, et que le primat des adjectifs dans ce passage résulte du fait qu'ils portent la trace des « objets sensibles » en eux. En tant que « qualités sensibles », les adjectifs communiquent avec les perceptions et les stimulations des sens qui sont à l'origine des langues.

« Naturellement », donc, les adjectifs relèvent, dans le processus de nomination, des premiers pas, encore tâtonnants, au moyen desquels l'homme s'aliène et acquiert autonomie par rapport à la nature. Diderot va même jusqu'à se méfier des substantifs abstraits, dans la mesure où ceux-ci obtiennent un caractère absolu et effacent le travail préparatoire des adjectifs, à qui ils doivent leur existence : « Peu à peu, on s'est accoutumé à croire que ces noms représentaient des êtres réels : on a regardé les qualités sensibles comme de simples accidents ; et l'on s'est imaginé que l'adjectif

volume de l'*Encyclopédie* : « Un jeu plus sérieux qu'on ne pense consisterait à déceler, dans les autres écrits du directeur de l'Encyclopédie, ce qui dérive de tel ou tel article. [...] Ne trouvez-vous pas qu'il y a là, et dans les Appendices, beaucoup de noms qui commencent par A ? » Voir J. Pommier, *op. cit.*, p. 267.

1. J. Chouillet a fait remarquer que cette généalogie de la langue, selon laquelle les adjectifs pour ainsi dire formeraient les substantifs, s'incorpore dans une généalogie plus large ayant, elle, son origine dans la matière, dans les « objets sensibles ». Voir *La formation...*, p. 172. Cette remarque est d'autant plus intéressante que Diderot apparemment réduit la généalogie incorporante à la généalogie incorporée, lorsqu'une page plus loin il résume les présuppositions de l'ordre naturel sous les termes suivants : « Les adjectifs, représentant pour l'ordinaire les qualités sensibles, sont *les premiers* dans l'ordre naturel des idées » (137, nous soulignons). Ici, donc, Diderot semble « oublier » le prologue sensualiste de son compte-rendu précédent : « Les objets sensibles ont *les premiers* frappé les sens » (135, nous soulignons). On peut ainsi présumer, comme le fait J. Chouillet en commentant l'édition *DPV*, que Diderot situe en réalité les adjectifs aprés les substantifs concrets (« les objets sensibles »), mais avant les substantifs abstraits (« les noms métaphysiques »). Voir *DPV IV*, n. 17, p. 136.

Vernet, *La bergère des Alpes,* 1763, Musée des Beaux-Arts de Tours.

Chardin, *Panier de pêches,* 1759 (?), Musée des Beaux-Arts de Rennes.

était réellement subordonné au substantif, quoique le substantif ne soit proprement rien, et que *l'adjectif soit tout.* » (135) Cette critique de l'habitude du nom et de l'oubli de l'adjectif est reprise dans des termes encore plus polémiques : « Qu'on vous demande ce que c'est qu'un corps, vous répondrez que c'est *une substance étendue, impénétrable, figurée, colorée et mobile.* Mais ôtez de cette définition tous les adjectifs, que restera-t-il pour cet être imaginaire que vous appelez *substance ?* Si on voulait ranger dans la même définition les termes, suivant l'ordre naturel, on dirait *colorée, figurée, étendue, impénétrable, mobile, substance.* » (135-136)[1] Les perceptions floues et insuffisantes – insuffisantes, parce que d'une certaine manière il n'y en a pas assez pour former une substance – précèdent dans l'ordre naturel la conceptualisation du monde, et donnent vie en même temps à des substances.

Avec l'ordre naturel, Diderot se situe donc de nouveau au niveau des formes de connaissance qui ne sont pas encore déterminées par l'esprit. Rien d'étonnant, par conséquent, à ce que nous rencontrions ici le protagoniste de la *Lettre sur les aveugles,* à savoir cet « homme qui verrait un corps pour la première fois » (136), et dont l'expérience perceptive relève d'une dispersion fondamentale : « L'œil serait frappé d'abord de la figure, de la couleur et de l'étendue ; le toucher s'approchant ensuite du corps, en découvrirait l'impénétrabilité ; et la vue et le toucher s'assureraient de la mobilité. » (136) Allant du confusément concret à la signification abstraite, l'homme primitif verrait par la participation simultanée et coopérante des sens une figure *en train de prendre forme.* Si l'ordre naturel se fonde ainsi sur l'idée sensualiste selon laquelle c'est dans les sens que l'esprit trouve son origine (le besoin humain constituant le présupposé essentiel), il inclut, par là-même, ce que l'on pourrait nommer une esthétique élémentaire. Car, appréhendant la langue à l'« état de [sa] naissance » (189), ou comme « langue naissante » (177), il se réfère à ce qui dans l'espace-temps, et par l'intermédiaire des sens, est en train de naître, donc, à cette irruption énigmatique par laquelle la matière devient verbe.

Inversion selon l'ordre scientifique

Opérant à l'échelle de la langue dite « formée », l'ordre scientifique se situe dans la formation des langues à un stade supérieur à l'ordre naturel. Tandis que celui-ci examinait la langue à sa naissance et en évolution, l'ordre scientifique ne connaît que la langue *instituée.* Il ne vise plus les

1. L'exemple provient de Batteux et n'est que la première preuve de l'usage que fait Diderot de la documentation proposée par son adversaire.

premières sensations et perceptions d'une matière en train de devenir substance ; il ne se rapporte plus à ce que voit l'œil, mais à « des vues de l'esprit » (137). Ce n'est plus le premier homme qui perçoit, mais le philosophe qui *conçoit ;* et si le monde était confus pour celui-là, il est transparent et maîtrisable pour celui-ci. C'est que le philosophe, et avec lui la philosophie en tant que telle, a *réalisé* les substantifs : « nous sommes peut-être redevables à la philosophie péripatéticienne, qui a réalisé tous les êtres généraux et métaphysiques, de n'avoir presque plus dans notre langue de ce que nous appelons des inversions dans les langues anciennes. » (137) Autant dire que l'ordre scientifique règne là où la raison aura gagné. Désormais, il est « naturel » que les substantifs soient « le support ou le soutien des adjectifs » (137), donc précèdent les adjectifs, parce qu'ils représentent un savoir acquis une fois pour toutes.

Lorsque Diderot, dans sa récapitulation finale, conclut « [...] 1 – que, quel que soit l'ordre des termes dans une langue ancienne ou moderne, l'esprit de l'écrivain a suivi l'ordre didactique de la syntaxe française ; 2 – que cette syntaxe étant la plus simple de toutes, la langue française avait à cet égard, et à plusieurs autres, l'avantage sur les langues anciennes » (189), cet éloge de sa langue maternelle semble s'opposer au fait que la majeure partie de la *Lettre* soit consacrée à l'ordre naturel, qu'il soit question de la formation des langues ou, plus tard, du langage « naturel » du sourd-muet, sans parler des nombreux exemples puisés dans la poésie grecque. On mettrait peut-être cette disproportion au compte de l'actualité encyclopédiste et de l'école rationaliste, qui à bien des égards demeure la seule autorité fiable aux yeux du philosophe du XVIIIe siècle. Notons, cependant, que dans le passage cité Diderot limite le primat de la langue française à un certain *égard* (et à plusieurs autres), restriction qu'il précise à la fin de la *Lettre* en proclamant que « le français a sur le grec, le latin, l'italien, l'anglais etc., *l'avantage de l'utile sur l'agréable* » (191, nous soulignons). Assurément, « l'utile » renvoie à la philosophie « utilitaire » des Lumières qui ne peut pas ne pas être chère au directeur de l'*Encyclopédie*[1], tandis que l'autre terme, celui de « l'agréable », appartient

1. Il est plus difficile d'expliquer le silence par lequel Diderot renonce à une mise en question de l'ordre scientifique. Ne vient-il pas de revendiquer, bien que ce soit à propos de l'ordre naturel, l'ancrage des substantifs abstraits dans le travail préliminaire des adjectifs ? Rien n'aurait été plus évident que de dénoncer, en passant à l'ordre scientifique, l'habitude qu'ont les philosophes de fréquenter des êtres idéalistes. Mais tout se passe comme si l'ordre scientifique se soustrayait à toute mise en cause, comme si son aspiration à la science en soi la mettait à l'abri de la critique. Pour Diderot, qui s'enthousiasme pour les progrès des sciences, il faudra encore se placer radicalement *hors* du langage pour qu'il soit possible, du côté de la nature, d'envisager le langage comme autre chose qu'un moyen de diffuser le savoir. Il serait toutefois injuste de renvoyer l'exaltation de Diderot pour l'ordre scientifique à un

plutôt à l'esthétique et à son inventaire de goût, de sentiment et de plaisir. C'est ainsi que, même en traitant de l'ordre scientifique, pourtant l'emblème de la raison logique, Diderot finit par esquisser, comme ce qu'exclut cet ordre, une perspective esthétique.

Inversion selon un nouvel ordre naturel, celui du sourd-muet

Si la distinction entre l'ordre naturel et l'ordre scientifique pose le problème de la valorisation du dernier par Diderot, cette première différenciation produit en elle-même une fluctuation du critère d'inversion, car dès lors qu'on accepte deux ordres d'inversion, il devient difficile de défendre un seul point de vue doctrinaire et totalisant. Voilà donc que la question des inversions s'ouvre à de nouvelles approches, comme, par exemple, à celle du sourd-muet. Et voilà que Diderot, bien plus à l'aise que dans les spéculations « savantes », s'adresse aux sourds-muets pour construire un espace de réflexion aux allures fortement romanesques et allégoriques.

Avec les sourds-muets, Diderot revient à l'évolution essentiellement « naturelle » des langues. Car, étant « un homme qui n'aurait jamais eu aucune notion de langue » (141), le sourd-muet rétablit la loi et l'ordre de *la nature* : « c'est la nature seule qui les [les inversions] lui suggère » (142). Les sourds-muets s'accommodent ainsi parfaitement à la méthode de Diderot en préfigurant ces « premiers hommes » (138), ces « hommes fictifs, qui, n'ayant aucun signe d'institution, peu de perceptions, presque point de mémoire, pourraient passer aisément pour des animaux à deux pieds ou à quatre » (142). Ce n'est guère un hasard si cette description ôte aux sourds-muets toute faculté acquise par l'expérience pour leur imposer le paradigme de l'animal, puisque les sourds-muets sont censés « mimer » l'origine des langues, le moment où l'homme s'arrache à ce « mélange de cris et de gestes » qu'est le langage des animaux. Symbole du langage « primaire », celui des gestes au moyen duquel le premier homme se distingue de l'animal, le corps du sourd-muet devient, pour Diderot à la différence de Condillac, *signifiant* au même degré que le langage [1].

« combien ne fut-il pas le fruit de son époque » ! La mise en valeur de l'ordre scientifique ne traduit pas seulement le paradigme de savoir que Diderot pour des raisons historiques fort compréhensibles ne peut transgresser, mais elle résulte aussi d'un paradoxe inhérent au style des philosophes. Les philosophes ne sont pas des artistes, et il faudrait de la clarté et de la communicabilité, lorsqu'on se parle en philosophie, aussi lorsqu'il s'agit de mettre en cause ses propres formations idéalistes.

1. J. Chouillet insiste précisément sur cette « déviation » importante de Diderot par rapport à son grand modèle, à l'*Essai* de Condillac : « il [Diderot] n'accepte pas aussi

A la recherche de l'ordre « vrai » du langage, plusieurs exemples, sous forme d'anecdotes dispersées dans le texte, s'inscrivent dans cette perspective « anatomico-métaphysique » du corps parlant. Les sourds-muets, attendus avec impatience par le lecteur, sont pourtant loin d'atteindre à la radicalité de leurs collègues de la *Lettre sur les aveugles*. Ainsi, dans l'anecdote de la partie d'échecs, qui sert à établir l'analogie du langage des gestes avec le langage parlé, Diderot se contente de faire remarquer que le sourd-muet est capable de former des signes corporels porteurs de sens, « signes par lesquels il m'annonçait qu'il me tenait pour mat ou mort » (144). Une autre anecdote, celle du philosophe à table chez un sourd-muet, va un peu plus loin, lorsque Diderot, moins attentif à l'ordre des gestes de son hôte, insiste sur la fixité de son premier geste : « le muet peut, après avoir averti le laquais, ou placer le signe qui désigne la chose ordonnée, ou celui qui dénote la personne à qui le message s'adresse ; *mais le lieu du premier geste est fixé* » (150, nous soulignons). Le geste est inséparable du lieu qu'il instaure lui-même. C'est pourquoi il fait penser au théâtre et, plus fondamentalement encore, au corps comme scène. Rien d'étonnant, donc, si Diderot abandonne le sourd-muet pour un bref moment afin de raconter comment il se bouche les oreilles au théâtre pour mieux juger de l'art dramatique des comédiens[1]. Mais si le langage des gestes, pour être parlant, se greffe sur un « ici », il est autant « maintenant ». La dimension temporelle, en effet, est relevée aussi, lorsque Diderot note la « difficulté presque insurmontable [que l'on éprouve, en s'entretenant avec un sourd et muet de naissance] à lui désigner les parties indéterminées de la quantité, soit en nombre, soit en étendue, soit en durée » (152). Même si Diderot tire de cette difficulté une conclusion relative à l'histoire des langues (« les signes des *temps* ou des portions de la durée ont été les derniers inventés » et « pendant des siècles entiers, les hommes n'ont eu d'autres temps que le présent de l'indicatif ou de l'infinitif que les circonstances déterminaient à être tantôt un futur, tantôt un parfait » (152)), l'idée qu'il se fait du langage

facilement que Condillac de réduire l'intelligence à ses instruments linguistiques. En perdant l'usage d'un sens, le muet ne perd pas la capacité de s'exprimer au moyen d'un système de remplacement. Le geste peut ainsi devenir, non pas, comme l'a cru Condillac, le témoin d'une pensée diminuée, mais l'équivalent d'une parole au sens plein. » Ce désaccord reposerait certainement sur un autre, également signalé par J. Chouillet, à savoir celui entre le sensualisme de Condillac et l'empirisme de Locke. Car pour ce dernier les idées sont formées avant le langage, tandis que pour Condillac le langage est antérieur aux idées. Voir *DVP IV*, p. 114.

1. L'association avec les oreilles bouchées qui transporte Diderot du sourd-muet au théâtre n'est certainement pas un hasard, puisque le théâtre incarne la scène sur laquelle les gestes sont parlants. Dans cette perspective dramatique, le sourd-muet figurait cependant la scène abandonnée au seul corps.

des gestes se précise implicitement, car seul un langage, rivé au « maintenant » du présent, souffrirait aussi bien d'un manque que d'une surabondance de temps.

Si ces exemples donnés par les sourds-muets servent plutôt à élucider le thème de l'origine des langues, Diderot, égal à lui-même, n'a pas pu s'empêcher de jeter, ici et là, quelques signaux contradictoires. Ainsi, dans l'anecdote des échecs, s'écrie-t-il, « en passant » ! (comme si c'était là quelque chose de moins important) : « combien la langue des gestes est métaphorique ! » (144) Mais il revient certainement à une autre anecdote, celle du « clavecin oculaire », d'approfondir ce premier rapprochement du geste avec la magie synchronique de la métaphore, capable de condensations et de déplacements sémantiques. Et par les emprunts que fait cette anecdote à la musique et, par analogie, à la peinture, les commentaires esthétiques ne vont pas tarder à se multiplier.

Ainsi Diderot raconte-t-il avec allégresse comment il avait amené à la rue Saint-Jacques « son » sourd-muet pour lui montrer le clavecin à couleurs du Père Castel[1], cette « machine singulière sur laquelle l'inventeur se proposait d'exécuter des sonates de couleurs » (146). L'instrument bizarre exerce sur le sourd-muet un effet considérable, si bien qu'il croit « voir » ce langage qu'il n'a jamais entendu. Ivre de joie, le sourd-muet prend les couleurs pour des mots, les harmonies de couleur pour des phrases : « Mon sourd s'imagina que ce génie inventeur était sourd et muet aussi ; que son clavecin lui servait à converser avec les autres hommes ; que chaque nuance avait sur le clavier la valeur d'une des lettres de l'alphabet, et qu'à aide des touches et de l'agilité des doigts, il combinait ces lettres, en formait des mots, des phrases, enfin tout un discours en couleurs. » (146)

Plus d'un siècle avant Saussure, Diderot laisse donc au sourd-muet le soin de désigner l'unité de base du langage, à savoir l'image sonore, à cette exception près que les signes colorés que perçoit le muet ne relèvent malheureusement pas des différences *distinctives* sur lesquelles repose le système linguistique du langage. Cette divergence, ou plutôt ce malentendu, est à l'origine de la conception en quelque sorte sur-évaluée de la musique que la révélation du clavecin apporte au sourd-muet : « Il crut tout d'un coup qu'il avait saisi ce que c'était que la musique et tous les instruments de musique. Il crut que la musique était une *façon particulière de communiquer la pensée*, et que les instruments [...] étaient entre nos mains d'autres organes de la parole. » (146, nous soulignons) Mais au lieu de ridiculiser ce rapprochement naïf des couleurs avec la musique et, par analogie, avec le langage, Diderot prend la défense du sourd-muet en

1. Le Père Castel avait publié, en 1740, *L'Optique des Couleurs*. On ne sait pas si son « clavecin oculaire » a réellement existé ou s'il est le fruit de la fantaisie de Diderot.

appréciant son « effort de pénétration » (146) comme autre chose qu'une erreur « naturelle ». Car, dit-il, « ce système, qui est évidemment faux pour vous, est presque *démontré* pour un sourd et muet » (146-147, nous soulignons). Lorsque ce dernier compare l'effet visible, qu'évoque la musique sous forme de « [...] signes de joie ou de tristesse qui se peignent sur nos visages et dans nos gestes, quand nous sommes frappés d'une belle harmonie » (147), avec la communicabilité aussi évidente du langage, il est largement compréhensible qu'il conclut à l'analogie de la musique avec le langage. Comment le sourd saurait-il que la musique, par opposition au langage parlé ne dispose pas d'un système sémiotique composé de significations distinctes, qu'il n'y a en elle « aucune perception distincte » (147) et, par conséquent, aucun « bon sens dans les sons » (147), lorsque les deux modalités d'expression témoignent d'un même succès communicatif pour celui qui n'entend pas ?

Voilà que, enfin, la *Lettre sur les sourds et muets* se montre digne de son titre : sans se moquer de l'expérience du sourd-muet face au clavecin oculaire Diderot en fait *l'usage* philosophique. De toute manière, il avoue (« après tout » (147)) que « [...] si on ne parle pas aussi distinctement avec un instrument qu'avec la bouche, et si les sons ne peignent pas aussi nettement la pensée que le discours, *encore disent-ils quelque chose* » (147, nous soulignons). La musique, voilà ce que veut dire Diderot, est une langue. La musique, elle aussi, est expressive. Elle parle sans pour autant être forcée d'émettre ses messages avec les paroles du discours. Voilà, donc, pourquoi il y a de la « profondeur » et de la « vérité » (147) dans l'erreur *utile* du sourd-muet. Ce dernier annonce l'existence de la musique et de la peinture comme des langages agencés d'une autre manière que le langage verbal. Et Diderot précise la nature particulière de ces langues artistiques en glissant du registre de la musique à celui de la peinture pour que l'un exprime la modalité de l'autre. Les sons de la musique, par exemple, « *peignent* sur nos visages » (147, nous soulignons) l'effet qu'ils évoquent, de même que le tableau *raconte* une histoire (« celui qui se promène dans une galerie de peintures fait, sans y penser, le rôle d'un sourd » (147)). Même si ces synesthésies ne donnent pas lieu, comme un siècle plus tard chez Baudelaire, à la formulation d'une théorie des correspondances, elles permettent à Diderot de montrer que l'effet sémantique découvert par le sourd-muet est en réalité un *affect.* Les expressions de la musique peignent, comme celles de la peinture parlent, *parce qu'elles affectent.*

La substitution, erronée ou non, des significations distinctes de la langue parlée par les affects des langues artistiques, empêche Diderot, en plein débat sur les inversions, de tirer une conclusion proprement linguistique de l'anecdote du clavecin à couleurs, puisque la découverte du sourd-muet ne lui permet pas vraiment de trouver une réponse adéquate à la question des inversions. C'est peut-être pourquoi Diderot abandonne son sourd-muet avec ces mots plus suggestifs que précis : « S'il [le sourd-muet] ne rencontra pas exactement ce que c'était, il rencontra presque *ce que ce devrait être.* » (147, nous soulignons) En revanche, si l'histoire du clavecin tourne court quant aux inversions, Diderot va enchaîner à ce pressentiment du « devrait être » une autre phrase au conditionnel, lorsqu'il ne traite plus des inversions, mais, précisément, des langages de l'art. Car l'art n'obéit pas à la linéarité du discours, mais parle à plusieurs voix ; et c'est justement ce langage particulier de la sensation que le sourd-muet aurait mis au jour en voyant le clavecin : « C'est ce qu'elle [la sensation] exécuterait à merveille sur un clavecin oculaire, si le système de mon muet était institué, et que chaque couleur fût élément d'un mot. » (158) Autrement dit : si le sourd-muet n'a pas rencontré exactement le langage de ceux qui parlent et entendent, il aura rencontré le langage dans son usage esthétique le plus élémentaire, celui de la *sensation*.

Décidément, le critère « anatomico-métaphysique » que représente le sourd-muet n'a fait qu'écarter Diderot du « droit chemin » des inversions, sur lesquelles les sourds-muets étaient pourtant censés porter un éclairage. Le langage des gestes, lui aussi, ouvre donc une perspective esthétique. Au fond, Diderot l'a su dès le départ, ne fût-ce qu'intuitivement : le geste ne peut représenter une unité linguistique neutre, il est un signe fort complexe, dont l'expressivité, plutôt que d'illustrer le langage discursif, rejoint l'opacité du corps producteur de sens. Diderot le dit d'ailleurs explicitement, lorsque, dans la digression sur le sublime, il affirme que le geste n'équivaut qu'« *à peu près* » aux mots du discours : « je dis à peu près, parce qu'il y a des gestes sublimes que toute l'éloquence oratoire ne rendra jamais » (142). Et les cinq cas du sublime, invoqués par Diderot, étayent tous – de « la somnambule Mackbett » (143) se lavant les mains comme une obsédée à Antiochus qui porte le verre empoisonné à ses lèvres – le problème de la *traduction* que pose le geste par rapport au discours, dans la mesure où Diderot les qualifie de « représentations dont l'énergie du langage oral n'approche pas » pour ensuite s'écrier : « Voilà ce que le papier ne peut jamais rendre ; voilà où le geste triomphe du discours ! [...] le moment le plus théâtral [...] quelle foule d'idées et de sentiments ce geste et ce mot ne font-ils pas éprouver à la fois ! » (143-144) Il est clair que ces exclamations font s'éloigner Diderot de la tradition du sublime, qui depuis Longin a été défini comme figure rhétorique, pour reformuler le sublime comme un problème de la *représentation*, puisque seul le geste se montre capable d'exprimer ce qu'aucun discours ne peut dire, ni traduire.

Le discours s'évanouit devant le geste qui sait condenser, en un seul instant, une « foule d'idées et de sentiments ».

Le principe de la simultanéité finit ainsi par envahir les témoignages des sourds-muets, qui, par là même, ruinent plus l'idée-même d'un ordre à suivre qu'ils ne le découvrent. Là où Diderot, à la recherche de l'évolution des langues, a tenté de se servir du sourd-muet, il rencontre, en lieu et place de l'ordre « vrai » du discours, ce qui est inexprimable, indicible même, par le discours. Ayant mis l'accent sur la sensation, sur l'affection et sur la simultanéité des perceptions, le témoin sourd-muet renoue avec une réalité linguistique dont la qualité esthétique dépasse le strict langage.

Inversion selon une pragmatique rhétorico-communicationnelle

Le réalisme particulier auquel obéit l'allégorie du sourd-muet trouve son prolongement et son approfondissement dans la manière qu'a Diderot de retourner contre Batteux ses propres exemples linguistiques. Ainsi, tout en commentant une période de Cicéron et deux phrases-modèles (les exemples du serpent et de la faim), Diderot va tirer des conclusions fort opposées à celles qu'avait proposées initialement leur inventeur.

Prenons d'abord la locution *Pro Marcello,* qui comporte une inversion, parce que son auteur, Cicéron, commence par exprimer le silence qu'il avait gardé avant de prendre la parole (« diuturni silentii »[1]) pour ensuite donner la raison de ce silence : « il avait eu dans l'esprit *antérieurement* à son long silence, une idée qui devait suivre, qui commandait la terminaison de son long silence » (154, nous soulignons). C'est-à-dire que le silence de Cicéron cache une situation préalable, à savoir sa cause même qui, elle, est « l'idée principale » et, par conséquent, prime sur le silence. Cette inversion, Diderot l'explique en faisant remarquer la non-coïncidence entre l'organisation *rhétorique* de la phrase et son ordre interne ou *logique,* puisqu'« il n'y avait point dans ses idées l'inversion qui règne dans ses termes » (154). L'ordre logique, bien que caché dans le discours prononcé, a autrement dit sa propre existence en dehors du niveau d'énonciation et d'expression, raison pour laquelle Diderot le qualifie d'un « ordre préexistant dans son esprit, tout contraire à celui des expressions » (154-155). Même si cette explication semble rétablir l'ordre scientifique (alors que Batteux se servait de l'exemple pour défendre l'ordre naturel), Diderot prend en considération ici le contexte de la *réception* dans lequel l'auteur,

1. J. Chouillet rapporte la traduction du *Pro Marcello* « Un long silence, pères conscrits, avait été ces derniers temps ma règle ; ce n'était pas de la crainte, mais de la douleur et de la réserve ; ce jour y a mis fin… ». *DPV IV,* n. 63, p. 232.

pour des raisons stratégiques, emploie la ruse afin d'atteindre ses auditeurs, car « ce qui sera inversion pour l'un, souvent ne le sera pas pour l'autre » (155) ou encore : « ce qui n'était pas une inversion pour les auditeurs de Cicéron, pouvait, devait même en être une pour lui. » (156)

L'inversion de Cicéron est donc purement rhétorique, ou, selon les termes de Diderot, elle « n'est proprement qu'oratoire » (156). C'est pourquoi l'analyse poussée de la période doit tenir compte des différents niveaux de réception : « le long silence qu'il avait gardé, est la première idée qu'il doit leur présenter, *quoique* l'idée principale *pour lui* ne soit pas celle-là [...] ce qui frappe le plus un orateur qui monte en chaire, c'est qu'il va parler, et non qu'il a gardé longtemps le silence » (156, nous soulignons). Dans cette perspective pragmatique, l'inversion renverrait en outre à la situation socio-politique dans laquelle le discours s'actualise, car Diderot est « persuadé que Cicéron aurait arrangé tout autrement cette période, si au lieu de parler à Rome, il eût été transporté en Afrique, et qu'il eût eu à plaider à Carthage » (156).

En désignant ainsi l'impact qu'a sur le discours l'intérêt rhétorique, Diderot ne cesse pas seulement d'énumérer *hors la langue* des facteurs qui agissent sur l'organisation grammaticale et syntactique de l'expression linguistique et la modifient, il nous rappelle également, comment, plus proche de la « réalité » qu'un empirisme quelconque, il se sert d'un exemple de Batteux comme dans une espèce de *fiction concrète.* Car c'est bien ce réalisme propre à Diderot qui lui permet de *s'identifier à l'intérêt* de Cicéron, à ses réflexions intérieures (« [j]e me figure Cicéron montant à la tribune » (156)), et ainsi de rendre compte des *relations de pouvoir* qui déterminent l'organisation de la période. A la lumière de ce nouveau critère « rhétorico-communicationnel », la langue n'est plus invariable – qu'il s'agisse d'un point de vue naturel ou scientifique –, mais fondamentalement *instrumentale.* L'usage langagier, déterminé par des intérêts pratiques, se plie constamment aux stratégies et aux ruses de ses locuteurs. Il est illusoire, en conséquence, de maintenir l'idée d'une autonomie grammaticale.

Et Diderot va plus loin dans sa conclusion sur la période de Cicéron, lorsqu'il note en passant « encore une autre finesse dans le génitif *diuturni silentii* », à savoir ceci : « les auditeurs ne pouvaient penser au long silence de Cicéron, sans chercher *en même temps* la cause, et de ce silence, et de ce qui le déterminait à le rompre. Or le génitif étant un *cas suspensif,* leur fait naturellement *attendre* toutes ces idées que l'orateur ne pouvait leur présenter *à la fois* » (156, nous soulignons). Voici que juste avant d'abandonner l'exemple de Cicéron, Diderot revient au thème de la simultanéité (« en même temps »). Il ne peut s'empêcher d'accorder à la langue certains moyens grammaticaux capables de rendre plusieurs idées à la fois, tel un génitif suspensif.

Il n'en va pas autrement avec l'exemple également issu du livre de Batteux, celui de la phrase « serpentem fuge » (155)[1], « fuis le serpent », qui, selon Batteux, doit démontrer la priorité de l'objet : le serpent est premier, ou « l'idée principale », par rapport à la fuite. Diderot soutient néanmoins le contraire, en proposant que l'ordre des idées dépend de *l'intérêt subjectif*. Et tandis que l'exemple de Cicéron maintenait, au-delà de l'expression modifiée par l'intérêt du locuteur, l'idée d'un ordre préexistant, à savoir celle de l'ordre logique, l'exemple du serpent tend à égaliser les points de vue : « dans une suite d'idées, il n'arrive pas toujours que tout le monde soit également affecté par la même » (155). L'unité de l'ordre logique cède momentanément le pas à un pluralisme structurel, dès que l'impact affectif de l'un vaut autant que celui de l'autre. Savoir quel élément est premier, le serpent ou la fuite, cela dépend du sujet affecté : « L'homme peureux ne songe qu'au serpent ; mais celui qui craint moins le serpent que ma perte, ne songe qu'à ma fuite » (155). La fuite, et non pas le serpent-objet, sera donc « l'idée principale » pour celui qui ne se laisse pas paralyser à l'aspect du serpent.

De ces deux exemples, Diderot tire la conclusion provisoire qui met en doute la solidité du principe de l'ordre : « je soutiens que quand une phrase ne renferme qu'un très petit nombre d'idées, il est fort difficile de déterminer quel est l'ordre naturel que ces idées doivent avoir par rapport à celui qui parle » (156). La difficulté de trouver l'ordre discursif (naturel ici) résulte donc de la *rapidité* avec laquelle les signes linguistiques se seront condensés dans le sujet, sans qu'on puisse désigner l'idée qui a *frappé* la première, « [c]ar si elles [les idées] ne se présentent pas toutes à la fois, leur succession est au moins si rapide, qu'il est souvent impossible de démêler celle qui nous frappe la première » (157). Autrement dit, la succession des signes linguistiques est artificielle par rapport à la simultanéité des idées empiétant les unes sur les autres. C'est donc la capacité à être ou non affecté qui encore une fois met sérieusement en cause la question des inversions, puisque l'affection détache celle-ci du langage – et même de l'instrumentalité rhétorique – pour la mettre au compte d'une dimension *subjective* qui se déploie en deçà des règles discursives. Etre affecté présuppose une sensibilité subjective qui ne peut être réduite aux calculs stratégiques de celui qui parle.

1. Batteux, *Lettres sur la phrase française I*, p. 16.

Le troisième et dernier cas emprunté à Batteux (et, dans le traitement de Diderot, à Condillac[1]) approfondit ce statut problématique de la sensation subjective par rapport aux inversions. Il s'agit de l'exemple de la faim, de la phrase *j'ai faim, je mangerais volontiers* » (157) et de sa variation avec objet (tantôt « *Le beau fruit* », tantôt avec pronom démonstratif, « *Icelui* » (158)), constructions qui selon Batteux serviraient à illustrer le primat de l'objet. Or, sans se perdre dans une analyse comparative, Diderot va précipiter l'écroulement de la phrase. Avec une intuition sémiotique assez surprenante, il souligne la fonction mémorative de l'article et du pronom démonstratif : « L'article *le* ou *icelui* n'est dans cette occasion et dans toutes les semblables, qu'un signe employé pour désigner le *retour de l'âme* sur un objet qui l'avait *antérieurement* occupé » (158, nous soulignons). L'article et le pronom démonstratif – en soi des signes vides puisqu'ils appartiennent dans la généalogie des langues à « ces vues fines et déliées de l'esprit » (158) qui ne se sont introduites que tardivement dans les langues – renvoient donc à une temporalité condensée, à une sorte de futur antérieur. Ils sont trace de quelque-chose qui *aura* « occupé » le sujet sensible ou, pour retourner au vocabulaire de l'affect, qui l'*aura* affecté avant qu'il ne prenne place dans la phrase. C'est pourquoi l'article, au lieu d'attester le primat de l'objet qu'il désigne, synthétise l'expression linguistique en rappelant l'unité de sensation que renferme la phrase. Grâce à lui, la phrase va vers un *milieu*, vers la sensation de la faim qui l'a causée : « quoique tous ces jugements, *le beau fruit ! j'ai faim, je mangerais volontiers icelui,* soient rendus chacun par deux ou trois expressions, il ne supposent tous qu'*une seule vue de l'âme* [nous soulignons] ; celui du milieu, *j'ai faim.* [...] Le fruit et la qualité s'aperçoivent en même temps ; et quand un latin disait *esurio,* il croyait ne rendre qu'une seule idée. » (158)

Deux perspectives majeures découlent de cette observation audacieuse. En premier lieu, Diderot semble abandonner le critère de l'évolution des langues au profit du critère étrangement *épistémologique* d'une « vue de l'âme ». Après avoir souligné l'importance du sujet, Diderot thématise une âme qui récuse l'ordre distinctif que présupposent les inversions. La phrase analysée retombe sur la sensation de la faim, sensation que *l'âme,* par opposition à l'esprit discursif, perçoit, saisit, lit ou comprend dans un seul instant comme une seule idée. Mais, en second lieu, Diderot indique implicitement la faculté immanente qu'a le langage de se surpasser, lorsqu'il admire chez les Latins, et le leur envie, un vocabulaire tel qu'« esurio ». Car, un peu plus loin, cette faculté est décrite comme « ce que le grec et le latin rendent par un seul mot. Ce mot prononcé, tout est

1. Voir J. Chouillet, *DPV IV,* n. 70, p. 157. Chouillet rappelle en même temps que la théorie des besoins de Condillac est à l'origine des remarques de Diderot.

dit, tout est entendu. » (158) Autrement dit, le langage dispose, non seulement de certains moyens grammaticaux comme le génitif de Cicéron, mais aussi de certains mots qui détournent et dynamisent la linéarité du langage. Mais en l'absence de ces mots, la langue défaille, elle ne peut exprimer ce qu'elle cherche à exprimer qu'en décomposant un ensemble, ici la sensation de la faim, en plusieurs éléments syntactiques, en des « modes d'une seule sensation » suivant ce modèle : « *Je,* marque la personne qui l'éprouve ; *mangerais,* le désir et la nature de la sensation éprouvée ; *volontiers,* son intensité ou sa force ; *icelui,* la présence de l'objet désiré. » (158)

Remarquons que Diderot n'emploie pas le verbe « énoncer », mais celui, plus proche de l'esthétique, d'« éprouver », et, un peu plus loin il reconnaît à la sensation sa nature esthétique : « *voir* un objet, le *juger* beau, *éprouver* une sensation agréable, *désirer* la possession, c'est l'état de l'âme dans un même instant » (162). A l'occasion d'un objet, la sensation (ici la vue), transformée en sentiment de plaisir (« éprouver une sensation agréable ») que l'on désire à jamais (« désirer la possession ») et le jugement du beau (« le juger beau ») sont des modalités d'un seul « état de l'âme dans un même instant ». On pourrait ainsi se demander si Diderot ne se détourne pas de la linguistique pour faire appel à une esthétique qui prendrait la difficile mesure de ce que veut dire *éprouver.*

Sortie des inversions

C'est donc en donnant vie aux exemples de Batteux que Diderot est parvenu à se détourner de leur formalisme. Comme par une inclination qui lui est naturelle, les cas fictifs cessent d'être stériles pour *raconter* la réalité qu'ils sont censés illustrer. On pourrait effectivement dire que Diderot personnalise là où Batteux dépersonnalise, qu'il multiplie les centres d'intérêt là où Batteux les formalise[1]. Grâce à ce réalisme, nous l'avons vu,

1. Après avoir déterminé l'intérêt subjectif comme l'unité à partir de laquelle l'ordre du discours s'organise, Batteux universalise néanmoins cet ordre, comme si tous les sujets avaient le même intérêt. C'est pourquoi il formalise la priorité de l'objet sur le mouvement : « Il y a donc d'abord en moi, connaissance de l'objet et de ses qualités, ensuite vient le mouvement. Je ne commence pas par me mouvoir avant que de connoître, je connois avant de me mouvoir. Voilà pour moi-même. Si je veux faire entendre à un homme autre que moi, qu'il doit fuir, ou rechercher quelque objet ; je commencerai de même, par lui montrer cet objet. Ensuite je lui ferai comprendre ce qu'il en doit faire. *L'ordre que j'ai suivi pour moi est le même à suivre pour lui. Sa machine étant composée comme la mienne, c'est le même ressort qui doit la faire jouer.* » Cité par J. Chouillet (c'est également lui qui souligne), *La formation...*, p. 175.

Diderot comprend que l'ordre linguistique dépend des intérêts subjectifs différents, que la multiplicité des points de vue rend possibles autant de modalités d'expression. Mais on aura compris aussi que Diderot va plus loin. En exhibant et, par là-même, en ridiculisant le procédé scolaire de Batteux, il dénonce l'illusion qui consiste à instaurer un ordre d'idées là où il s'agit en réalité d'éléments plutôt inséparables, ou de faces d'une seule et même réaction. Diderot a sans cesse invoqué l'expérience étayée sur la *sensation,* puisque « la sensation n'a point dans l'âme ce développement successif du discours » (158).

C'est en effet dans l'exemple de la faim, qui se relie de la façon la plus évidente avec une sensation, que les divers angles sous lesquels les inversions, du sourd-muet à Cicéron, ont été examinées reçoivent leur conclusion. Car la sensation de faim qui envahit les signes dont est composée la phrase ne se laisse nullement diviser. Elle est *une* et résiste à une représentation linguistique univoque. Du moins faudrait-il que l'on puisse parler avec plusieurs bouches à la fois : « si elle [la sensation] pouvait commander à vingt bouches, chaque bouche disant son mot, toutes les idées précédentes seraient rendues à la fois » (158). En effet, tous les fils se concentrent ici, car que faire afin d'approcher ce langage à vingt bouches de la sensation ? Le latin avait déjà indiqué une solution : « au défaut de plusieurs bouches, voici ce qu'on a fait : on a attaché plusieurs idées à une seule expression » (158). Et même si la langue française n'est pas aussi riche en mots polyphoniques, Diderot retient l'idée, mais pour pousser aussitôt la perspective vers une épistémologie de l'âme : « Quoique nous n'ayons guère de ces termes qui équivalent à un long discours, ne suffit-il pas que nous en ayons quelques-uns, que le grec et le latin en fourmillent, et qu'ils soient employés et compris sur-le-champ, pour vous convaincre que l'âme éprouve une foule de perceptions, sinon à la fois, du moins avec une rapidité si tumultueuse qu'il n'est guère possible d'en découvrir la loi. » (158-159) Il y aurait donc une affinité profonde entre ces mots, que Diderot ne tardera pas à qualifier de poétiques, et l'âme, qui sait les *éprouver* « sur-le-champ », qui sait les *lire* sans passer par les décompositions syntactiques du langage.

Voilà donc comment Diderot juxtapose ses deux principaux motifs, celui des mots magiques (ou des « expressions énergiques » (158)) et celui de l'âme sous le thème général de la simultanéité des perceptions. Non seulement il formule l'hypothèse épistémologique qu'il ne tardera pas à approfondir dans la suite – celle de l'unité de l'âme éprouvant les perceptions simultanées –, mais il jette en même temps les bases esthétiques d'une langue qui dépasse le discours linguistique et rhétorique. Rien d'étonnant donc à ce que Diderot revienne, dans cet effort de synthèse, à l'analogie du clavecin. Car si les réflexions non-pertinentes du sourd-muet n'étaient point dépourvues d'intérêt, c'est que le sourd-muet voyait dans le clavecin l'utopie d'une langue à plusieurs bouches, capable d'exprimer des harmonies de couleur et, comme dans la musique, des sentiments. C'est précisément au sujet de cette langue *autre* que Diderot affirme maintenant la rapidité à laquelle se trouverait confrontée la langue discursive : « Aucune langue n'approcherait de la rapidité de celle-ci. » (158) Si donc « normalement » « la langue se traîne sans cesse après l'esprit », parce qu'elle procède de façon analytique en décomposant les perceptions simultanées de l'âme, la situation s'inverserait avec cette autre langue à plusieurs bouches, car dès lors « l'esprit [...] serait forcé de courir après elle » (158). Etrange asymétrie de deux rapidités : celle de la langue disons artistique qui défie l'esprit logique et celle de l'âme qui défie la langue discursive et rhétorique.

Avec cette page de conclusion, probablement la plus riche et la plus audacieuse de la *Lettre* entière et qu'on ne se lasse pas de citer que ce soit dans son ensemble ou, comme ici, sous forme d'éclairs ou de fulgurances intermittentes de la pensée, Diderot abandonne définitivement le discours quelque peu sec des linguistes au profit d'une formulation bien plus personnelle qui met en lumière à quel point la discussion grammaticale des inversions s'est progressivement ouverte à une véritable philosophie du langage. Car c'est au fond la langue elle-même qui doit être pensée comme inversion. *La langue, dans son origine est inversion.* Inversion par rapport aux sensations, aux perceptions, aux sentiments et aux idées, c'est-à-dire par rapport aux « contenus » aussi bien sensibles que spirituels qui néanmoins doivent passer par la langue pour trouver en elle une « expression » plus ou moins approximative. Le langage, ce sont les signes visibles, les mots, pour dire tant bien que mal l'indicible sensation dont il naît. Face à ce tournant philosophique, qui réclame l'unité de l'âme comme celle de l'expression, la discussion des inversions n'a guère de validité : « Que deviendrait alors l'inversion qui suppose décomposition des mouvements simultanés de l'âme et multitude d'expressions ? » (158)

Après cette question qui, une fois pour toutes, tourne le dos aux inversions, Diderot ne peut plus rebrousser chemin. Il est déjà allé plus loin que les historiens de la langue ne l'y auraient autorisé. Mais on aura compris comment, pour y parvenir, il n'a cessé de détourner la question des inversions. Avec les sourds-muets et leur langage des gestes, avec ses analyses qui donnent vie aux exemples scolaires de Batteux, il a multiplié les approches jusqu'à ce que son « réalisme » particulier finisse par faire s'écrouler les structures formelles et grammaticales du langage. On pourrait donc voir dans l'accélération interne des inversions le symbole de la cause même de la *Lettre sur les sourds et muets.* En passant d'un type d'inversion à un autre, Diderot a créé un effet de vertige et de rapidité face auquel l'idée même d'un ordre à respecter finit par s'évanouir. Il prête une attention accrue à une expressivité langagière qui n'est pas médiée par la succession du langage, à l'âme d'un sujet plus sensible que connaissant, et aux expressions dont la simultanéité provient de plusieurs bouches qui parlent en même temps avec une rapidité qu'« aucune langue n'approcherait » (158). En fin de compte, le caractère dispersé de la *Lettre* correspondrait, d'un côté à la simultanéité esthétique que Diderot affirme comme l'horizon d'expérience important de l'âme (« l'âme éprouve une foule de perceptions » (159), de l'autre côté au renoncement à une explication logique (« il n'est guère possible d'en découvrir la loi » (159)).

Voilà qu'avec ce traitement des inversions Diderot se montre digne de son auto-portrait en « producteur de nuages » (« moi qui m'occupe plutôt à former des nuages qu'à les dissiper, et à suspendre les jugements qu'à juger » (162)), car au lieu d'imposer une solution définitive au problème des inversions, il l'a dissout dans ses propres nuages. L'inversion réduite à son acception rhétorico-linguistique ne permet aucune saisie de ce qu'est le langage dans son essence. C'est pourquoi Diderot doit persévérer là où il a fait échouer la linguistique. Mais du moins la linguistique lui a-t-elle permis de faire des découvertes dont la nature profonde réclame une réponse non-linguistique. Le problème, donc, doit être reformulé. C'est ainsi que la dernière partie de la *Lettre* est consacrée au thème de *l'unité*, de l'unité de l'esprit et de l'unité de l'expression artistique, voire d'abord à l'analyse de la nature *épistémologique* de *l'âme* et, ensuite, à *« l'hiéroglyphe »,* concept *esthétique* susceptible de saisir le caractère polyphonique du langage de l'art. Ce tournant épistémologico-esthétique est le sujet de la dernière partie de ce chapitre.

ÉLABORATION ÉPISTÉMOLOGIQUE : L'ÂME

Les inversions marquent dans la *Lettre sur les sourds et muets,* certes, le point faible, mais aussi une sorte de rupture intérieure à partir de laquelle tout est à recommencer. Non pas que Diderot recommence à zéro, car il s'agit bien d'un recommencement renouvelé, décalé par rapport aux inversions. Le fait que les inversions, sortant de leur propre contexte linguistique, se soient dissoutes, permettra précisément à Diderot d'*élaborer,* loin de la rhétorique et de la linguistique, les problèmes épistémologiques et esthétiques qui prennent le relais dans la dernière partie de la

Lettre. Et ce sera grâce à cette double élaboration qu'il saura affronter les « points aveugles et muets » qui ne pouvaient être traités à partir des seules prémisses du débat des inversions. Ce ne sont plus les inversions qui se trouvent au centre de la *Lettre,* mais leurs paralogismes épistémologiques et esthétiques.

Dans ce déplacement majeur, nous allons retrouver, en nous penchant d'abord sur l'épistémologie, toute la veine imaginative de Diderot, bien plus à l'aise avec ses allégories remarquables de « l'horloge ambulante » et du « tableau mouvant » ; et il ne faudrait certainement pas le prendre au pied de la lettre, lorsqu'il oppose « ce langage figuré » au sérieux de « la philosophie *à qui il faut des raisons et non des comparaisons* » (161). Ce serait là sous-estimer l'apport de l'allégorie à la réflexion philosophique, car c'est grâce à cette allégorie que Diderot va se montrer capable de « récréer et fixer l'esprit volage d'un enfant » (161), c'est-à-dire, précisément, d'élaborer ses « intuitions philosophiques ». Ainsi Diderot n'avait-il pas cessé, tout au long de ses spéculations linguistiques, de confronter les inversions avec une faculté étrange de *l'âme,* avec un certain « esprit » dont les éclairs de connaissance relevaient de la simultanéité et non de la succession sur laquelle reposaient les inversions. A l'esprit scientifique et rationaliste, il opposait la trace d'un autre esprit *sensible et affectif,* seul capable de saisir le sens multiforme dans un seul instant. C'est cet esprit que, sous le nom d'âme[1], Diderot propose de penser au moyen des allégories de l'horloge ambulante et du tableau mouvant. Regardons donc de plus près ces saisies plus métaphoriques que logiques de l'âme.

Que l'âme soit pensée sous les figures de « l'homme automate » et de « l'horloge ambulante » semble indiquer, du moins dans le domaine épistémologique, une certaine réhabilitation de Descartes[2]. Frappantes

1. Une certaine confusion terminologique ne permet pas de distinguer « l'esprit » de « l'âme ». Il y aurait plutôt deux formes d'esprit différentes : celle d'un esprit sensoriel convergeant avec l'âme, et celle d'un esprit intellectuel.

2. C'est bien sûr Descartes qui le premier a comparé l'anatomie humaine avec la machine. Voir J. Chouillet, *Formation...*, p. 200. La métaphore mécaniste se rapproche cependant autant d'un courant de pensée plus contemporain qui trouve dans l'entrée des sciences mécaniques dans l'*Encyclopédie* sa juste expression. Voir *op. cit.*, p. 202. J. Chouillet signale également La Mettrie et son *Homme Machine* (1747) comme l'inspiration probablement la plus directe de l'« horloge ambulante » (l'analogie de l'horloge se trouve d'ailleurs déjà dans l'*Histoire naturelle de l'Ame* de 1745), tout en soulignant la différence de fond qui sépare la pensée de Diderot de La Mettrie, celui-ci bien plus partisan d'un matérialisme « orthodoxe » que celui-là. Que Diderot précisément instaure un dialogue entre l'épistémologique et l'esthétique est selon J. Chouillet la meilleure preuve de ce que la *Lettre* ne se réduit pas à un manifeste sensualiste, mais renferme une contribution originale à la théorie épistémologique, un jugement auquel notre commentaire ne peut que se rallier. Voir, en outre, l'article d'Ann Thomsen, « L'unité matérielle chez la

sont, de toute manière, les métaphores mécanistes, même si c'était le corps, et non pas l'âme, que Descartes assimilait à la machine. Toujours est-il qu'avec ses marteaux, ses fils et ses roues dentées l'horloge ambulante évoque une âme peu mystérieuse et peu propice à la rêverie, lorsque Diderot s'imagine avec son lecteur « que le cœur représente le grand ressort, et que les parties contenues dans la poitrine en [de l'homme automate comme une horloge ambulante] soient les autres pièces principales du mouvement. Imaginez dans la tête un timbre garni de petits marteaux, d'où partent une multitude infinie de fils qui se terminent à tous les points de la boîte : élevez sur ce timbre une de ces petites figures dont nous ornons le haut de nos pendules, qu'elle ait l'oreille penchée comme le musicien qui écouterait si son instrument est bien accordé ; cette petite figure sera *l'âme* » (159). Tout mécaniste qu'elle soit, cette description nous interdit cependant d'identifier l'âme elle-même à l'appareil d'horlogerie, à l'économie technique des rouages. L'âme est plutôt un appendice qui, de nature ornementale, est posé *sur* le timbre de l'horloge comme une simple oreille qui écoute les sonorités produites par l'horloge.

La non-identité entre l'horloge et l'âme nous renvoie de nouveau à la séparation cartésienne entre corps et âme. L'horloge serait du côté du corps, elle est équipée d'un cœur comme ressort principal, et elle est ambulante, voire mobile comme le corps, tandis que l'âme se dissiperait dans les sphères cérébrales de l'esprit immatériel. Mais à y regarder de plus près, l'âme de Diderot est plus modeste que l'âme cartésienne qui institue son propre domaine de pouvoir illimité, puisque l'âme de l'horloge ambulante n'est rien d'autre qu'une oreille ouverte, l'écoute interminable du corps. Autant dire qu'elle n'écoute pas autre chose que son propre *ancrage sensoriel.*

Ce serait donc cette âme si humble qui a tant manqué au débat sur les inversions. C'est elle qui permet de penser la simultanéité des perceptions. Car, lorsque les cordes du corps vibrent, elles produisent une simultanéité, à savoir celle d'un *timbre* (« [s]i plusieurs des petits cordons sont tirés dans le même instant, le timbre sera frappé de plusieurs sons à la fois »), et c'est

Mettrie et Diderot », qui ramène les parentés philosophiques entre la Mettrie et Diderot à leur conception de la matière, celle-ci conçue, chez les deux, comme une sorte de principe premier. La matière est sensible et dynamique par opposition à la conception cartésienne de la matière comme étendue. La sensibilité, la conscience et l'esprit émanent de la matière, parce que celle-ci est une unité *dynamique*. Tout, par conséquent, devient émanation de la matière, de même que dans l'homme et dans l'animal il n'y a qu'une seule substance. Le saut de la sensibilité à l'intelligence ne cesse cependant de préoccuper Diderot, tandis que la Mettrie refuse tout simplement de poser le problème pour la simple raison que celui-ci se situe hors le domaine de l'expérience. Voir le *Colloque international Diderot,* Aux Amateurs de Livres, 1985, p. 61-67.

l'âme, précisément, qui se trouve à l'écoute de cette unité polyphonique : « la petite figure entendra plusieurs sons à la fois » (159). En effet, le timbre semble être de nature ontologique, puisque c'est *l'existence* qui lui assure son accord : « Supposez qu'entre ces cordons il y en ait certains qui soient toujours tirés [...] il y aura en nous des sensations qui nous échapperont souvent par leur continuité ; telle sera celle de notre existence. L'âme ne s'en aperçoit que par un retour sur elle-même, surtout dans l'état de santé. »(159-160)

Voilà que musique, anatomie et physiologie s'unissent dans l'image d'une âme comme harmonie vitale du sujet (ou dysharmonie en cas de maladie). Oreille inconsciemment ouverte dans laquelle « les cordons toujours tirés » de l'existence battent l'accord de fond comme une sorte de pouls, l'âme est traversée, elle aussi, par une certaine cécité et une certaine mutité. Lorsque le corps est en bonne santé, l'activité de l'âme se trouve en harmonie, aveugle et muette, avec l'existence, parce qu'aucun des cordons du corps ne saurait menacer l'accord continu de l'existence, et l'âme passe inaperçue (« Quand on se porte bien, aucune partie du corps, ne nous instruit de son existence » (160)). En revanche, la dysharmonie causée par la douleur corporelle rendrait la continuité vitale audible, parce que celle-ci serait maintenant dérangée (« si quelque-chose nous en avertit par la douleur, c'est à coup sûr que nous nous portons mal » (160)).

Si la comparaison allégorisante avec la santé est d'autant plus révélatrice qu'elle anticipe en quelque sorte sur la distinction qu'établira plus tard Kant entre le beau, résultat de l'harmonie et du plaisir, et le sublime, moment de la dysharmonie et de la peine, la visée de Diderot, ici, n'est pas encore esthétique, mais purement épistémologique. L'allégorie de l'horloge ambulante s'inscrit dans une épistémologie de la transmission avec l'âme comme une sorte de zone-frontière ontologique. Synthèse des vibrations de cordons, de nerfs ou de fils [1], l'âme est sans fond, simple pli vide dans lequel une existence se plie sur elle-même. Mais le résultat de ce premier reflet, de cette première résonance qu'est l'âme, va se répercuter dans d'autres facultés comprenant des synthèses plus complexes qui, elles seules, semblent mériter le prédicat de connaissance humaine. Comme des anneaux qui se propagent dans des cercles de plus en plus larges, le premier reflet de l'âme donne à d'autres l'occasion d'apparaître. C'est que « les sons

1. A ce vocabulaire des transmetteurs, on pourrait ajouter *la fibre*, entité organique dont Diderot a pris connaissance durant la traduction du *Dictionnaire universel de Médecine* de Robert James en 1744-1748 : « La fibre la plus simple consiste en parties très déliées adhérentes longitudinalement les unes les autres ; et l'on appelle ces parties constituantes de *la fibre* qu'on ne saurait sous-diviser en parties plus déliées, éléments ou premiers principes des fibres. » Cité par J. Chouillet, *Diderot*, CDU et SEDES Réunis, 1977, p. 58.

rendus par le timbre ne s'éteignent pas sur-le-champ », parce qu'« ils forment des accords avec ceux qui les suivent » (160). C'est précisément l'incorporation par ces ondes sonores des formes de plus en plus « connaissantes », voire cognitives qui symbolisera le passage de la faculté de l'âme, la plus élémentaire, quasiment formelle, à des formes plus développées de « résonance », tels que *la mémoire* et *le jugement,* ces deux facultés sur lesquelles Diderot reviendra.

Avant d'aborder ces facultés, l'allégorie de l'horloge ambulante est déjà un avertissement sur la *nécessité* de distinguer entre l'âme d'un côté et, de l'autre côté, les facultés de connaissance plus développées, mais aussi un avertissement sur la *difficulté* de cette distinction. L'image des ondes sonores évoque des frontières floues avec des transitions multiples. Comment, donc, distinguer entre le premier reflet de l'âme et le retentissement de la mémoire par répétition, sans parler de la fonction comparative du jugement ? Parce que les dispositifs de la connaissance empiètent les uns sur les autres, on peut même être tenté de croire que l'âme comprend aussi un aspect analytique. Sinon, comment entendre « attentive » et « juge », quand Diderot dit que « la petite figure attentive les [les sons rendus par le timbre] compare et les juge consonants ou dissonants » (160). La suite, cependant, précise que d'autres facultés de la connaissance sont déjà en jeu : « la mémoire actuelle, celle dont nous avons besoin pour juger et pour discourir, consiste dans la résonance du timbre ; le jugement dans la formulation des accords, et le discours dans leur succession » (160). Autrement dit : les perceptions simultanées de l'âme doivent être là avant qu'on puisse discourir ou juger.

L'originalité de la pensée épistémologique proposée par Diderot consiste précisément en la tentative de penser dans sa pureté ce reflet étrange, presque vide qu'est l'âme à son état pur, bien que celle-ci soit toujours retravaillée, voire détournée par les « mélodies » des facultés dites supérieures. Grâce à son vocabulaire imagé, emprunté à la musique (c'est encore une fois la musique qui donne aux associations de Diderot leur force de pensée), l'allégorie de l'horloge ambulante invite donc la réflexion épistémologique à remonter aux sources les plus refoulées de ce « système de l'entendement humain » (159) qu'évoque Diderot. Faculté qui n'a pas ses propres objets de connaissance, mais qui tout entière contribue à la formation d'un sujet sensible, l'âme ne conduit pas à la connaissance d'un objet, mais se joint au sujet connaissant dans sa forme la plus précaire, n'étant que l'harmonie des vibrations sonores. Vu de cette âme, le sujet connaissant n'en est pas encore un, au sens du *je pense,* mais une sorte de subjectivité *sensible,* sur laquelle s'appuieraient cependant les autres facultés de connaissance, quels que soient les noms qu'on leur attribue.

L'âme, siège amorphe et insondable des perceptions simultanées, serait la plate-forme commune aux autres facultés, leur fondement indivisible.

Voici l'âme qui échappe doucement au savoir et au langage. Elle est le lieu d'une connaissance sans médiations, ce qui revient à dire qu'elle est *une* avec ses perceptions-idées par opposition au langage qui est médié par une multiplicité de « signes [...] qui particularisent », par une « foule de termes » (161). « L'état de l'âme dans un instant indivisible » (161) prend nécessairement, dans le langage, la forme d'une distribution d'« une impression totale en parties » (161). Il faudrait donc isoler *l'état d'âme* comme *autre chose* que son expression linguistique : « Autre chose est l'état de notre âme ; autre chose le compte que nous en rendons, soit à nous-mêmes, soit aux autres : autre chose la sensation totale et instantanée de cet état ; autre chose l'attention successive et détaillée que nous sommes forcés d'y donner pour l'analyser, la manifester et nous faire entendre. » (161) Par ce souci de la distinction (« autre chose » ... « autre chose »), Diderot affirme clairement que si le langage est apte à analyser l'état de l'âme, à le démontrer et à le communiquer aux autres, il n'est pas capable de le *dire.* Le problème de la *traduction* et de la *représentation* semble inhérent à l'effort que fournit le langage pour atteindre aux affections de l'âme.

D'où le risque d'oublier le travail de l'âme. Parce que la traduction discursive des « noyaux » saisis par elle obéit à une logique *analytique,* on peut être tenté de croire que l'âme l'est aussi : « parce que ces termes se prononçaient successivement, et ne s'entendaient qu'à mesure qu'ils se prononçaient, on fut porté à croire que les affections de l'âme qu'ils représentaient avaient la même succession, mais il n'en est rien » (161). Même si ce raisonnement repose sur une conception quelque peu restrictive du langage, réduit au discours et à sa capacité analytique, il permet du moins à Diderot d'insister (« il n'en est rien »), face au langage discursif, sur une âme *synthétique,* sur une connaissance purement affective du sujet. Lorsque, par exemple, il s'écrie « combien notre entendement est modifié par les signes » (162), ne rend-il pas implicitement hommage à une connaissance *antérieure* au traitement et à la structuration linguistiques, puisque la connaissance de l'âme est dénaturée au moment où elle entre dans la logique des signes ? L'horloge ambulante n'était que la première tentative pour saisir allégoriquement cette connaissance *autre.* Le *tableau mouvant* est la deuxième.

Rappelons, dans ce contexte précis, que Diderot laissait le soin au sourd-muet de défendre presque naïvement un langage à plusieurs sons, inaccessible au langage parlé. Certes, les harmonies de couleur émanant du clavecin oculaire n'étaient pas porteuses de significations distinctives, mais, par leur « sens » lisible dans les visages des auditeurs, elles déplaçaient l'intérêt vers le langage « polyphonique » de la musique et ainsi, par analogie, à l'art en qui l'âme pourrait donc trouver une parole adéquate. Or il est tout à fait intéressant de noter que même lorsque l'art accède au statut de langage, Diderot maintient son décalage par rapport à l'âme. Car, bien que les langages artistiques soient certainement plus proches de l'âme que ne l'est le langage discursif, l'inaccessibilité de l'âme est aussi prise en charge par l'allégorie du « tableau mouvant », métaphore artistique s'il en est : « Notre âme est un tableau mouvant d'après lequel nous peignons sans cesse : nous employons bien du temps à le rendre avec fidélité ; mais il existe en entier et tout à la fois : l'esprit ne va pas à pas comptés comme l'expression. Le pinceau n'exécute qu'à la longue ce que l'œil du peintre embrasse tout d'un coup. » (161-162)

Le « comme » comparatif étant balayé par la métaphore, l'âme *est* un tableau mouvant qui ne se laisse pas fixer, quoiqu'il existe en sa totalité spatio-temporelle. Même les expressions artistiques qui ne sont pas sujettes à la linéarité du langage prennent donc l'allure d'un *après-coup* par rapport à l'âme. Le peintre applique son pinceau *après que* l'événement visible aura fait le chemin de ses yeux à l'âme, et ce n'est qu'au moyen d'un travail pénible (« bien du temps », « à la longue ») que l'artiste peut espérer saisir ce qui existe « en entier et tout à la fois ». Ce retard par rapport à la sensation vaut autant pour la poésie : « la diction la plus vive est encore une froide copie de ce qui s'y passe » (162). Ce « ce qui s'y passe » souligne le caractère *événementiel*[1] de ce qui se soustrait à la reproduction. Même les images qui surgissent du rythme des vers semblent fanées lorsqu'on les compare avec l'imagination qui les a enfantées. Ainsi, commentant un vers de la *Phèdre* de Racine[2], Diderot s'écrie-t-il : « Voilà une de ces peintures les plus ressemblantes que nous ayons. Cependant qu'elle est encore loin de ce que j'imagine ! » (162). En poésie comme en peinture, l'art échoue à représenter les « perceptions simultanées » de l'imagination.

Le fait que Diderot défende ainsi *l'incommensurabilité de l'âme* jusqu'aux expressions qui dépassent le langage discursif lui interdit de

1. L'incommensurabilité de l'âme avec le langage implique aussi un divorce temporel, dans la mesure où Diderot défie le temps analytique avec un temps synthétique. Ces deux temporalités se heurtent l'une l'autre dans *l'événement* qui fondamentalement est suspendu entre un passé qui n'est plus et un futur qui n'est pas encore. L'événement, précisément, consiste en le fait qu'il arrive quelque chose qui n'existait pas avant sans que nous puissions dire ce qui arrive exactement. D'où sa nature *indéterminable*. Ce n'est qu'après-coup que nous comprendrons, peut-être, ce qui aura eu lieu, mais à ce moment d'une prise de conscience nous ne sommes plus dans le temps de l'événement, mais dans celui, interprétatif, du langage. Le langage arrive soit trop tard, soit trop tôt, face à ce qui sera arrivé.

2. Diderot cite la première allusion au récit de Théramène (acte V, scène 6) : « Les ronces dégouttantes/Portent de ses cheveux les dépouilles sanglantes. »

résoudre le problème épistémologique de l'âme au moyen de l'esthétique, voire de faire de l'art un culte. L'art ne peut être exalté comme une nouvelle religion ; en revanche, c'est probablement lui qui permet *d'expérimenter* le mieux la tension qui existe entre expression et contenu. Cette tension est constitutive du langage, elle ne peut être dépassée par lui, mais là où le langage discursif l'efface, l'oublie et l'occulte, l'expression artistique trouve sa force et sa raison d'être. La métaphore du tableau mouvant contient, en fin de compte, sa petite métaphysique à elle aussi. Se mouvant comme le fleuve d'Héraclite, dont l'eau n'est jamais la même à l'endroit précis où on la contemple, cet étrange tableau fait vibrer une infinité de lignes, dont quelques-unes seulement peuvent être prélevées sur la superficie de la toile pour y former une configuration picturale parmi une infinité d'autres, celles-ci abandonnées à l'état virtuel. Si bien que la tâche du peintre consisterait en l'effort même de faire apparaître une configuration de lignes et de couleurs tout en faisant vibrer les autres, celles, virtuelles, qui vont à l'infini. Figurée par ce tableau qui ne se fige jamais, l'âme s'inscrirait sans difficulté dans l'esthétique des virtualités que, déjà, la *Lettre sur les aveugles* avait esquissée. Pareille au fleuve, l'âme est une, un tissu sans failles, mais on ne peut l'appréhender que sous les figures de l'écoulement en un lieu donné. Un élément métaphysique s'y loge, parce qu'elle demeure irreprésentable dans sa totalité, débordante dans ses parties. La difficulté qu'éprouvait Diderot pour passer du langage allégorique à la philosophie « sérieuse » provient donc de la nature propre de l'âme, car comment, discursivement, déterminer le non-discursif des affections sous lesquelles elle se dissimule ? Seul un pré-langage pourrait la dire. Or un tel langage n'existe pas.

Avec les allégories de l'horloge ambulante et du tableau mouvant, Diderot a donc fait de son mieux pour assurer à l'âme son *autonomie.* Repoussée vers ses zones les plus archaïques, l'âme se soustrait aux représentations du langage, mais c'est elle qui, donnatrice de sensations et d'affections, fournit à celles-ci leur « matière première ». Or, puisque ces affections proviennent des sens ou du sensible, on pourrait dire qu'elle donne au langage les matériaux sémiotiques avec lesquels celui-ci réalise ses fonctions symboliques. D'où son affinité, non pas avec le langage scientifique, mais avec celui, poétique, des arts qui travaille scrupuleusement ces matériaux sémiotiques que sont les sons, les pauses, le rythme, etc. C'est que les affections de l'âme sont pour ainsi dire déposées dans le sensible, attachées au sensible avant de glisser dans le langage. C'est pourquoi toute forme de connaissance ultérieure ne sera qu'une traduction approximative, c'est-à-dire, au fond, là aussi : *inversion.* L'élaboration épistémologique confirme ainsi que l'inversion est un phénomène immanent au langage. Le langage peut être plus ou moins éloigné du timbre de l'âme, mais il est fondamentalement secondaire, en éternel retard et en décalage par rapport aux affections. Face à l'âme indivisible et non-médiée, les autres facultés épistémologiques reposent toutes sur l'articulation linguistique, et subissent ainsi inéluctablement les défauts de l'inversion.

C'est ainsi que Diderot éprouve en réalité le besoin de faire la distinction entre, d'un côté, une connaissance de base, presque rudimentaire, qui tient dans la formation du timbre inarticulé, harmomique ou dysharmonique, de l'âme et, de l'autre côté, des techniques épistémologiques plus complexes, présupposant ce timbre premier de l'âme. Le *jugement* et la *mémoire* sont précisément de telles facultés, dont la finalité est de répéter, de retenir et de donner une forme reconnaissable à cette matière première appréhendée dans et par les harmonies insaisissables de l'âme.

Lorsque Diderot reprend ainsi le débat sur les inversions dans une perspective épistémologique plus large, on s'étonne de l'inconséquence de sa réflexion. Alors que sa conception radicale de l'âme l'aurait amené à envisager toute langue comme inversion, plus ou moins éloignée, par rapport à l'unité et à l'instantanéité de l'âme, il n'éprouve maintenant, en vue d'une théorie de la connaissance plus ample, aucune gêne à reprendre les jugements de valeur avec lesquels le français avait été loué comme langue sans inversion. Ainsi proclame-t-il de nouveau la supériorité de sa langue maternelle en répétant avec fierté que « nous disons les choses en français comme l'esprit est forcé de les considérer en quelque langue qu'on écrive » (164). Et, surenchère, que « Cicéron a [...] suivi la syntaxe française, avant que d'obéir à la syntaxe latine » (164), affirmations qui réhabilitent implicitement le critère de l'ordre scientifique des « grammairiens-philosophes ». De l'autre côté, les dites « langues à inversion », c'est-à-dire le grec, le latin, l'italien, l'anglais ou l'allemand, et leur penchant pour les détails sont vivement dénoncées comme « une de ces compilations germaniques, hérissées sans raison et sans goût, d'hébreu, d'arabe, de grec, et de latin, qui sont déjà fort grosses, qui grossissent encore, qui grossiront toujours, et qui n'en seront que plus mauvaises » (163). Et, paradoxe majeur, Diderot se sert de cette distinction pour regrouper sous la langue française la faculté qu'il nomme *jugement,* sous les autres langues celle de la *mémoire.*

Bien que Diderot cède au même orgueil national dont il avait fait preuve dans le débat sur les inversions (« notre langue *pédestre* a sur les autres l'avantage de l'utile sur l'agréable » (166)), l'élaboration épistémologique sur l'âme n'a pas été vaine. D'une part, on remarquera que les langues en question ne correspondent plus essentiellement à des étapes généalogiques de l'évolution d'une langue universelle ; elles sont plutôt des métaphores dont s'inspire assez librement la réflexion épistémologique. D'autre part, le jugement aussi bien que la mémoire – et avec eux les langues qu'ils représentent – vont effectivement être subordonnés à l'âme, dans laquelle ils trouveront leur fondation épistémologique *commune*.

C'est ainsi que la confusion déconcertante, voire « problématique » entre langues et facultés de l'esprit s'émoussent pour marquer en réalité un tournant décisif de la *Lettre sur les sourds et muets*. Car c'est justement ici, où le débat sur les inversions se heurte à la réflexion épistémologique, que Diderot formule son hypothèse majeure des « perceptions simultanées » : « si nous n'avons pas plusieurs perceptions à la fois, il est impossible de raisonner et de discourir. Car discourir ou raisonner, c'est comparer deux ou plusieurs idées. Or comment comparer des idées qui ne sont présentes à l'esprit dans le même temps » (162). Voilà donc que Diderot réaffirme nettement que la simultanéité des perceptions *précède*, voire *conditionne* le travail de connaissance humaine[1]. Mais une fois que cette prémisse est établie, il est possible d'opérer, à un niveau pour ainsi dire secondaire, la distinction épistémologique entre d'un côté le jugement qui, figuré par la langue francaise, va incarner une raison plutôt théorique et objective, et, de l'autre côté, la mémoire qui, comparée aux autres langues, va prolonger la perspective subjective et esthétique déjà ouverte par l'âme.

Voilà qu'une véritable *ébauche épistémologique* commence à se dessiner avec l'âme comme terme élémentaire et constitutif. La précision (« netteté », « clarté »), qui selon Diderot caractérise la langue française, devient l'essence du jugement, tandis que la mémoire communique avec les langues antiques dont la nature charnelle (« chaleur », « énergie »), affective (« passions », « capacité d'émouvoir ») et fictionnelle (« mensonge ») recouvrirait, comme son principe épistémologique caché, le sentiment du plaisir et de la peine. C'est dans ce sens que nous pouvons dire que les frontières entre les langues et la théorie épistémologique se sont estompées : Diderot s'est inspiré, bien que paradoxalement, des préjugés sur les langues pour faire du jugement une faculté essentiellement cognitive, de la mémoire une faculté plutôt esthétique. Celle-là se range sous les sciences (« sciences », « discours », « vérité »), celle-ci sous les arts et la fiction (« lettres », « passions », « fable », « mensonge »).

Malgré le vocabulaire figuré et inégal, la volonté même avec laquelle Diderot cherche à diviser la capacité épistémologique en plusieurs facultés

1. Il faudrait souligner ici, comme le fait J. Chouillet, que Diderot par opposition aussi bien à Locke qu'à Condillac, défend le principe de simultanéité à tous les niveaux de la connaissance : perception, mémoire et jugement. Voir *DPV IV*, n. 81, p. 162.

différentes les unes des autres anticipe en quelque sorte le travail transcendantal qui recevra dans le criticisme de Kant son nom et sa méthode[1]. L'essentiel, pourtant, est qu'avec le passage du linguistique à l'épistémologique le problème des inversions change de contexte, et de fond. Il ne s'agit plus de recourir tantôt à la langue instituée, tantôt aux cris inarticulés du premier homme pour trouver ici un fil conducteur naturel, là le critère logique. L'élaboration épistémologique unifie ces deux niveaux de pensée dans le « système de l'entendement humain » (159), composé d'*autres* formes de connaissance que celles du *logos*. L'aspect évolutionniste et diachronique, qui prédominait dans le débat linguistique, cède la place à une vue synchronique du sujet connaissant, indépendant des formations anthropologiques sans pourtant s'exposer au logocentrisme d'une langue universelle. Au lieu de la ligne temporelle des langues historiques, il faudrait s'imaginer une maison de la raison à plusieurs étages. Avec l'âme, le sujet sensible y occuperait les soubassements, condition architectonique des opérations de connaissance qui règnent aux étages supérieurs. Et comme si Diderot portait en même temps un regard attentif à plusieurs étages à la fois, il envisage les différences entre le jugement et la mémoire comme *l'effet* de leur attitude respective à l'égard de l'âme. Car si ces deux registres épistémologiques ont la même base dans l'âme, ils se situent différemment par rapport à elle. Le jugement entre dans une relation presque invisible avec l'âme, parce qu'il consolide son pouvoir avec tant de logos et de savoir institué qu'il « oublie » son ancrage dans l'âme. A l'image du français qui « se comprend à mesure qu'il est parlé » (165), le jugement consumerait ses conditions de possibilité en cours de route. Ses opérations de connaissance sont si réussies que, d'une certaine manière, il ne reste rien. C'était là l'un des égarements du débat sur les inversions, dans la mesure où avec l'ordre logique on perdait de vue l'âme vitale, donnatrice des perceptions simultanées. La mémoire, en revanche, se caractérise par une certaine épaisseur, par une « fatigue », puisqu'elle « exige [...] de la contention » (165). Elle se rend difficilement maîtresse d'elle-même, mais entre dans des rapports d'affinité avec l'âme. Au lieu de couper le lien avec le sensible, elle s'en nourrit. C'est pourquoi elle est créatrice, artistique, sorte de miroir du « tableau mouvant » qu'était l'âme. Il y aurait ainsi de fortes chances de la rencontrer au rez-de-chaussée de notre

1. La méthode transcendantale, par définition pure et *a priori*, ne se soucie pas de la réalité empirique, mais détermine les *conditions* sous lesquelles des formes différentes de connaissance sont *possibles*. A ce niveau des conditions de possibilité, il s'agit donc de formuler les structures transcendantales qui font que telle ou telle faculté serait possible, non de décrire ce qui est.

maison, tandis que le jugement serait occupé à aérer les chambres des étages supérieurs aux fenêtres grandes ouvertes[1].

Malgré l'éloge idéologique de la langue française, la mémoire serait donc plus proche de l'âme crépusculaire qu'il importait tant pour Diderot de penser dans sa pureté, et avec son inventaire artistique (lettres, théâtre, émotion, passions), elle contribue à rendre visible la dimension esthétique de l'âme au lieu de l'occulter. C'est pourquoi l'élaboration épistémologique invite à un approfondissement esthétique. La connaissance esthétique, comme Diderot ne tardera pas à le dire, relève précisément d'une connaissance *polyphonique* avant que la division du travail des facultés n'ait lieu. Mais cela veut dire aussi que les facultés, au lieu de s'exclure les unes les autres, *coopèrent* dans l'œuvre d'art. Après avoir distingué de façon tout à fait minutieuse d'abord l'âme et le langage, ensuite le jugement et la mémoire, Diderot peut donc rassembler les pièces et les morceaux pour laisser la parole à un certain esprit, qui s'avère à l'œuvre dans l'expression artistique : « Qu'est-ce que cet esprit ? j'en ai quelquefois senti la présence ; mais tout ce que j'en sais, c'est que c'est lui qui fait que les choses sont dites et représentées tout à la fois ; que dans le même temps que l'entendement les saisit, l'âme en est émue, l'imagination les voit, et l'oreille les entend. » (169) Diderot renonce explicitement à une explication logique de la capacité épistémologique spécifique de cet esprit, mais il retient son *effet* sous forme d'une présence unificatrice qui assure une sémantisation instantanée (*tout à la fois*).

1. L'image de la raison comme une maison à trois étages pourrait aussi être rapprochée de la triple synthèse, sur laquelle Kant, dans la *Critique de la raison pure,* fonde l'entendement. Ainsi Kant y déduit-il trois synthèses dont l'activité simultanée compose la structure interne de la conceptualisation. La première synthèse, la plus primitive, est l'aperception (*die Apprehension*), qui sert à maintenir (enthalten) la multiplicité, mais pour ce faire il est nécessaire que celle-ci « coule » d'abord dans l'espace-temps (« erstlich das *Durchlaufen* der Mannigfaltigkeit »), pour être ensuite contractée (« denn die *Zusammennehmung* desselben »). Ces deux fonctions opposées, l'écoulement et la contraction, font que la multiplicité devient l'unité de l'intuition (« aus diesem Mannigfaltigen Einheit der Anschauung werde »). La deuxième synthèse, celle de *die Reproduktion,* qui est l'œuvre de l'imagination, consiste à répéter les intuitions de la première synthèse, pour que chaque moment soit le même et différent des autres. Finalement, la troisième et dernière synthèse, celle de *die Rekognition,* qu'assure le concept, est la conscience des perceptions précédentes. Le processus des synthèses va ainsi de la multiplicité inconsistante au concept de la multiplicité. Il accomplit dans son ensemble la synthèse de l'hétérogène. Kant, *Kritik der reinen Vernunft* (1781), Werkausgabe von Wilhelm Weischedel, Francfort, Suhrkamp Verlag, 1968, vol. 3, p. 160-169. Par rapport à l'âme de Diderot, cette triple synthèse invite à saisir elle-aussi l'âme, non pas depuis la hauteur du concept, mais à partir du soubassement de l'aperception. Chez Diderot, bien sûr, on ne saurait parler que d'une esquisse de ce qui chez Kant entre dans la déduction transcendantale des concepts purs. Mais l'essentiel, c'est que Diderot semble sensible au caractère composite de la connaissance.

Si l'élaboration épistémologique aboutit à cet esprit tout en butant sur lui, ce serait également qu'elle parvient, avec lui, à saisir une pluralité des facultés qui se tolèrent et se suppléent : l'oreille qui *entend,* l'imagination qui *voit* (en disant l'imagination au lieu de l'œil, Diderot vise exactement les formes artistiques et non pas celles, cognitives, qu'une conception plus géométrique de l'œil aurait pu suggérer); l'âme qui est *émue* (l'âme représente toujours le pôle le plus lointain, n'étant que l'émotion pure) ; et, finalement, l'entendement qui conçoit. La participation de l'entendement au sentiment du beau semble exclure l'idée d'un processus de connaissance ésotérique ou mystique. En revanche, la raison se trouve apparemment dans une position de retrait par rapport à l'imagination artistique[1]. Autant dire que le passage de l'épistémologique à l'esthétique est déjà ébauché, et c'est ce tournant qui va trouver dans *l'hiéroglyphe,* invention originale de la dernière partie de la *Lettre,* sa relève naturelle.

ÉLABORATION ESTHÉTIQUE : L'HIÉROGLYPHE

Le même paradoxe dont se nourrissait l'élaboration épistémologique vaut pour l'élaboration esthétique : c'est sur les ruines du débat sur les inversions que Diderot mène, sur le thème de l'hiéroglyphe, la réflexion esthétique, mais la découverte de l'hiéroglyphe se greffe en même temps sur les idées les plus conventionnelles qu'on puisse se faire de l'inversion. Il convient cependant de préciser que le débat sur les inversions trouve dans cette question des hiéroglyphes son véritable contexte, puisque la discussion avait surtout porté sur les *inversions poétiques* : par opposition aux discours de savoir, l'art poétique peut et doit se servir des inversions, à condition que celles-ci augmentent l'effet éloquent du poème. Par conséquent, il n'est pas si étonnant que Diderot se mette à peser les avantages et les inconvénients de l'inversion mise au service de l'harmonie du style en poésie. Il dénonce tout particulièrement l'usage exagéré des inversions comme une manifestation de l'esthétisme, telle « cette harmonie du style à laquelle nous sommes devenus si sensibles, que nous sacrifions souvent tout le reste » (166), de même qu'il condamne avec ironie l'harmonie obtenue aux dépens de la pensée : « comme on préfère souvent l'accessoire au principal ; souvent aussi l'on a renversé l'ordre des

1. Sur cette question de l'apport de l'entendement, à la fois approuvant mais non déterminant, un rapprochement avec Kant pourrait être fait en rappelant, encore une fois, le *libre jeu* qu'instaure « l'analytique du beau » entre l'imagination et l'entendement dans la *Critique de la faculté de juger* (1791), notamment § 9.

idées pour ne pas nuire à l'harmonie » (167). En revanche, Diderot accorde aux inversions leur droit de surprise sublime, « [l]orsqu'il est question de peindre de grandes choses ou des choses surprenantes[1][...]. Ainsi dans la musique, il faut quelquefois dérouter l'oreille pour surprendre et contenter l'imagination » (168). C'est donc en se livrant à de tels raisonnements que Diderot souscrit, fût-ce malgré lui, aux prémisses problématiques de la discussion des inversions : s'il commence à examiner les cas dans lesquels l'inversion serait pardonnable, il présuppose indirectement l'idée d'un ordre vrai, préalable, que seules les exceptions poétiques peuvent enfreindre.

Incohérence de pensée, s'écrierait-on, mais il est toutefois remarquable que Diderot s'intéresse peu à l'ordre à faire respecter et presque exclusivement aux exceptions dans lesquelles il faudrait préférer l'harmonie, obtenue au moyen de l'inversion, malgré les dangers de l'esthétisme et d'une décadence stylistique. En réalité, ce n'est déjà plus du langage au sens strict que parle Diderot, puisqu'il admet l'inversion « quand les idées qu'on renverse sont si proches l'une de l'autre, qu'elles se présentent presque à la fois à l'oreille et à l'esprit » (167). Autrement dit, l'inversion est à préférer, lorsque l'oreille et l'intellect, les sens et l'âme, sont activés en même temps dans l'expérience poétique, mais cette condition n'est acquise que là où seraient supprimées l'étendue et la succession du langage : au-delà de l'inversion d'unités grammaticales, l'inversion poétique serait « légitime » dès qu'elle aurait accompli l'écroulement du langage tout en recréant ce qui aura déjà parlé à l'âme de manière polyphonique.

On comprend donc pourquoi Diderot a hâte d'introduire avec l'*hiéroglyphe* un signe dont le caractère dépasse celui du signe proprement linguistique. Nous avons déjà noté comment, durant le long débat sur les inversions, il s'enthousiasmait pour certains mots aptes à produire des significations condensées, voire « ce que le grec et le latin rendent par *un seul mot* ». Car : « Ce mot prononcé, *tout* est dit, *tout* est entendu » (162, nous soulignons). Et il donnait l'exemple d'« esurio » pour démontrer que l'homme latin « croyait ne rendre qu'une seule idée » (158). C'est précisément à la recherche de « ces termes qui équivalent à un long discours » (158) que Diderot avec l'hiéroglyphe poétique parvient enfin à échapper au piège des règles dispensatrices qui présupposent un usage « correct » du langage.

Conformément à son étymologie grecque, l'hiéroglyphe veut dire inscription sacrée, d'où l'idée d'une certaine affinité, divine ou mystique,

1. Selon l'acception traditionnelle du sublime, l'essence même du sublime converge, du moins depuis Longin, avec le « grand » style.

qu'il établit entre image et signification. C'est probablement dans ce sens, vague et suggestif, du terme que Diderot l'emploie, et non pas pour des raisons scientifiques précises[1]. C'est l'aura de l'hiéroglyphe qui le fascine, non pas l'entité empirique sujette aux tentatives de déchiffrage des égyptologues[2]. C'est que l'hiéroglyphe, de façon exemplaire, satisfait aux exigences posées par la simultanéité de l'expression poétique. Même lorsqu'il exprime plusieurs choses, il le fait d'un seul coup et se situe ainsi au niveau de « l'état de l'âme dans un même instant » (162), cet état affectif que les inversions méconnaissaient à grand tort.

La réflexion sur l'âme trouve ainsi son prolongement esthétique naturel dans l'hiéroglyphe. Car on n'accède pas à « ces expressions hiéroglyphiques », au moyen de la « connaissance » proprement dite, mais « plutôt« du « sentiment vif » (172). L'hiéroglyphe, en effet, serait ce qui, du côté de l'art et de l'expression artistique, parlerait directement au sentiment et à l'âme. C'est qu'il est composé, non pas de signes linguistiques, mais d'images, ou plus précisément de « termes énergiques » (169), énergie qui rend possible une signification *dynamique* et *synthétique.* Risquant encore une allégorie, Diderot compare justement la poésie avec « un tissu d'hiéroglyphes entassés les uns sur les autres » (169). Le mot poétique n'est pas un mot comme les autres, la phrase poétique n'est pas une phrase comme les autres, dans la mesure où la poésie défait l'ordre syntactique pour que naisse un ensemble vivant dans lequel les mots dansent, empiétant les uns sur les autres, formant un seul accord,

1. Selon J. Chouillet, la connaissance qu'avait Diderot de l'écriture hiéroglyphique était aussi restreinte que celle des égyptologues de l'époque. Même si l'on peut supposer, quoique sur des bases peu sûres, qu'une certaine influence se soit exercée de Vico (*La Scienza Nuova,* 1725) à Warburton et à son *Essai sur les Hiéroglyphes des Egyptiens,* qui avait été traduit en France deux ans avant l'*Essai* de Condillac, qui s'en serait inspiré pour son chapitre « Écriture », auquel Diderot à son tour a pu être sensible. J. Chouillet a cependant raison d'objecter que cette filiation compliquée en soi n'est pas décisive ; est, en revanche, décisif l'usage tout-à-fait original que Diderot fait de l'hiéroglyphe. Voir *La formation...*, p. 222-225.

2. J. Chouillet confirme que l'hiéroglyphe a exercé sur Diderot une attraction particulière en soulignant que l'occurrence de son synonyme, à savoir « emblème », est bien moins fréquente que le vocabulaire hiéroglyphique (cinq occurrences par opposition aux vingt-quatre occurrences de l'hiéroglyphe et ses dérivations (*La formation..., ibid.*)). Or, par opposition à l'hiéroglyphe l'emblème fut entouré de significations précises (symbole, morale, etc.) depuis la publication en 1531 par Andrea Alcialis d'*Emblematum liber,* ouvrage de référence dont la dernière édition élargie remontait à 1661. Voir James Doolittle, « Hieroglyph and Emblem in Diderot's *Lettre sur les Sourds et Muets* », *Diderot Studies II,* N.Y., Syracuse, 1952, p. 156. Diderot préfère donc au concept qui fut savamment établi celui, imprécis et flottant, de l'hiéroglyphe.

une seule expression, un seul sentiment ou état d'âme. Voilà pourquoi Diderot peut affirmer que « toute poésie est emblématique » (169)[1].

C'est également au moyen de l'hiéroglyhe que la parole poétique s'ouvre au passage impersonnel d'un étrange *esprit* qui la met en mouvement : « Il passe alors dans le discours du poète un esprit qui en meut et vivifie toutes les syllabes. » (169) Le caractère singulier des hiéroglyphes poétiques provient donc de l'affinité avec laquelle le discours poétique se loge en la *matérialité* même de l'expression linguistique (« les syllabes »). Il ne s'agit pas de signes arbitraires, dont la signification passerait par le code et la convention, la signification poétique étant inséparable des mots employés qui, par conséquent, cessent d'être des signes vides[2]. Le poème naît de façon organique des syllabes investies par une force spirituelle insondable, esprit qui les vitalise tout en y trouvant sa propre source d'existence.

Concept assez complexe, l'hiéroglyphe agit donc à plusieurs niveaux. D'une part, il désigne un sens totalisant, le *leitmotif* ou plutôt, puisqu'il est matériel, la figure qui d'un seul coup visualise et fixe le sens ou le sentiment d'un ensemble textuel. C'est cette fonction totalisante qui se manifeste dans l'idée de « l'emblème » qui renvoie à « l'hiéroglyphe subtil qui règne dans une description entière » (171)[3]. D'autre part, la formation même de cet emblème est rendue techniquement possible au niveau des syllabes en elles-mêmes insignifiantes, étant donné que l'hiéroglyphe « dépend de la distribution des longues et des brèves dans les langues à quantité marquée, et de la distribution des voyelles entre les consonnes dans les mots de toute langue » (171)[4]. Rien d'étonnant, par conséquent, si

1. J. Doolittle avance l'hypothèse selon laquelle l'emblème se rapporterait à l'ensemble du poème, l'hiéroglyphe au niveau des détails : « Now the hieroglyph is fragmentary, but the poem is complete […] « emblématique ». […] While it is true that he seems to use the two terms synomymously, it is also true in each of its five occurrences of the word *emblème* may be understood to refer to a poem as a whole, whereas *hiéroglyphe* mainly denotes a detail within a poem. » *Op. cit.*, p. 155.

2. Rappelons que Lessing distinguera, dans le *Laocoon* publié en 1766, entre « natürliche Zeichen » (signes conformes à la nature) et « willkürliche Zeichen » (signes arbitraires ou conventionnels), distinction qui lui permettra précisément de penser la différence entre la poésie et la peinture, dans la mesure où son esthétique exige qu'il y ait harmonie entre le caractère des signes et l'objet représenté. Voir Lessing, *Laokoon, oder über die Grenzen der Malerei une Poesie*, Francfort, Insel Verlag, 1988, p. 53. On comprendra, du même coup, l'affinité des remarques de Diderot sur l'importance du moment choisi par le peintre avec la pensée esthétique de Lessing.

3. En plaçant sur le même plan l'hiéroglyphe et l'emblème par rapport à l'ensemble du poème, le texte semble ici contredire l'hypothèse de J. Doolittle (voir ci-dessus la note 1).

4. Dans la lettre au Père Berthier, Diderot élargit cette description, puisque l'harmonie y est obtenue aussi bien au niveau de chaque mot et de ses syllabes qu'à celui de la période

la construction du concept de l'hiéroglyphe s'opère surtout au niveau du détail, presque technique, que représentent les syllabes. Tous les exemples que donne Diderot de l'hiéroglyphe poétique confirment cette subtilité des syllabes en poésie. Chaque syllabe renferme une image sonore qui condense une signification entière, tel un vers de Boileau, dans lequel les syllabes pour ainsi dire miment l'expression indivisible : les images musicales font par exemple que le second hémistiche effectue une « chute », évoquant ainsi le passage de l'état de réveil au sommeil que veut exprimer Boileau [1]. Parce que les images qui émanent des vers dépassent la littéralité (« toutes ces images sont renfermées dans les quatre vers de Virgile » (172)), le poème s'est transformé en tissu d'hiéroglyphes.

Aussi matériel qu'immatériel, l'hiéroglyphe semble n'être rien d'autre que *le lien* qui unit le visuel au spirituel, les images sonores aux idées : « le lien subtil qui les [idées [...] images] resserre » (178). Il coïncide avec le rythme syllabique, mais, comme Diderot le précisera dans la *Lettre à Mlle...*, la musique « n'a de ressource que dans les intervalles et la durée des sons » (207), donc, au fond, renvoyée au *vide* des intervalles qui séparent les sons. Autrement dit, le *lien subtil* de l'hiéroglyphe est d'une nature plutôt aérienne, dispositif immatériel que suggèrent sans réserve les adjectifs avec lesquels Diderot colore son concept d'hiéroglyphe en parlant tantôt d'« emblèmes fugitifs » (182), tantôt d'« hiéroglyphe [...] si léger et si fugitif » (207). L'hiéroglyphe poétique relie les syllabes de sorte qu'apparaisse un ensemble de sonorités et d'images qui, tout en vibrant avec l'idée du poète, exprime celle-ci.

Les hiéroglyphes analysés par Diderot baignent ainsi tous dans les syllabes, dans la durée, l'accent et le timbre du vocabulaire du poème. En ce sens, on pourrait les appeler des calligraphies musicales [2], puisqu'ils

entière, deux harmonies qui ensemble rendent possible l'hiéroglyphe : « il faut la [l'harmonie oratoire] considérer dans les mots et dans la période, et que c'est du concours de ces deux harmonies que résulte l'hiéroglyphe poétique. » (211)

1. Diderot cite un vers du *Lutrin :* « Soupire, étend les bras, ferme l'œil et s'endort » (169) et se lance aussitôt dans son déchiffrage hiéroglyphique : « celui qui s'assure du nombre d'un vers par ses doigts, sentira-t-il combien il est heureux pour un poète qui a le *soupir* à peindre, d'avoir dans sa langue un mot dont la première syllabe est sourde, la seconde tenue, et la dernière muette. On lit *étend les bras,* mais on ne soupçonne guère la longueur et la lassitude des bras d'être représentées dans ce monosyllabe pluriel ; ces bras étendus retombent si doucement avec le premier hémistiche du vers, que presque personne ne s'en aperçoit, non plus du mouvement subit de la paupière dans *ferme l'œil,* et du passage imperceptible de la veille au sommeil dans la chute du second hémistiche *ferme l'œil et s'endort.* » (170)

2. Voir M. Foucault, *Ceci n'est pas une pipe* (Fata morgana, 1980), texte dans lequel Foucault, commentant la peinture de Magritte, rapporte la simultanéité du texte et de l'image à la calligraphie.

sont inséparables de leur propre existence matérielle, de tous ces éléments textuels et sonores qui en soi ne veulent rien dire, mais qui, musicalement, imitent un parcours, une synthèse, bref, l'avènement d'une image à son idée, et inversement, l'idée à son image. C'est pourquoi la présentation de l'hiéroglyphe que nous propose Diderot prend essentiellement la forme d'un commentaire sur les *traductions* poétiques. Car en passant d'une langue à une autre, l'hiéroglyphe se montre à peu près *intraduisible*. Diderot simule la naïveté pour la dénoncer aussitôt : « Je croyais avec tout le monde, qu'un poète pouvait être traduit par un autre : c'est une erreur, et me voilà désabusé. On rendra la pensée, on aura peut-être le bonheur de trouver l'équivalent d'une expression » (170-171). En traduisant des poèmes, il ne suffit pas de procéder à un mot à mot. Si le contenu poétique (« pensée ») peut être traduit, il est beaucoup plus difficile de trouver l'« expression » juste. Pour y parvenir, il faudrait du « bonheur », et cela même pour les poètes les plus grands, tel Virgile dont la « semi »-traduction d'un vers de l'*Illiade* reçoit ce jugement modéré : « c'est quelque chose, mais ce n'est pas tout » (171).

Le problème de la traduction, crucial pour les textes poétiques, met l'accent sur le problème de la *forme* en art. Parce que l'hiéroglyphe émane d'un tissu de sons et d'images, en même temps qu'il agit à l'intérieur de celui-ci, il est fort difficile de le recréer dans une autre langue. Les mots équivalents seraient porteurs d'une musicalité autre, d'autres images qui feraient perdre l'hiéroglyphe, et on aurait « l'emblème délié » (171), un hiéroglyphe arraché à sa texture et à sa force : « l'hiéroglyphe subtil qui règne dans une description entière [...] disparaît nécessairement dans la meilleure traduction » (171). Et Diderot prend pour témoin le poète lui-même pour insister davantage sur cet obstacle que représente la « contextualité » originaire : « C'est là ce qui faisait dire à Virgile, qu'il était aussi difficile d'enlever un vers à Homère que d'arracher un clou à la massue d'Hercule. Plus un poète est chargé de ces hiéroglyphes, plus il est difficile à rendre » (172). Plus les liens internes, qui font l'armature dynamique de l'hiéroglyphe, sont forts, profonds et « immatériellement matériels », plus il est difficile de traduire la poésie dont il est la forme créatrice. Un vers du poème épique d'Homère, un clou de la massue d'Hercule, l'atome d'une molécule, la maille d'un tricot, quelle que soit l'image qu'on choisisse, l'intraduisibilité résulte de la structure subtilement *liante* de l'hiéroglyphe, de la capacité avec laquelle il mime, soutient et évoque le contenu, la pensée ou l'idée d'un poème *avant* le langage. Inversement, c'est cette résistance de l'hiéroglyphe qui assure à l'œuvre d'art son caractère unique.

Chardin, *La brioche,* 1763, Musée du Louvre.

Stig Brøgger, *Flora Danica,* 1988,
Musée National des Beaux-Arts de Copenhague.

Ainsi Diderot commente-t-il plusieurs traductions poétiques, plus ou moins heureuses. La traduction est tantôt en-deçà de l'original grec, tantôt surchargée, comme dans le cas de Racine traduisant l'*Illiade :* « Il y a plus de sublime dans ces deux vers d'Homère, que dans toute la pompeuse déclaration de Racine. » (180) Que ce soit Longin, Boileau ou la Motte qui tente une traduction de la scène d'Ajax de l'*Illiade,* aucun d'eux ne trouve l'expression juste : « Quelque génie qu'on ait, on ne dit pas mieux qu'Homère quand il dit bien. » (176) D'où le conseil que donne Diderot aux traducteurs : « *Entendons*-le du moins avant que de tenter d'enchérir sur lui. Mais il est tellement chargé de ces hiéroglyphes poétiques [...] que ce n'est pas à la dixième lecture qu'on peut se flatter d'y avoir tout *vu* » (176, nous soulignons). Qu'un poème, épique ou non, soit hiéroglyphique ne veut donc pas dire qu'il soit pathétique ou lourd, mais qu'il manifeste une tension entre *entendre* et *voir.* Il faudrait entendre le poème hiéroglyphique au sens double d'« entendre » : écouter et comprendre. Prêter une oreille aux images sonores est la condition pour saisir l'hiéroglyphe poétique, car c'est alors que l'on s'apercevrait du fait que le langage s'est transformé en images, en présence et en simultanéité, en matière sensible, catégories qui toutes relèvent de la *vue.* L'immanence sensorielle de l'expression hiéroglyphique parvient à faire voyager le langage à travers des noyaux d'intraduisibilité. Pénétrer dans les vers, qui s'ouvrent comme de l'intérieur grâce au jeu dans lequel les sons syllabiques entrent avec les mots « visibles », ce serait donc, d'une certaine manière, saisir l'intraduisible hiéroglyphe poétique.

La difficulté de traduire l'hiéroglyphe d'une langue à une autre recouvre ainsi une intraduisibilité plus profonde, intrinsèque, dans le langage poétique en tant que tel. C'est surtout en traitant de la *réception* des poèmes (et moins de leur production) que Diderot touche à cette dimension essentielle du problème de la traduction et de la représentation. Parce que l'hiéroglyphe, si fin, exerce son pouvoir à un niveau presque subconscient (« presque personne ne s'en aperçoit » (170)), « l'intelligence de l'emblème poétique n'est pas donnée à tout le monde » (169), et souvent les « expressions hiéroglyphiques [...] [sont] perdues pour les lecteurs ordinaires » (172). Diderot distingue ainsi entre d'une part « l'homme de goût » (170), qui sait déchiffrer le jeu hiéroglyphique, et, d'autre part, la plupart des lecteurs qui dans les meilleurs des cas s'écrient « que cela est beau ! » (170) sans trop savoir pourquoi. Le plus souvent l'oreille peu éduquée et insensible de l'homme « ordinaire » se révèlerait cependant par des propos réprobateurs : « il est constant que celui à qui l'intelligence des propriétés hiéroglyphiques des mots n'a pas été donnée, ne saisira souvent dans les épithètes que le matériel, il sera sujet à les trouver oisives ; il accusera des idées d'être lâches ou des images d'être éloignées [...] et il perdra une de ces bagatelles qui règlent les rangs entre les écrivains excellents. » (178) Le bon sens, non plus, ne suffit pas à saisir les subtilités de l'hiéroglyphe poétique : « La lecture des poètes les plus clairs a donc aussi sa difficulté ? oui, sans doute ; et je puis assurer qu'il y a mille fois plus de gens en état d'entendre un géomètre qu'un poète, parce qu'il y a mille gens de bon sens contre un homme de goût, et mille personnes de goût contre une d'un goût exquis. » (178) Autant dire que la lecture des hiéroglyphes poétiques exige de la culture, de l'éducation et de l'esprit. Il y faudrait une oreille cultivée et une lecture technique, voire savante. L'hiéroglyphe, expression la plus simple du beau naturel, présuppose paradoxalement, pour être « entendu », un maximum d'esprit et de techniques culturelles (d'où le danger de décadence). C'est pourquoi, à la limite, « il faut être en état de le [l'hiéroglyphe] créer pour le sentir ».

Le lecteur des hiéroglyphes poétiques coïnciderait donc, après tout, avec le poète lui-même. Chez le génie poétique, le talent pour le langage hiéroglyphique est « naturel » : « ces problèmes que le génie poétique résout sans se les proposer » (170). Si l'hiéroglyphe expose et dépasse à la fois l'intraduisibilité immanente au langage poétique, il met par là même en lumière une tension considérable entre le travail de déchiffrage exigé de ses lecteurs et la prédestination naturelle des vrais poètes, entre éducation et talent naturel, entre maîtrise et émotion, entre leçon et don[1]. S'il était « donné » au génie, il ne l'est précisément pas à la plupart des hommes, aussi éduqués soient-ils. Pour être « entendu » (181) et vu, ou « saisi » (170), il « exigera [...] ou une imagination ou une sagacité peu communes » (181).

Même si ces remarques de Diderot sur les lecteurs des hiéroglyphes poétiques ne parviennent pas à se défaire de certaines connotations élitaires (« l'homme de goût » etc.), il faudra bien voir que l'exigence de certaines techniques interprétatives[2], qui d'ailleurs font appel autant à la raison (« sagacité ») qu'à l'imagination, conduit Diderot à entamer l'autre grande

1. On pourrait voir dans ces paires d'oppositions un présage de la fameuse thèse ultérieure sur le *Paradoxe du comédien*, dont le sang-froid et les techniques professionnelles sont la condition même pour réusir en art dramatique. Le métier et la maîtrise des sentiments sont nécessaires à la représentation des sentiments sublimes. Cette polarité froide/chaude correspondrait d'ailleurs au développement de la réflexion dramatique chez Diderot lui-même, dans la mesure où sa période dite pathétique, culminant en 1759, se verra succédée par des vues de plus en plus formalistes que l'on pourra trouver bien plus tard chez Baudelaire lecteur de Poe.

2. Que l'interprétation des œuvres d'art ne soit pas gratuite, mais exige une connaissance formelle des techniques artistiques, cela constituera également l'un des acquis de la critique d'art ultérieure de Diderot.

discussion esthétique de sa *Lettre,* celle qui porte sur un éventuel principe d'unité dans les arts.

En revenant de la réception des hiéroglyphes à leur production – « s'il est difficile de bien entendre des vers, comment ne l'est-il pas davantage d'en faire ? » (181-182), Diderot peut aisément aborder le débat qu'avait lancé l'auteur des *Beaux-arts réduits à un même principe.* Car, par opposition à cet ouvrage qui pose la thèse de l'unité des arts, l'hiéroglyphe de Diderot invite à penser leur *différence* en raison des conditions matérielles différentes des arts : « Tout art d'imitation ayant ses hiéroglyphes particuliers, je voudrais bien que quelque esprit instruit et délicat, s'occupât un jour à les comparer entre eux. » (182) Et si l'hiéroglyphe résidait justement dans la convergence de l'esprit « artistique » avec la texture matérielle de son expression, on pourrait s'attendre à ce que ce soit à partir de ce tissu de l'art que la spécificité de chaque art puisse être déterminée. L'hiéroglyphe poétique baignait, pour ainsi dire, dans la musicalité des matériaux des mots, si bien qu'il est pensable que la peinture puisse trouver ses conditions de possibilité dans les couleurs, la sculpture dans les matériaux durs (marbre, bronze, etc.).

Toujours est-il que Diderot ne fait qu'ébaucher superficiellement un tel projet qui chercherait dans les divers matériaux des arts leurs conditions de possibilité respectives. Le programme qu'il annonce, sans l'accomplir lui-même, s'attache d'ailleurs bien davantage qu'aux similitudes, aux « analogies », car il faudrait : « rassembler les beautés communes de la poésie, de la peinture et de la musique, en montrer les analogies, expliquer comment le poète, le peintre et le musicien rendent la même image, saisir les emblèmes fugitifs de leur expression, examiner s'il n'y avait pas quelque similitude entre ces emblèmes » (182). De plus, l'exemple unique que donne Diderot, celui d'une femme mourante interprétée différemment par, respectivement, la musique, la poésie et la peinture, est d'autant plus décevant qu'il oppose l'hiéroglyphe à la chose « vraie » : « Le peintre n'ayant qu'un moment n'a pu rassembler autant de symptômes mortels que le poète ; mais en revanche ils sont bien plus frappants. C'est la chose même que le peintre montre ; les expressions du musicien et du poète n'en sont que des hiéroglyphes. » (185) Diderot veut-il donc dire que le concept d'hiéroglyphe n'est pas applicable en peinture ? Que les hiéroglyphes ne sont que des images secondaires, floues et imprécises, qui n'ont pas encore l'évidence visible qui caractérise la peinture ? Pourquoi Diderot renonce-t-il à approfondir le lien qui pourrait exister entre l'hiéroglyphe pictural et les matériaux de la peinture jusqu'à saisir la texture, ou le tissu spécifique et énigmatique de la peinture?[1] L'élaboration de l'hiéroglyphe poétique posait toutefois la tension constitutive dans l'œuvre poétique entre les matériaux (syllabes longues ou courtes) et les idées de l'esprit que, dans leur matérialité profane, les moyens d'expression laissent en quelque sorte filtrer. Et dans la mesure où chaque art s'exprime avec des matériaux différents, ou des matières premières en elles-mêmes non-signifiantes (comme un son inarticulé et une couleur brute), leurs hiéroglyphes respectifs doivent être différents aussi. Lorsque plus tard, dans sa lettre au Père Berthier, Diderot résume les conclusions principales de sa *Lettre,* il affirmera en effet que « tout art d'imitation a son hiéroglyphe » (211).

En fait, à y regarder de plus près, il faut avouer que la *Lettre sur les sourds et muets* se limite à une description de l'hiéroglyphe musical en poésie. Ce ne sera que beaucoup plus tard, dans les *Salons* et notamment dans les commentaires sur les « natures mortes » de Chardin que l'hiéroglyphe pictural recevra une réflexion analogue[2], même si Diderot ne parle plus, alors, malheureusement d'hiéroglyphes. Mais peut-être l'effet d'inabouti de la comparaison des hiéroglyphes provenant des arts différents est-il causé par les glissements par lesquels Diderot ne cesse d'aller d'un débat à un autre jusqu'à les confondre. C'est que, à coup sûr, Diderot entre en polémique avec Batteux qui pose l'imitation de la belle nature comme principe d'unité des Beaux-arts, mais à cette fin, il mobilise moins l'argument des hiéroglyphes différents que celui des « motifs » incompatibles de la peinture et de la poésie. Peut-être sous l'influence de Du Bos, Diderot rappelle que le *moment* choisi par le poète n'est souvent pas adaptable en peinture (« une peinture admirable dans un poème deviendrait ridicule sur la toile » (182-183))[3] ; et avec l'exemple de Neptune dégradé en

1. Diderot reprend, dans la *Lettre à Mademoiselle...,* le classement hiérarchique des trois arts : « La peinture montre l'objet même, la poésie le décrit, la musique en excite à peine une idée. » (207) Or, on pourrait se demander si cette description ne va pas du résultat, voire de l'objet représenté, à la structure formelle qui dans le cas de la musique se montre avec d'autant plus de clarté qu'elle est plus hiéroglyphe qu'objet « fini ». Cela ne veut cependant pas dire qu'il n'existerait pas d'hiéroglyphes picturaux, mais ceux-ci sont le plus souvent masqués par la capacité qu'a la peinture de créer l'illusion. Il est difficile de voir l'hiéroglyphe dans les représentations en quelque sorte trop ressemblantes de la peinture. A suivre ce renversement de la réflexion de Diderot, ce ne serait, au fond, qu'à partir de la peinture moderne que les peintres se sont mis à s'interroger sur les conditions hiéroglyphiques de leur art.

2. Ainsi Diderot qualifie-t-il, dans le *Salon de 1763,* les toiles de Chardin de « magie » : « Ce sont des couches épaisses de couleur, appliquées les unes sur les autres, et dont l'effet transpire de dessous en dessus [...] Approchez-vous, tout se brouille, s'aplatit et disparaît. Eloignez-vous, tout se crée et se reproduit. » *DPV III,* p. 220.

3. Il s'agit ici de la discussion de la fameuse sentence *ut pictura poesis.* J. Chouillet rapproche les considérations de Diderot des *Réflexions critiques sur la poésie et la peinture*

« homme décollé » (183) par la peinture, Diderot conclut que « la belle nature n'est donc pas une pour le peintre et pour le poète » (183). Lorsqu'il critique Batteux de ne pas être meilleur amateur des arts que philosophe (« Monsieur, qui devez être peintre, poète, philosophe et musicien ; car vous n'auriez pas tenté de réduire les beaux-arts à un même principe, s'ils ne vous étaient pas tous à peu près également connus » (187)), il y va donc surtout de l'attitude déductive, impardonnable aux yeux de Diderot, parce qu'elle fait abstraction des matières dont elle traite.

Mais ce qui complique davantage la discussion entre Diderot et Batteux, c'est que, sur un plan esthétique plus général, Diderot souscrit en réalité au critère de l'imitation de la belle nature que Batteux propose, sans grande originalité, comme principe d'unité des arts. Seulement, il aurait fallu aller plus loin que ce dernier en s'interrogeant sur ce que veut dire cette « imitation de la belle nature ». Ainsi, s'adressant de nouveau à Batteux : « Ne manquez pas non plus de mettre à la tête [...] un chapitre sur ce que c'est que la belle nature » (182), car sans cette réflexion essentiellement esthétique « votre traité reste sans fondement » (182).

Autrement dit : la thèse de Batteux mérite d'être complétée par une analyse des critères au moyen desquels *l'unité* de l'œuvre d'art, que celle-ci soit peinte, sculptée ou chantée, peut être établie. Et, afin d'indiquer l'orientation esthétique de cette réflexion en quelque sorte préalable, Diderot n'a plus recours au concept d'hiéroglyphe, ni à celui du sujet choisi par l'artiste, mais s'inspire plutôt d'une définition aristotélicienne de l'art. En effet, la belle nature est belle au sens esthétique, précise-t-il, parce que sa forme d'existence s'attache à l'œuvre, non pas à la nature brute ou « irréfléchie » par le travail artistique : « il est faux [...] que toute nature soit belle, et qu'il n'y ait de laide nature que celle qui n'est pas à sa place » (182). Si le beau n'existe pas dans la nature indépendamment de la reproduction artistique, cela veut dire que c'est la *représentation* qui crée le beau. Par imitation, il faudrait donc entendre ce qu'Aristote appelait « reproduction créatrice »[1]. « Pourquoi [...] un vieux chêne gercé, tortu

(1701) de Du Bos, qui avait posé la différence qui sépare les deux arts en affirmant qu'il y a des sujets propres à la poésie, d'autres à la peinture liée à la représentation de l'instant. Mais Chouillet rappelle en même temps, et à juste titre, la double présence, chez Diderot, de deux traditions opposées, d'une part de cette tradition pluraliste redevable à Du Bos, d'autre part de la tradition unitaire qui recueille les théoriciens du Beau essentiel, tels Crousaz, le Père André et Batteux. Voir l'introduction de Chouillet, *DPV IV*, p. 118-119.

1. *La Poétique* d'Aristote met l'accent sur la représentation et non sur l'imitation. Du moins, tel est l'avis de Roselyne Dupont-Roc et Jean Lallot qui dans l'édition la plus récente de l'œuvre classique ont préféré à l'imitation le terme de représentation pour traduire la *mimèsis* d'Aristote. « Car, s'expliquent-ils dans l'introduction, la *mimèsis* est « poétique », c'est-à-dire *créatrice* [...] *Mimèsis* désigne ce mouvement même qui partant d'objets

ébranché, et que je ferais couper s'il était à ma porte, est-il précisément celui que le peintre y planterait, s'il avait à peindre ma chaumière ? Ce chêne est-il beau ? Est-il laid ? qui a raison du propriétaire ou du peintre ? » (182)[1] L'expérience de la nature donne lieu à une réécriture poétique qui, elle, est la vraie source du jugement esthétique. C'est le peintre qui met la nature à sa « place ».

Ce déplacement de la nature à l'art est confirmé par le *plaisir réfléchi* évoqué à propos des toiles de Vernet dans sa *Lettre à Mlle...* : « Convenez, Mlle, que si les astres ne perdaient rien de leur éclat sur la toile, vous les y trouveriez plus beaux qu'au firmament, le plaisir réfléchi qui naît de l'imitation s'unissant au plaisir direct et naturel de la sensation de l'objet. Je suis sûr que jamais clair de lune ne vous a autant affecté dans la nature que dans une des nuits de Vernet. » (206) La *Lettre à Mlle...* révèle en effet très clairement que Diderot n'est pas autant en désaccord avec Batteux qu'il semble le dire, peut-être parce que, dans ce texte, il suit un parcours plus ordonné en s'attachant d'abord au débat esthétique général sur l'imitation de la belle nature (« règles de l'imitation et du goût, et la définition de la belle nature » (201)), ensuite au concept plus spécifique de l'hiéroglyphe. Regardons de plus près le développement construit par Diderot dans ce texte lucide[2].

En ce qui concerne la question de la belle nature, insuffisamment approfondie par Batteux selon Diderot, ce dernier ne cache pas à Mademoiselle qu'il se réfère en réalité lui-même à un certain « goût en général » (203). Bien qu'il y ait des variables anthropologiques – relatives « aux mœurs, aux coutumes, au climat, à la religion, et au gouvernement » (203) – et qui font que les critères, selon lesquels l'œuvre d'art est jugée belle ou non, changent d'une époque à l'autre, d'une culture à l'autre, Diderot défend néanmoins l'existence d'un critère non-variable, universel et propre au « goût en général ». Ce critère n'est autre que la fameuse « perception des rapports » (203) qu'il avait déjà présentée dans les *Principes généraux d'acoustique* de 1748, mais à la différence de ce

préexistants aboutit à un artefact poétique, et l'art poétique selon Aristote est l'art de ce passage. » Aristote, *La poétique* (texte, traduction, notes par R. Dupont-Roc et J. Lallot, Seuil, 1980), p. 20.

1. Ce passage rappelle également la présence à la fois lointaine et proche d'Aristote qui dans *La Poétique* fait l'observation suivante : « Nous avons plaisir à regarder les images les plus soignées des choses dont la vue nous est pénible dans la réalité, par exemple les formes d'animaux parfaitement ignobles ou de cadavre [...] ». Et ce plaisir proprement « esthétique » est précisément mis au compte des techniques de l'art, « du fini dans l'exécution, de la couleur ou d'une autre cause de ce genre. », *Op. cit.*, p. 43.

2. L'importance de la *Lettre à Mlle...* fut reconnue par Diderot lui-même : « Cette addition n'est pas ce que j'ai fait de plus mal », cité par J. Chouillet, *DPV IV*, p. 120.

mémoire sur la musique, Diderot prend ici son point de départ en architecture (peut-être là aussi sous l'influence d'Aristote) pour ensuite élargir le principe de la perception des rapports aux autres arts : « les moulures, les filets, les galbes, les plinthes, les corniches, les panneaux etc. ne sont que des moyens suggérés par la nature, pour s'écarter du rapport d'égalité et pour y revenir *insensiblement.* [...] Le goût en général consiste dans *la perception des rapports.* Un beau tableau, un poème, une belle musique ne nous plaisent que par les rapports que nous y remarquons. » (203, nous soulignons)

A peine s'est-il écrié « combien de vicissitudes les principes en sont sujets » (203), que Diderot fait lui aussi appel à un principe d'unité, voire à son ancien critère de *la perception des rapports,* qui aurait validité esthétique universelle pour toutes les branches de l'art. Or, grande surprise, ce critère ne s'oppose pas forcément à celui de l'« imitation de la belle nature », dont parle Batteux sans en préciser davantage le sens. La nature demeure le grand guide (« moyens suggérés par la nature »), bien que chez Diderot l'accent soit mis sur la dimension essentiellement *formelle* de l'art. C'est pourquoi il peut en réalité renouer ici avec le débat sur les hiéroglyphes propres à chaque art, car la redécouverte de « la perception des rapports » conduit d'une certaine manière à l'hiéroglyphe et à sa capacité de lier *« insensiblement »* les parties matérielles de l'œuvre d'art, de sorte que celles-ci se transforment en l'expression artistique qui, à son tour, donne lieu au sentiment esthétique qu'est le jugement du beau. En revenant à la musique, Diderot va effectivement insister sur l'ancrage du sentiment de plaisir dans les structures hiéroglyphiques, lorsqu'il réfléchit sur une objection que lui avait faite *Mademoiselle* lui rappelant qu'« [i]l y a [...] des morceaux de musique auxquels on n'attache point d'images, qui ne forment ni pour vous ni pour personne aucune peinture hiéroglyphique, et qui font cependant un grand plaisir à tout de monde » (205). Pour rendre compte de ces formes non-identifiables de la musique, Diderot se lance dans une réponse qui approfondit la pensée de Mademoiselle plutôt qu'elle ne la rejette : « ces morceaux de musique qui vous affectent agréablement sans réveiller en vous ni peinture ni perception distincte de rapports, ne flattent votre oreille que comme l'arc-en-ciel plaît à vos yeux, d'un plaisir de sensation pure et simple. » (205-206)

Ce n'est guère un hasard si ces propos ont été provoqués par *Mademoiselle,* car ce que dit Diderot, à travers elle, c'est que l'hiéroglyphe musical ne prend pas la forme d'une image ou d'un motif identifiable (« ni peinture, ni perception distincte »)[1], mais, surtout, que les formes indéterminées, quoique agréables à entendre, donnent lieu à un « *plaisir de sensation pure et simple* ». C'est pourquoi la comparaison de l'absence de l'objet peint en musique avec le plaisir qu'on prendrait à contempler un arc-en-ciel représente l'un des messages esthétiques forts de la *Lettre sur les sourds et muets,* message qu'elle annonce et sur lequel elle bute, comme si elle touchait là à la limite de sa propre pensée : l'art le plus subtil ne peut être ramené à des proportions « mesurables », il naît dans le sujet, comme sentiment de plaisir, à l'occasion des formes aussi pures que celles des couleurs de l'arc-en-ciel. Diderot aurait pu étendre l'idée des formes non-représentatives aux autres arts, mais, pour des causes historiques fort compréhensibles, il a du mal à s'imaginer une peinture non-figurative. Grâce à la particularité de la musique, il touche cependant à une vérité qui mettrait en cause toute sa conception de la nature de l'art, de ce que l'art peut et doit être. La musique et son caractère immatériel – aérien – va contre cette « phénoménologisation » de la forme qui demeure attachée à l'idée d'un *motif*; elle ouvre les yeux sur une couche esthétique plus élémentaire de l'art, celle des formes en mouvement, en vibration, ces formes libres que déjà les *Pensées philosophiques* effleuraient et que reprend le concept d'hiéroglyphe. Car, au fond, n'est-ce pas cela que veut dire l'hiéroglyphe : formes non-liées, mais liantes, dans la contemplation desquelles naît dans l'âme le sentiment du beau ?

Voilà pourquoi l'exemple lourd et pédagogique que Diderot donnait en faisant allusion aux diverses représensations de la femme mourante se prive de l'accès aux potentialités esthétiques les plus radicales que renferme secrètement le concept d'hiéroglyphe. Là où l'hiéroglyphe remonterait aux conditions de possibilité matérielles de chaque art, l'exemple réduit l'existence des hiéroglyphes à la musique poétique des mots (ou à la poésie en tant que musique). La phrase que nous venons de citer de la *Lettre à Mlle...* trahit et dépasse pourtant ce jugement, puisque Diderot se sert ici, comme à son insu, d'une comparaison picturale pour parler du plaisir esthétique sans implication aucune de motif ou d'image. Or, qu'est-ce qu'un « arc-en-ciel », sinon le symbole de la forme la plus élémentaire des couleurs ? Comme un morceau de musique, il évoque un plaisir esthétique « pur et simple ». La peinture aurait donc elle aussi ses propres hiéroglyphes, et avec l'exemple de l'arc-en-ciel Diderot aurait pu explorer les éléments constitutifs de l'hiéroglyphe pictural. Cette piste, répétons-le, n'est pas

1. Notons, en même temps, que Diderot ne reprend pas l'expression trop négative de *Mademoiselle* (« aucune peinture hiéroglyphe »), parce qu'il y a « perception » d'une réalité figurative, qui est précisément celle de l'hiéroglyphe.

poursuivie par la *Lettre sur les sourds et muets*[1], dans laquelle sont traités seuls l'hiéroglyphe poétique et, à l'appui, l'hiéroglyphe musical, tandis que les hiéroglyphes de la peinture et de la sculpture doivent attendre l'expérience ultérieure du futur critique d'art.

L'essentiel, c'est néanmoins que la nature « archaïque » de la musique ait permis à Diderot de prendre conscience d'une couche jusque là refoulée dans l'expérience esthétique. Ainsi, quand, s'adressant encore à *Mademoiselle,* il s'interroge sur le succès énigmatique de la musique – « [c]omment se fait-il donc que des trois arts imitateurs de la nature, celui dont l'expression est la plus arbitraire et la moins précise parle le plus fortement à l'âme ? » (207) –, il n'hésite pas à répondre à cette question par une autre question : « Serait-ce que montrant moins les objets, il laisse plus de carrière à notre imagination ; ou qu'ayant besoin de secousses pour être émus, la musique est plus propre que la peinture et la poésie à produire en nous cet effet tumultueux ? » (207) Quel renversement final : ce serait, après tout, l'hiéroglyphe et non plus la « chose » qui serait vrai en art. En flagrante contradiction avec la supériorité que Diderot accordait à l'objet montré par la peinture, l'esthétique des sourds-muets finirait par s'épargner la tyrannie des choses pour se situer, avec l'hiéroglyphe, dans un espace intermédiaire entre formes indéterminables et sentiment subjectif du plaisir. Car les rapports entre d'une part l'objet ou la chose et, d'autre part, l'hiéroglyphe, s'inversent, dès lors celui-ci n'est plus prisonnier de l'objet à imiter, mais entre en affinité avec l'âme.

Ainsi l'hiéroglyphe musical se présente-t-il comme la figure privilégiée dans laquelle le sujet peut enfin rencontrer l'objet comme art, et l'objet le sujet comme âme. C'est que, dans la musique, cette rencontre entre le sujet et l'objet se fait *dans* le sensible. Dans la *Lettre à Mlle...*, Diderot souligne l'ancrage de la musique dans le corps, au moyen duquel le sujet entre en rapport avec le sensible : « En musique, le plaisir de la sensation dépend d'une position particulière non seulement de l'oreille, mais de tout le système des nerfs. » (206) Davantage que les autres arts, elle dépend de ces « favorables dispositions d'organes », parce que son hiéroglyphe est plus immatériel, plus fin et plus fragile que ceux des autres arts : « Son hiéroglyphe est si léger, si fugitif, il est si facile de le perdre ou de le mésinterpréter, que le plus beau morceau de symphonie ne ferait pas un grand effet, si le plaisir infaillible et subit de la sensation pure et simple n'était infiniment au-dessus de celui d'une expression souvent équi-

1. Une seule remarque qui va dans ce sens s'est cependant glissée dans la *Lettre à Mlle...*, symtomatiquement sous forme interrogative : « [...] et quelle analogie y a-t-il entre *cette espèce de crayons* et le printemps, les ténèbres, la solitude, etc., et la plupart des objets ? » (207, nous soulignons)

voque. » (207) Parce que la musique dans son expression sera déjà passée du côté de l'âme en tant que *sensation pure et simple,* elle sait rendre ce qui demeure inaccessible au langage discursif et communicatif.

La musique, donc, invite Diderot à penser le sentiment esthétique dans sa pureté, parce qu'elle ne coupe pas le lien vital avec ses conditions hiéroglyphiques, bien au contraire, elle expose les sons et les vibrations dans cette harmonie dans laquelle l'âme trouve la résonance de sa propre harmonie existentielle. Voilà pourquoi elle est plus parlante que la peinture qui, de façon massive (bien que ce soit là l'illusion de Diderot), montre un objet. Plus que les autres arts, la musique incarne l'irréductibilité du sentiment esthétique, en posant son autonomie par rapport à la détermination « objective », voire cognitive, des choses.

En dernière instance, la *Lettre sur les sourds et muets* se centre sur la musique. Ce sont principalement les métaphores musicales qui tissent les liens entre les trois niveaux de réflexion – linguistique, épistémologique et esthétique – pour laisser la parole à une pensée de l'oreille. D'abord, Diderot nous décrit son sourd-muet, ravi du clavecin oculaire, dans lequel il découvre le langage polyphonique des arts ; émanent, ensuite, de l'horloge ambulante des sons qui résonnent dans l'oreille de l'âme. L'hiéroglyphe poétique, à son tour, se construit sur un terrain essentiellement musical. Si bien que la *Lettre sur les sourds et muets* semble prendre la forme d'une série d'accords entre les thèmes épistémologiques et les idées esthétiques. C'est sur ce fond d'une harmonie épistémologico-esthétique que Diderot peut récuser le débat sur les inversions en le confrontant aux deux unités de nature différente et pourtant « complices », celle de l'âme et celle de l'expression artistique. En fait, après avoir « déconstruit » les inversions (le langage discursif est inversion par rapport à l'unité de l'expression), Diderot propose ses figures épistémologiques de « l'horloge ambulante » et du « tableau mouvant », allégories en quête d'une faculté de l'âme, qui du côté du *sujet* rende possible la sensibilité et l'intelligence, voire la saisie de l'expression multiple. Parallèlement, l'hiéroglyphe poétique se présente comme une tentative similaire pour déterminer, mais cette fois-ci du côté de *l'objet,* les formes esthétiques qui diffèrent des signes linguistiques du discours. En pensant conjointement ces deux faces, Diderot confirme *aussi bien* la capacité qu'a l'art pour expérimenter ce que le langage ne peut ni traduire ni dire *que* la faculté esthétique comme lieu épistémologique spécifique de cette expérience.

Cette grande « harmonie » épistémologico-esthétique semble en outre être en jeu dans l'approfondissement auquel Diderot subordonne la question d'un éventuel principe d'unité des beaux-arts. Car, tandis que l'hiéroglyphe favorise la différenciation des arts en désignant des conditions matérielles propres à chaque art, l'élaboration épistémologique sur l'âme situerait le principe d'unité dans le *sentiment* du beau. Le beau esthétique ne réside pas seulement dans des formes libres en harmonie (ce que signale le concept d'hiéroglyphe avec son regard pour les matériaux de l'expression artistique). Le jugement esthétique reflète également la voix subjective *avant* le sujet qui pense, il converge avec le sentiment pur de plaisir, avec l'affect pur et simple. La musique, là aussi, en fournit la confirmation. Autant dire que l'évolution depuis les *Principes généraux d'acoustique* est considérable. La perception des rapports, idée que Diderot y formulait pour la première fois, reçoit dans la *Lettre sur les sourds et muets* l'élaboration *ontologique* que Diderot alors n'effleurait que comme hypothèse lointaine. L'ontologie est transportée *hors* du sujet pour se loger dans le sensible où un sujet beaucoup plus amorphe, en oscillation indéterminée avec lui-même, rencontre un objet indéterminé lui aussi. Et avec cette rencontre de deux indéterminés qui font l'unité de l'expérience esthétique, les bases pour une esthétique moderne sont jetées.

Il est paradoxal que les sourds-muets soient de plus en plus absents dans cette évolution de la réflexion, surtout dans la dernière partie de la *Lettre,* dans laquelle Diderot prend clairement conscience de la spécificité de la connaissance esthétique. L'oreille de la *Lettre sur les sourds et muets* est certainement plus timide que l'œil omniprésent dans la *Lettre sur les aveugles.* Comme l'horloge ambulante, elle ne fait qu'enregistrer le monde au lieu de l'explorer activement. Il faudrait tout de même se demander, si le sourd-muet ne demeure pas l'inspiration majeure de la *Lettre,* dans la mesure où, même à distance, il invite Diderot à prêter l'oreille (si l'on peut dire !) à tant de phénomènes, en art et en âme, qu'ignorent aisément ou oublient trop facilement ceux qui parlent et qui entendent. A coup sûr, le retrait du sourd-muet symbolise la position aussi en retrait, mais vitale, que fut l'accord de l'existence. Car en représentant le minimalisme de l'ouïe jusqu'à ce que le pouls muet de l'existence se fasse entendre, le sourd-muet incarnerait la force constitutive du sujet même. Le propre de l'oreille, c'est peut-être qu'on ne peut la fermer comme on ferme les yeux. Davantage que l'œil, l'oreille poserait le sujet dans un rapport réflexif, ou plus précisément résonnant, avec lui-même.

CONCLUSION

Faire connaissance avec les écrits de jeunesse de Diderot, c'est aussi envisager la façon particulière dont Diderot pratique la philosophie, dont il exerce la philosophie, bref, ce que nous pouvons appeler son « penser intuitif ». En tout cas, les textes que nous venons de commenter sont riches en intuitions philosophiques qui résistent à leur traduction en une philosophie systématique et logique, sans qu'on sache au juste si ce seuil rarement franchi des intuitions est causé par l'incapacité de Diderot de le faire ou par sa fidélité par rapport à ce qu'il cherche à penser.

Au fur et mesure qu'on pénètre dans cette pensée intuitive, se dégage toutefois une dialectique bien particulière au moyen de laquelle Diderot semble partir d'un faux problème pour parvenir à la formulation d'un vrai problème philosophique. Bien que l'aveugle et le sourd-muet donnent lieu à maints paralogismes et contradictions, ils n'empêchent nullement Diderot de penser un corps qui jette une nouvelle lumière sur la relation entre les sens et la connaissance. Aussi contournée que soit la question des inversions, elle déclenche chez Diderot une réflexion de fond sur l'incompatibilité de l'expression et de la signification. Ainsi Diderot sait-il donner libre cours à sa pensée jusqu'à ce qu'elle se dresse contre ses propres prémisses héritées du débat sur les inversions, véritable condensé des conceptions fort limitées du langage qu'avaient à l'époque les philosophes-grammairiens ou les sensualistes rigoureux. On pourrait même dire que plus cette pensée est dévoyée, plus elle semble trouver des moyens susceptibles de reposer un problème dans son environnement philosophique approprié. A cet égard, Diderot n'éprouve d'ailleurs aucun embarras à défigurer la réalité dite empirique ; bien au contraire, combien de fois ses retournements anti-empiriques n'ont-ils pas donné du mouvement à sa pensée ?

Face aux sujets dont il traite, Diderot a donc sans cesse des intuitions qui l'éloignent, non seulement de la sphère des sèches abstractions, mais aussi de l'empirique, procédé que Jacques Chouillet a défini justement comme « un mélange d'intuition et de recherche »[1]. Cette pensée intuitive, nous l'avons d'abord rencontrée dans les *Pensées philosophiques* où elle s'affirme comme force permettant de passer de la physique à la métaphysique. Les intuitions physiques se muaient en intuitions métaphysiques dans un jeu de fins glissements, ce qui expliquerait d'ailleurs en partie pourquoi Diderot n'est jamais devenu l'homme de science qu'il désirait être aussi. Pour nous, cette capacité de se nourrir *philosophiquement* des sciences a permis d'apprécier une pensée qui se mesure aux nouvelles découvertes scientifiques qui n'ont cessé d'ébranler l'ancienne image du monde – une pensée qui, d'une certaine manière, *prolonge* le savoir positif en *expériences métaphysiques.*

Lorsqu'il s'agit de définir en termes plus précis cette dimension dans la pensée de Diderot, une série de classifications – comme par exemple cosmologie, panthéisme ou immanentisme – s'est déjà proposée, mais aucun de ces termes n'a pu capter la pensée toujours « intermédiaire », double et contradictoire de Diderot. Le mouvement est là, avant toute formation conceptuelle. En effet, il faudrait s'adresser à d'autres penseurs (et souvent à des penseurs de la postérité) pour proposer à ce mouvement une forme plus stable. La réflexion de Diderot ne trouve repos dans aucune de ses acquisitions de savoir. D'où la parenté du sceptique avec Diderot lui-même, car le sceptique anticipe l'idéal hégélien d'un interminable processus de la connaissance, sans pour autant, et là par opposition à Hegel, recourir à l'idée d'un esprit absolu, destination suprême de l'acheminement de la pensée. En ce sens, Diderot s'annonce comme l'un des grands penseurs de l'esthétique, dans la mesure où il se laisse emporter par les objets de sa pensée. Plus encore : éloignée des déductions de la logique et proche des formes de l'esthétique, cette pensée est elle-même *œuvrante.* Dans cette perspective précise, « esthétique » ne renvoie pas à la valeur artistique plutôt inégale des premiers opuscules philosophiques de Diderot, mais, précisément, à cette prodigieuse démarche où intuitions et « associations libres » tissent de nouveaux liens entre le concret et l'abstrait, faisant du concret (sciences naturelles, l'aveugle, le sourd-muet) son véritable carrefour métaphysique. D'où l'aptitude qu'a cette pensée à esthétiser la métaphysique et à la débarrasser de la morale.

Reformuler un problème, le transporter d'un registre de savoir à un autre et, grâce à ce transport, saisir le « vrai » problème philosophique, insaisissable par ailleurs, ce sont donc déjà de telles manœuvres qui caractérisent les procédés mobiles de la réflexion philosophique du jeune Diderot. Le mouvement dans les écrits de jeunesse ne témoigne cependant

1. Jacques Chouillet, *Diderot, poète de l'énergie*, P.U.F., 1984, p. 248.

pas seulement de la manière de penser singulière de Diderot, il nous permet aussi de dégager un certain parcours qui va des *Pensées philosophiques* à la *Lettre sur les sourds et muets*. Le refus de la conception déiste de la nature fut l'occupation majeure des *Pensées philosophiques* et de la *Promenade du Sceptique*, car, loin du sentiment « inspiré » de la nature, il importait bien davantage pour Diderot de voir à travers la nature jusqu'à en saisir la matière immatérielle, l'invisible dans la nature visible. Mais si ces écrits déconstruisaient la grande Nature allégorique, les deux *Lettres* allaient à leur tour construire le concept d'un corps qui explore cette nature déconstruite à sa manière particulière. Il est certain que le corps « anatomico-métaphysique », avec ses nombreux angles aveugles et muets, invite à une position bien plus inconfortable que celle représentée par le dualisme homme-nature. L'aveugle, notamment, entretient des rapports si complexes et si opaques avec le monde qu'il échappe à la détermination cartésienne du corps-machine. Le corps aveugle, précisément, se met à toucher à la matière invisible au lieu de s'en détacher.

Les *Pensées philosophiques* ont sans doute préparé le terrain à cette substitution du corps mécanique. Déjà les sciences naturelles, à la hauteur desquelles se réclame cet ouvrage, n'ont-elles pas dû renoncer au monde en tant qu'ordre visible ? Que le cosmos soit mécaniste ou non, il demeure inaccessible à l'intuition, lorsque l'espace et le temps s'élargissent en allant vers l'infini (par exemple grâce au calcul infinitésimal que Leibniz et Newton avaient conçu indépendamment l'un de l'autre). Or, c'est une telle réalité physique, avec son caractère invisible et abstrait, qui devient, pour Diderot, la source de ses intuitions métaphysiques. De même, avec le corps anatomico-métaphysique des aveugles, Diderot s'impose une conception si dynamique de la nature, que celle-ci redevient énigme métaphysique. Et parce que le corps anatomico-métaphysique ne coïncide pas avec l'entité « chirurgique » bien délimitée du corps objectivable, mais, au contraire, se fragmente en s'ouvrant aux instances métaphysiques que sont dans leur totalité la lumière, le langage, le temps, l'espace et la matière, Diderot s'achemine non seulement vers une nouvelle métaphysique, mais en réalité vers l'esthétique aussi.

La *Lettre sur les aveugles* posait la question de savoir comment celui qui est privé de la vue « voit » le monde. Car même si les aveugles ne voient rien, ils perçoivent le monde, surtout grâce au toucher. Cette expérience différemment agencée par les sens conduisait aussi bien à une critique de l'orgueil métaphysique chez ceux qui voient qu'à une nouvelle approche de la métaphysique assumée par ceux qui ne voient pas. Avec la réplique frappante de Saunderson – *si vous voulez que je croie en Dieu, il faut que vous me le fassiez toucher* – Diderot se moquait ostensiblement de ceux qui prétendent voir dans la beauté de la nature l'image clémente de Dieu, mais les témoignages de ses auxiliaires, les aveugles, montraient en même temps à quel point leur corps, traversant des noyaux d'invisibilité, touchait en réalité à l'invisible, voire au métaphysique.

C'est surtout la *Lettre sur les aveugles* qui assure cette reformulation métaphysique. Parce que les aveugles ne peuvent s'émanciper de la matière par l'évidence, ils font l'expérience des « intervalles métaphysiques » en construisant leur propre monde médié par les signes mathématiques ou linguistiques. En revanche, la perspective anatomico-métaphysique était plus en retrait dans la *Lettre sur les sourds et muets* au bénéfice d'une pensée plus ouvertement esthétique. Les sourds-muets favorisent toutefois cette conception double de l'ouïe, qui nous mettait à la portée des deux significations du mot « entendre » : écouter et comprendre. Au delà du langage communicationnel, le sourd-muet incarne en effet la promesse d'un autre langage, celui de la sensation, des sentiments, des idées et des pensées, langage capable de parler avec plusieurs bouches à ce sujet précaire que Diderot nomme âme ou esprit. L'impasse dans laquelle se trouve le sourd-muet pour s'exprimer dans l'absence radicale du langage est implicitement résolue par sa saisie des expressions polyphoniques de l'art. Si les témoignages des aveugles allaient vers la métaphysique, ceux des sourds-muets ont donc davantage trait à l'esthétique.

Voilà que l'œil en se fermant expérimente les failles métaphysiques de la nature-matière, tandis que l'oreille bouchée descend au plus profond de l'être, d'où elle s'ouvre à la parole multiple des arts. Il n'en reste pas moins que l'opposition entre le métaphysicien aveugle et l'esthète sourd-muet d'un côté et celle entre la matière et l'âme de l'autre côté se croisent sur un deuxième plan : la matière qu'explore surtout l'aveugle, ressuscite dans la *Lettre sur les sourds et muets* qui s'occupe aussi des conditions matérielles des arts, de même que l'hiéroglyphe n'est pas sans rapport à la métaphysique, parce qu'il va jusqu'à dire l'intraduisibilité du langage en tant que tel. Cette sorte de chiasme, qui se dessine sur le fond de ces liaisons plus secrètes, exprimerait peut-être le nœud même du projet d'« anatomie métaphysique » de Diderot. En tout cas, aussi bien la vue que l'ouïe posent le corps dans le monde en opérant une ouverture du corps vers ce dont il fait partie et ce à quoi il demeure étranger. Les corps exemplaires des deux *Lettres* ne sont nullement des machines d'enregistrement optique ou auditif, mais précisément des ouvertures sensorielles par où le sensible pénètre dans le corps, et le corps dans le sensible. C'est bien cette réversibilité de l'intériorité et de l'extériorité que Maurice Merleau-Ponty a nommée *chair,* désignant par là un même être dans lequel co-existent le corps propre et le monde[1]. Chez Diderot, il faudrait certainement préférer au terme de la chair, et à ses connotations religieuses, la métaphore de *tissu,* terme employé par Diderot lui-même dans la *Lettre sur les sourds et muets,* mais la perspective philosophique en est au fond la même : corps et monde empiètent l'un sur l'autre, de sorte que le corps comme théorie est, à jamais, incomplet. Là où Diderot aura cherché une *théorie* des sens, il se heurte à leur métaphysique. Car le corps qu'invitent à penser les aveugles et les sourds-muets, n'est pas en mesure d'objectiver le monde qui l'habite et dans lequel il habite lui-même.

Autant dire que la métaphysique confine à l'esthétique, et inversement. Et si nous avons suffisamment souligné les rapports de forces qui existent, chez Diderot, entre physique et métaphysique, il faudrait également préciser la nature propre de cette esthétique à vocation métaphysique. Car, bien que Diderot prenne conscience de l'hétérogénéité des sens et de la difficulté d'établir des relations de substitution entre eux, son expérience dite anatomico-métaphysique réhabilite la sensation comme une sorte de faculté esthétique dont des processus plus « logiques » de l'entendement ne sauraient faire l'économie.

On comprendrait, du même coup, la grande attraction qu'exerça sur le jeune Diderot le sensualisme dans ces années pendant lesquelles il fut à la recherche de son identité philosophique, comme le fut Jean-Jacques Rousseau, son grand ami de l'époque. La reconstruction sensualiste de l'individu comme sujet sentant permettait de liquider bien des vieilles idées du rationalisme et de faire ressurgir des questions refoulées. Et si Diderot, dès les *Pensées,* oppose à l'esprit rationaliste une raison différenciée, sa remise en cause de Descartes va plus loin dans la *Lettre sur les aveugles* qui pose à nouveau *l'unité sensible de l'être pensant.* Cette unité, puisqu'elle est pensée à partir du corps, relève d'un problème qui a un aspect positif, toute sensation étant *ici et maintenant,* en même temps que ce que nous sommes comme corps demeure une énigme pour Diderot. Penser avec le corps, c'est aussi toucher à une nouvelle négativité, non-maîtrisable par l'esprit.

Si des « prétextes » esthétiques finissent par s'emparer des textes philosophiques du jeune Diderot, c'est donc que, au fond, *l'esthétique donne accès à l'unité.* D'ailleurs la *Lettre sur les sourds et muets* est particulièrement généreuse en offrant, au moyen de l'hiéroglyphe, l'accès à l'unité de l'image, à l'unité du langage, à l'unité de l'esprit. D'où la jouissance qui traverse cette *Lettre* d'un bout à l'autre, cette grande joie qu'éprouve Diderot devant tout ce qui se dissout et qui se recrée. En ce sens l'hiéro-

1. Voir Maurice Merleau-Ponty, *Le visible et l'invisible*, Gallimard, 1964.

glyphe poétique serait l'aboutissement des préfigurations esthétiques disséminées dans les textes de polémique religieuse, parce qu'il met de *l'incommensurable* dans l'ordre de la signification tout en imposant un autre ordre de sens.

Comme aujourd'hui, le mot de métaphysique est, dans la bouche de Diderot, surtout employé dans un sens péjoratif. Ainsi dans les *Pensées,* nous l'avons vu, Diderot s'en servait uniquement pour adresser des reproches à la métaphysique chrétienne, tandis que ses propres reformulations métaphysiques se soustrayaient à une nomination positive. D'où nos efforts pour rendre apparentes les manœuvres philosophiques qui préparent le terrain pour l'investissement esthétique de la métaphysique. Il existe toutefois une troisième dimension de la métaphysique, qui n'est pas celle de l'ancienne métaphysique chrétienne, ni celle d'une métaphysique esthétique, mais qui serait celle d'une métaphysique « transcendantale », dont il convient de préciser la nature, d'autant plus que Diderot semble s'y référer lui-même. On noterait ainsi chez Diderot et dans son entourage philosophique le plus proche des tentatives éparses pour distinguer plusieurs types de métaphysiques. L'idée que se fait Condillac en 1746 sur « deux sortes de métaphysiques » peut sans doute être rapprochée de celle que son lecteur assidu et inspiré de l'époque, Diderot, se fait également. Ecoutons d'abord Condillac : « Il faut distinguer deux sortes de métaphysiques. L'une, ambitieuse, veut percer tous les mystères ; la nature, l'essence des êtres, les causes les plus cachées, voilà ce qui la flatte et ce qu'elle se promet de découvrir ; l'autre, plus retenue, proportionne ses recherches à la foiblesse de l'esprit humain, et aussi peu inquiette de ce qui doit lui échapper, qu'avide de ce qu'elle peut saisir, elle sait *se contenir dans les bornes qui lui sont marquées.* La première fait de toute la nature une espèce d'enchantement qui se dissipe comme elle : la seconde, ne cherchant à voir les choses que comme elles sont en effet, est aussi simple que la vérité même. Avec celle-là les erreurs s'accumulent sans nombre, et l'esprit se contente de notions vagues et de mots qui n'ont aucun sens : avec celle-ci on acquiert peu de connoissances ; mais on évite l'erreur : l'esprit devient juste et se forme toujours des idées nettes. » [1]

Dans cette déclaration de Condillac, la modestie et l'expérience s'unissent pour renoncer aux explications exhaustives des grands Systèmes et pour se réserver le droit de penser de façon systématique sur ce qui est observable. Or, lorsque Diderot plus tard rédige l'article MÉTAPHYSIQUE pour l'*Encyclopédie,* il semble s'inspirer de la définition de Condillac, mais

1. Condillac, *Essai sur l'origine des connaissances humaines* (1746), Galilée, 1973, p. 99, nous soulignons.

pour la faire passer, des « choses » telles « qu'elles sont en effet », à « la science des raisons des choses »[1]. Voici qu'il ne s'agit plus seulement de se contenir dans les bornes d'un savoir, mais de s'interroger sur la *délimitation* même de ces bornes au moyen desquelles le savoir peut être établi : « Tout a sa métaphysique et sa pratique : la pratique, sans la raison de la pratique, et la raison sans l'exercice, ne forment qu'une science imparfaite. Interrogez un peintre, un poète, un musicien, un géomètre, et vous le forcerez à rendre compte de ses opérations, c'est-à-dire à en venir à la métaphysique de son art. Quand on borne l'objet de la métaphysique à des considérations vides et abstraites sur le temps, l'espace, la matière, l'esprit, c'est une science misérable ; mais quand on la considère sous son vrai point de vue, c'est une autre chose. Il n'y a guère que ceux qui n'ont pas assez de pénétration qui en disent du mal. »[2]

Ce souci de prendre en considération les forces qui se manifestent dans les « fabrications » de l'artiste comme dans celles de l'homme de science nous conforte dans notre pressentiment d'une sorte de « criticisme » à l'œuvre chez Diderot. N'est-ce pas avec beaucoup de « pénétration » que Diderot s'est attaché aux *conditions de possibilité* du « savoir sensible » ? De toute façon, le toucher semble atteindre, avec l'aveugle, ses propres conditions de possibilité immatérielles ; l'œil semble voir, avec l'aveugle guéri, ses propres conditions de possibilité invisibles ; et avec le sourd-muet, l'oreille écouter ses propres conditions de possibilité muettes. Il ne serait donc pas faux de dire que la sensation s'impose comme condition transcendantale, car préalable et pré-linguistique, de toute connaissance.

Une discussion sur les perspectives esthétiques ouvertes par les écrits de jeunesse de Diderot ne peut faire abstraction de l'activité ultérieure de Diderot comme critique d'art. Déjà l'article BEAU, rédigé pour l'*Encyclopédie* juste après – sinon parallèlement à – la *Lettre sur les sourds et muets,* dérive ouvertement de la controverse avec l'abbé Batteux. En tout cas, Diderot insiste dès le début sur le caractère philosophique, voire « difficile », de la question du beau dont le caractère trop familier est en quelque sorte trompeur : « Avant que d'entrer sans la recherche difficile de l'origine du *beau,* je remarquerai d'abord, avec tous les auteurs qui en ont écrit, que par une sorte de fatalité, les choses dont on parle le plus parmi les hommes, sont assez ordinairement celles qu'on connaît le moins ; et que telle est entre beaucoup d'autres, la nature du *beau.* »[3] Et si cet article a pu

1. *Encyclopédie, DPV VIII* (texte annoté et présenté par John Lough et Jacques Proust), p. 32.

2. *Ibid.*

3. *Encyclopédie, DPV VI,* p. 135.

choquer par son allure à la fois rigoureuse et fuyante, schématique et obscure, la raison en est précisément que Diderot s'arme contre la détermination psychologique du beau. Même s'il critique les auteurs auxquels il fait référence, on ressent fort bien l'intérêt particulier qu'il attache à la définition de la beauté comme *unité* chez saint Augustin, à la notion de *plaisir* chez Wolff, au *sentiment* né à l'occasion de l'œuvre d'art chez Crouzas, au critère du *sens interne* proposé par Hutcheson, à tous les *beaux doubles* du père André [1], en résumé à autant de points d'ancrage pour que sa réflexion poursuive ses engagements aussi bien formels dans « l'idée des rapports » qu'épistémologiques dans une faculté « esthétique » dont la nature demeure cependant peu précise. Il faudra, en effet, attendre la rencontre avec l'art en ses œuvres vives pour que la réflexion esthétique de l'article BEAU s'approfondisse et se clarifie. Des recherches diderotistes récentes [2] ont parfaitement justifié, à quel point les neuf *Salons*, qui s'étendent sur la longue période 1759-1781, font en réalité de Diderot le fondateur de la critique d'art [3], puisque Diderot parvient à y perfectionner des techniques de description pratiques tout en formulant ses idées esthétiques [4]. Parce qu'il cherche toujours la raison secrète de ses jugements de goût, sa critique d'art donne vie à une réflexion parallèle sur l'esthétique, interrogation sans cesse réécrite, qui prend tantôt la forme de remarques dispersées, tantôt celle de véritables traités esthétiques que Diderot ajoute aux *Salons* [5].

L'une de nos intentions a été de montrer que Diderot n'est cependant pas sans fondement esthétique, lorsqu'il accepte d'écrire le premier compte-rendu du *Salon de 1759* à son ami Grimm. Bien que ce ne soit qu'à partir de l'hiéroglyphe poétique qu'une réflexion proprement esthétique

1. *Op. cit.*, p. 136-154.

2. Else Marie Bukdahl a donné la première étude systématique de la critique d'art de Diderot avec sa thèse, *Diderot, critique d'art I et II*, Copenhague, Rosenkilde et Bagger, 1980 et 1983. L'intérêt pour la critique d'art de Diderot s'est manifesté, par exemple, par l'organisation d'une exposition des œuvres commentées dans les *Salons*. Historiens de l'art et spécialistes de Diderot ont célébré ainsi le bicentenaire de la mort du philosophe. Voir *Diderot et l'Art de Boucher à David*, Réunion des Musées nationaux, 1984.

3. Ce fut bien sûr La Font de Saint-Yenne qui en 1746-47 publia les premiers compte-rendus *critiques* des Salons que l'Académie ouvrait aux Parisiens au Louvre. Ce n'est cependant qu'avec Diderot que la critique d'art s'affirme comme genre littéraire et philosophique. Voir Baldine Saint Girons, *Esthétique du* XVIIIe *siècle. Le modèle français. Dictionnaire des sources*, Philippe Sers, 1990, p. 306.

4. Cette relation dialectique entre pratique et théorie dans la critique d'art de Diderot est soulignée par Else Marie Bukdahl, *op. cit.* p. 489-591.

5. Ainsi les *Essais sur la Peinture*, joints au *Salon de 1765*, et les *Pensées détachées sur la peinture*, qui suivent le *Salon de 1781*, sont-ils vraisemblablement les ouvrages esthétiques les plus connus de Diderot.

s'avoue, l'hiéroglyphe invite les considérations antérieures sur les passions et les aveugles à prendre part à la réflexion sur l'art. L'hiéroglyphe met en pleine lumière aussi bien la capacité qu'a l'art d'expérimenter l'intraduisible que la faculté épistémologique bien particulière qui est à l'œuvre dans l'art, cette faculté assez inconcevable de l'âme qui, sans s'appuyer sur des concepts, juge de la beauté des vers. Formulé à partir de l'hiéroglyphe, l'enjeu de l'art serait donc de saisir ce à quoi les concepts se heurtent. C'est pourquoi l'hiéroglyphe poétique répond à merveille à l'« intrigue » philosophique que les *Pensées* mettaient en scène entre physique et métaphysique. Car si la physique renvoie incontestablement à une situation vers laquelle le concept et la réalité ont pour prétention de converger, la métaphysique surgit *entre* les concepts – dans ces intervalles auxquels se frottaient les tâtonnements de l'aveugle. L'hiéroglyphe, mais aussi les passions et l'aveugle, relèvent tous d'une situation où *le concept fait défaut.* Au moment même où le mot d'esthétique s'invente, et où le philosophe allemand Baumgarten publie son *Aestetica* (1750), l'ouvrage pionnier qui a pour but de déterminer les « règles » du beau, l'orientation esthétique des écrits philosophiques du jeune Diderot va donc dans le sens totalement opposé, prônant déjà, mais il s'agit sans doute là aussi d'un savoir intuitif, que l'art serait un domaine par excellence dénué de règles. Lorsque Diderot dans les *Pensées* annonce qu'il faut chercher, non pas trouver, la vérité, on pourrait en effet se demander s'il n'a pas « trouvé » dans la disponibilité de l'âme face aux productions de l'art un tel usage « cherchant » de la raison.

Du modèle des cordes passionnelles des *Pensées* à l'âme sensible de la *Lettre sur les sourds et muets,* nous avons ainsi pu repérer quelques « incidences kantiennes », comme si Diderot au fond acquiesçait déjà à ce libre jeu entre l'imagination et l'entendement que Kant, quelques décennies plus tard, associe au jugement du beau. En qualité de critique d'art, Diderot, peu orthodoxe, se distingue certainement de Kant qui « déduit » rigoureusement son esthétique à un niveau purement transcendantal en l'absence aveuglante des œuvres d'art. Et pourtant, les *Salons* s'attacheront aussi bien à l'objet, à l'œuvre d'art à commenter, qu'au sujet qui perçoit et vit l'œuvre. Jamais Diderot n'oubliera qu'étymologiquement *aisthésis* veut dire en grec sensibilité, et qu'il y a par conséquent dans l'art aussi bien perception qu'*affectivité* du sujet. Ainsi, Diderot saura-t-il se laisser émouvoir par les œuvres qu'il commente et traduire abondamment les sentiments qu'elles évoquent en lui. Mais il s'intéresse aussi, dès le *Salon de 1761,* aux problèmes techniques propres à l'art. On pourrait ainsi constater dans la critique d'art une oscillation permanente entre, d'un côté, les problèmes qui relèvent des techniques picturales et, de l'autre côté, la présence de critères idéaux tels que « vérité », « idée », « esprit ». Et c'est fondamentalement parce que la spontanéité de l'amateur des beaux-arts et l'analyse du connaisseur d'art s'affrontent et se corrigent continuellement que la réflexion esthétique des *Salons* saura éviter aussi bien le sentimentalisme que le formalisme. Or cette sagesse équilibrée nous semble être une prolongation naturelle de la capacité dont témoigne Diderot dans ses premiers écrits philosophiques pour penser ensemble le concret et le métaphysique, l'empirique et l'idéal.

De toute manière, Diderot ne sera-t-il pas parmi les premiers à comprendre que l'énigme de l'œuvre d'art consiste dans sa nature *intraduisible*, donc, *inimitable* ? N'engagera-t-il pas en réalité le procès contre le beau naturel en rapportant l'infinité des lignes naturelles (*Essais sur la peinture*) à la ligne idéale (préface au *Salon de 1767*) ? Contentons-nous d'indiquer un seul exemple de la critique d'art qui témoigne du fait que l'art ait commencé de conquérir la nature selon les conditions imposées, non plus par la nature, mais par l'art lui-même. Diderot s'écrie de façon triomphante, dans le *Salon de 1767* : « Ce n'est pas de la nature, c'est de l'art ; ce n'est plus de Dieu, c'est de Vernet que je vais vous parler »[1], tout en révélant à la grande surprise de l'abbé, à qui il a proposé une promenade à travers six paysages, que la réalisation de ces fameux « sites » a été exécutée, non pas par la main de Dieu, mais par celle de Vernet. Au lieu d'un regard direct sur la nature, il y va de l'artifice, de la toile que l'on peut contempler au Louvre. Avec ce caprice du critique d'art, les frontières entre la nature et l'art s'émoussent au même degré que se brouillaient celles entre physique et métaphysique dans les *Pensées*. Et, de surcroît, le critique d'art n'annule pas seulement – comme à la fin de *La Promenade du Sceptique* – la distance contemplative qui sépare le spectateur du tableau en laissant celui-là prendre place dans l'espace fictif de celui-ci, mais, plus décicif encore, Diderot se propose de « substitue[r] l'art à la nature »[2]. Conformément au principe d'unité esthétique que Diderot défend dans la *Lettre sur les sourds et muets,* c'est *l'art* qui transforme la nature en *belle* œuvre. Laissée à ses propres lois turbulentes, la nature peut éveiller en l'homme les sentiments les plus contradictoires : « La nature est bonne et belle quand elle nous favorise. Elle est laide et méchante quand elle nous afflige »[3]. L'œil et le pinceau, non la nature elle-même, créent le beau paysage.

1. *Salon de 1767* (établi par Annette Lorenceau et commenté par Else Marie Bukdahl et Michel Delon), *DPV XVI*, p. 224.

2. *Op. cit.*, p. 185.

3. *Op. cit.* p. 187.

Avec cette substitution de l'art à la nature, Diderot affirme en quelque sorte que l'esthétique serait un terrain propice à l'élaboration de cette autre métaphysique abandonnée dans les ruines encore fumantes de l'ancienne métaphysique chrétienne. En tant que critique d'art, il opère une réinscription de la nature par et dans l'art, tout comme, dans les deux *Lettres,* il réinvestissait la nature dans le corps anatomico-métaphysique des aveugles et des sourds-muets. La critique d'art suivra en tout cas de près les déplacements que ce corps perfectible a fait subir aussi bien à l'objet qu'au sujet. Ainsi, sur le plan objectif que représentait l'hiéroglyphe dans sa matérialité subtile, la matière de la nature semble-t-elle retourner aux « matières premières » de l'œuvre d'art, comme par exemple lorsque Diderot dans le *Salon de 1763* s'écrie au sujet d'un tableau de Chardin : « C'est la nature même. Les objets sont hors de la toile et d'une vérité à tromper les yeux. [...] Ô Chardin, ce n'est pas du blanc, du rouge, du noir que tu broies sur ta palette ; c'est la substance même des objets, c'est l'air et la lumière »[1]. D'autre part, sur le plan subjectif, la « nature » sensorielle du corps réapparaîtra dans l'appel que l'art adresse à une nature *dans* l'homme, à l'œil naturel ou, tout simplement, au *voir.* C'est en effet un thème récurrent dans les *Salons* que celui de l'art comme donnant la vue. Diderot dit par exemple que Chardin recrée ses yeux, et pour déchiffrer ses toiles il n'a « qu'à garder les yeux que la nature [lui] a donnés »[2]. De même, en parcourant les sites du *Salon de 1767,* Diderot avertit son compagnon : « Si vous aviez un peu plus fréquenté l'artiste, il vous aurait peut-être appris à voir dans la nature ce que vous n'y voyez pas »[3].

Ces affinités, voire complicités, entre les écrits de jeunesse et la critique d'art réclameraient évidemment une analyse approfondie et systématique, mais ces quelques passages, relevés dans la critique d'art, semblent confirmer que la « nouvelle » métaphysique du jeune Diderot, celle issue des sciences, trouverait, au-delà des sciences elles-mêmes, un relais esthétique dans les arts. Car en posant en des termes nouveaux la relation entre nature et art, Diderot opère ce geste décisif par lequel la philosophie cherche une connaissance de la nature dans le domaine de l'art. Ce geste n'est pas en soi nouveau, puisque nous pourrions le repérer à travers l'histoire de la philosophie esthétique, d'Aristote à Adorno, mais aujourd'hui comme alors, il s'agit fondamentalement d'explorer la nature sur le terrain de l'art, et inversement.

1. *Salon de 1763* (établi et commenté par Jacques Chouillet), *DPV XIII,* Hermann, 1984, p. 219-220).

2. *Op. cit.,* p. 220.

3. *Op. cit.,* p. 185.

La crise de la nature et de ses valeurs n'est pas spécifique à l'époque de Diderot, elle vaut aussi pour la nôtre, bien qu'elle semble relever aujourd'hui du *peu* de nature qu'il reste sur notre planète. La nature a été remplacée par du « synthétique » dans les domaines les plus divers, de même que les sciences, du moins avec force depuis Descartes, ont dressé contre les « illusions » des sens et contre l'intuition perfectible toutes sortes de modèles mathématico-abstraits, capables à eux seuls de concevoir la nature. Rendre la nature artificielle et scientifique, voilà deux opérations qui se sont conjuguées au cours des derniers siècles.

Pourtant, au cours de cette même période, la pensée occidentale a su se retourner contre elle-même et faire son « auto-critique » en s'orientant, entre autres, vers l'esthétique. Si l'un de nos philosophes contemporains, Jean-François Lyotard, par exemple s'est inspiré du concept kantien du *sublime* pour actualiser une condition « post-moderne », c'est que le sentiment du sublime relève d'un *retrait de la nature* (comme nous avons pu le constater dans le silence de Philoxène dans *La Promenade du Sceptique* ou dans le délire de Saunderson dans la *Lettre sur les aveugles*). Dans le sublime, précisément, les formes ne parviennent pas à s'unir sous la forme harmonieuse du beau, mais subissent une fragmentation temporelle et spatiale. Difficile, par conséquent, de déterminer et de classer l'informe dont relève le sublime, et, même si des technologies se sont massivement substituées à la nature, l'œil humain n'a pas encore été remplacé par une machine visuelle. Non plus, d'ailleurs, selon Lyotard, qui, lui aussi, fait appel à cet œil « naturel » que Diderot disait avoir reçu en offrande de l'œuvre de Chardin.

Lyotard entre en quelque sorte lui aussi en rapport avec une « nature » par le biais de l'art, bien que ce soit celle de l'informe. Car même si c'est à l'art abstrait et non-figuratif qu'il s'intéresse, cet art ne lui fait que mieux voir ce que Diderot avait déjà saisi dans l'épaiseur matérielle de l'œuvre d'art. La matérialité chromatique, surtout, s'impose dans l'art moderne sans rien signifier, telle la nudité quasi-ontologique avec laquelle les toiles fortement colorées du peintre danois Stig Brøgger se présentent à Lyotard : « Les jaunes, les bleus, les rouges et les noirs de Brøgger, corsetés par un géométrie sans complaisance, n'appellent que la stupéfaction que 'leur' présence suscite. [...] Le regard doit s'éveiller à la stupidité qu'il y ait du 'là' »[1]. La couleur bleue ne signifie rien de déterminé, elle ne fait qu'insister sur le fait qu'elle ne signifie rien. Grâce au concept du sublime, Lyotard saisirait ainsi dans l'art une « nature » qui est pure matérialité sans signification, bien qu'elle puisse avoir un certain sens – mais toute la

1. J-F. Lyotard, *Flora danica. La sécession du geste dans la peinture de Stig Brøgger*, Galilée, 1997, p. 28.

question est de savoir lequel. Voilà pourquoi cette nature évoque plutôt un sentiment d'angoisse et d'aliénation que de plaisir.

Diderot n'allait certainement pas aussi loin dans ses écrits philosophiques autour de 1750, mais ceux-ci témoignent néanmoins d'une résistance courageuse contre le rationalisme scientifique auquel on a trop souvent voulu limiter le siècle des Lumières. Ainsi la pensée du jeune Diderot se présente-t-elle à nous comme une leçon sur les liens vitaux entre la philosophie et l'art. C'est en ce sens qu'il est possible d'y repérer un défi esthétique – pour Diderot et pour nous.

BIBLIOGRAPHIE

Dans cette liste, ainsi que dans les notes, le lieu d'édition n'est pas indiqué, lorsqu'il s'agit de *Paris*.

ARISTOTE, *La poétique*, trad. R. Dupont-Roc et J. Lallot, Seuil, 1980.

ALEMBERT (D'), *Essai sur les éléments de philosophie* (1759), Fayard, 1986.

BATTEUX (Charles), *Les Beaux-Arts réduits à un même principe* (1746), éd. Jean-Rémy Mantion, Aux Amateurs de Livres, 1989.

BAUMGARTEN (Alexander Gottlieb), *Esthétique* (1750 et 1758), trad. Jean-Yves Pranchère, l'Herne, 1988.

BORZESZKOWSKI (Horst-Heini von) et WAHSNER (Renate), *Newton und Voltaire : Zur Begründung und Interpretation der klassischen Mechanik*, Berlin, Akademie-Verlag, 1980.

BOOY (J. de), *Histoire d'un manuscrit de Diderot :* « La Promenade du Sceptique », Analecta Romanica, Heft 14, Francfort, Klostermann, 1964.

BUFFON (Georges-Louis Leclerc), *Œuvres philosophiques*, texte établi et présenté par Jean Piveteau, P.U.F., 1954.

BUKDAHL (Else Marie), *Diderot, critique d'art I*, Copenhague, Rosenkilde et Bagger, 1980.

CASSIRER (Ernst), *La philosophie des Lumières* (1933), trad. Pierre Quillet, Fayard, 1966.

CHOUILLET (Jacques), *Diderot*, CDU et SEDES Réunis, 1977.

– *Diderot, poète de l'énergie*, P.U.F., 1984.

– *La formation des idées esthétiques de Diderot*, Armand Colin, 1973.

– « Le Mythe d'Ariste ou Diderot en face de lui-même », *Revue d'histoire littéraire de la France*, oct.-dec., 1964.

COLLOGUE INTERNATIONAL DIDEROT, actes réunis et préparés par Anne-Marie Chouillet, Aux Amateurs de Livres, 1985.

CONDILLAC (Etienne), *Essai sur l'origine des connaissances humaines* (1746), Galilée, 1973.

– *Œuvres philosophiques*, tome I-III, texte établi et présenté par Georges Le Roy, P.U.F., 1947-1951.

– *Traité des sensations* (1754), Fayard, 1984.

CROCKER (Lester G.), « Pensée XIX de Diderot », *Modern Language Notes*, nov. 1952.

DAGOGNET (François), *Nature*, Vrin, 1990.

DEDEYAN (Charles), *Diderot et la pensée anglaise*, Biblioteca dell'« Archivum Romanicum », série 1 (Storia, Letteratura, Paleografia), vol. 206, Florence, Leo S. Olschki Editore, 1986.

DELEUZE (Gilles), *Proust et les signes*, P.U.F., 1964.

– *Spinoza. Philosophie pratique*, Minuit, 1981.

DERRIDA (Jacques), « L'archéologie du Frivole », préface dans Condillac, *Essai sur l'origine des connaissances humaines* (1746), Galilée, 1973.

– *Mémoires d'aveugle. L'autoportrait et d'autres ruines*, Éditions de la Réunion des Musées nationaux, 1990.

DESCARTES : *Dioptrique* (1636), dans *Discours de la métode* (établi et présenté par Geneviève Rodis-Léwis), Flammarion GF, 1966.

– *Les passions de l'âme* (1647), Vrin, 1988.

DIDEROT ET L'ART DE BOUCHER À DAVID, Catalogue (5 octobre 1984 – 6 janvier 1985), Éditions de la Réunion des Musées nationaux, 1984.

DIDEROT (Denis), *Les Bijoux indiscrets* (1748), édition présentée, établie et annotée par Jacques Rustin, Gallimard, coll. folio, 1981.

– *Œuvres Complètes*, éd. Dieckmann-Varloot (par H. Dieckmann, J. Proust et J. Varloot et désignée par le sigle *DPV)*, Hermann, à partir de 1975 ; en particulier :

– *De la suffisance de la religion naturelle* (1747), texte établi et commenté par J. S. Spink, *DPV II* (1975).

– *Encyclopédie*, texte annoté et présenté par John Lough et Jacques Proust, *DPV VI* (1976).

– *Essai sur le mérité et la vertu* (1745), texte établi et présenté par Paolo Casini et John S. Spink, *DVP I* (1975).

– *Lettre sur les aveugles à l'usage de ceux qui voient* (1749), texte établi et commenté par Robert Niklaus, *DPV IV* (1978).

– *Lettre sur les sourds et muets à l'usage de ceux qui parlent et qui entendent* (1751), texte établi et présenté par Jacques Chouillet, *DPV IV* (1978).

– *Mémoires sur différents sujets de mathématiques* (1748), texte établi et commenté par Jean Mayer, *DPV II* (1975).

– *Pensées philosophiques* (1746), texte établi et présenté par Robert Niklaus, *DPV II* (1975).

– *Pensées sur l'interprétation de la nature* (1753), texte établi et présenté par Jean Varloot, *DPV IX* (1981).

– *La Promenade du Sceptique* (1747), texte établi et commenté par Herbert Dieckmann, *DPV II* (1975).

– *Salon de 1763*, texte présenté et commenté par Jacques Chouillet, *DPV XIII* (1980).

– *Salon de 1767*, texte établi par Annette Lorenceau et commenté par Else Marie Bukdahl et Michel Delon, *DPV XV*.

DIDIER (Béatrice), « Le texte et la musique », *Interpréter Diderot aujourd'hui*, Le Sycomore, 1984.

DIECKMANN (Herbert), *Cinq Leçons sur Diderot*, Genève, Droz, 1959.

– [critique de l'édition R. Niklaus (1951) de] *Lettre sur les Aveugle, Modern Language Quarterly*, sep. 1953.

DOOLITTLE (James), « Hieroglyph and Emblem in Diderots *Lettre sur les Sourds et Muets* », *Diderot Studies II*, New York, Syracuse University Press, 1952.

DUCHET (Michèle), *Anthropologie et histoire au siècle des Lumières : Buffon, Voltaire, Rousseau, Helvétius*, François Maspéro, 1971.

DUFRENNE (Mikel), *L'œil et l'oreille*, Jean-Michel Place, 1991.

EHRARD (Jean), *L'idée de la nature en France à l'aube des Lumières*, Flammarion, 1970.

– « Matérialisme et naturalisme : Les sources occultistes de la pensée de Diderot », *Cahiers de l'association internationale des études françaises*, n° 13, juin 1961.

ETIEMBLE (René), « Diderotesques », *Le Disque Vert*, mai-juin 1954.

FONTENAY (Elisabeth de), *Diderot ou le matérialisme enchanté*, Grasset, 1981.

FONTENELLE, *Entretiens sur la pluralité des mondes* (1686), Editions de l'aube, 1990.

FOUCAULT (Michel), *Ceci n'est pas une pipe*, Fata Morgana, 1980.

– *Les mots et les choses*, Gallimard, 1966.

– *Surveiller et Punir*, Gallimard, 1975.

GUYOT (Charles), *Diderot*, Seuil, coll. écrivains de toujours, 1953.

IBSEN (Knud), *Diderot*, Copenhague, Høffdings, 1891.

KANT (Immanuel), *Kritik der reinen Vernunft* (1781), Werkausgabe Band VII, Francfort, Suhrkamp Verlag, 1968.

– *Kritik der Urteilskraft* (1790), Werkausgabe Band X, Francfort, Suhrkamp Verlag, 1974. Trad. Alexis Philonenko : *Critique de la faculté de juger*, Vrin, 1984.

KRISTEVA (Julia), *Semiotikè – recherches pour une sémanalyse*, Seuil, 1977.

LEGROS (René), « Diderot et Shaftesbury », *Modern Language Review*, 1924.

LEPAPE (Pierre), *Diderot*, Flammarion, 1991.

LESSING (Gotthold Ephraim), *Laokoon, oder über die Grenzen der Malerei und Poesie*, Francfort, Insel Verlag, 1988. Trad. Courtin (revue et corrigée) : *Laocoon*, Hermann, 1990.

LEWINTER (Roger), [Introduction à la] *Lettre sur les sourds et muets à l'usage de ceux qui parlent et qui entendent* dans *Œuvres complètes*, éd. R. Lewinter, le Club Français du Livre, 1969.

LYOTARD (Jean-François), *La condition postmoderne*, Minuit, 1979.

– *Flora danica. La sécession du geste dans la peinture de Stig Brøgger*, Galilée, 1997.

MARKOVITS (Francine), « Diderot, Mérian et l'aveugle », postface à J.B. Mérian, *Sur le problème de Molyneux*, Flammarion, 1984.

MERLEAU-PONTY (Maurice), *L'Œil et l'Esprit* (1960), Gallimard, 1964.

– *Phénoménologie de la perception*, Gallimard, 1954.

– *Le visible et l'invisible*, Gallimard, 1964.

MEYER (P.-H.), « The Lettre sur les sourds et Muets and Diderot's Emerging Concept of the Critic », *Diderot-Studies VI*, Genève, Droz, 1964.

MÉRIAN (Jean-Baptiste), *Sur le problème de Molyneux* (1770-1779), Flammarion, 1984.

MØLBJERG (Hans), *Aspects de l'esthétique de Diderot*, Copenhague, J. H. Schultz Forlag, 1964.

NEDERGAARD (Leif), *Diderot. Filosoffens Liv og Virke* [Diderot. La vie et l'œuvre du philosophe], Copenhague, Martins Forlag, 1953.

NIKLAUS (Robert), « Introduction [à la *Lettre sur les aveugle*] » (p. VII-LXVIII), Genève, Droz, 1951.

PASCAL, *Pensées*, éd. Jacques Chevalier présentée par Jean Guitton, Gallimard, Le livre de poche, 1962.

POMMIER (Jean), « Autour de la Lettre sur les sourds et muets », *Revue d'historie littéraire de la France*, 1951.

– *Diderot avant Vincennes*, Boivin & Cie Éditeurs, 1939.

PROUST (Jacques), *Diderot et l'Encyclopédie*, Albin Michel, 1995.

ROGER (Jacques), « Diderot et Buffon en 1749 », *Diderot Studies*, Genève, Droz, 1963.

RUBOW (Paul V.), *Litterære Studier* [Etudes littéraires], Copenhague, Levin & Munksgaards Forlag, 1928.

SAINT GIRONS (Baldine), *Esthétique du* XVIIIe *siècle. Le modèle français. Dictionnaire des sources*, Philippe Sers Editeur, 1990.

SHAFTESBURY (Anthony Earl of), *Characteristics of Men, Manners, Opinions, Times etc. I-II* (1711), texte annoté et introduit par John M Robertson, Gloucester, Mass., Peter Smith, 1963 (première édition 1900).

STAROBINSKI (Jean), « La parole des autres », préface à la tome XIII des *Œuvres complètes* (éd. Roger Lewinter), le Club Français du Livre, 1971.

THOMSEN (Ann), « L'unité matérielle chez la Mettrie et Diderot », *Colloque international Diderot*, Aux Amateurs de Livres, 1985.

TORREY (N.L.), « Voltaire's reaction to Diderot », *Publications of the Modern Language Notes*, 1935.

TROUSSON (Raymond), *Socrate devant Voltaire, Diderot et Rousseau : la conscience en face du mythe*, Minard, 1967.

VARTANIAN (Aram), « From Deist to Atheist. Diderot's Philosophical Orientation 1746-49 », *Diderot Studies I*, New York, Syracuse University Press, 1949.

VENTURI (Franco), *La jeunesse de Diderot*, Genève, Skira, 1938.

VERNIÈRE (Poul), « Le spinozisme et l'"Encyclopédie" », *Revue d'histoire littéraire de la France*, juil.-sep. 1951.

VILLEY (Pierre), « A propos de la *Lettre sur les Aveugles* », *Revue du dix-huitième siècle*, oct.-dec. 1913.

VOLTAIRE, *Correspondances I (décembre 1704 – décembre 1738)*, édition Theodore Besterman, Bibliothèque de la Pléiade, Gallimard, 1977.

– *Eléments de la philosophie de Newton* (1741), édition critique par Robert L Walters et W. H. Barber, *The Complete Works of Voltaire*, tome 15, Oxford, The Voltaire Foundation, Taylor institution, The Alden Press, 1992.

– *Lettres philosophiques* (1734), éd. Raymond Naves, Garnier, 1964.

TABLE DES ILLUSTRATIONS

TABLE DES MATIÈRES

ACHEVÉ D'IMPRIMER
EN OCTOBRE 1999
PAR L'IMPRIMERIE
DE LA MANUTENTION
A MAYENNE
N° 347-99

Dépôt légal : 4e trimestre 1999